投资人
和你想的不一样

[美]斯科特·库珀（SCOTT KUPOR）▶ 著　　叶金萍 ▶ 译

SECRETS OF
SAND HILL ROAD

VENTURE CAPITAL AND HOW TO GET IT

中国友谊出版公司

图书在版编目（CIP）数据

投资人和你想的不一样 /（美）斯科特·库珀著；叶金萍译．— 北京：中国友谊出版公司，2021.6

书名原文：Secrets of Sand Hill Road

ISBN 978-7-5057-5152-1

Ⅰ.①投… Ⅱ.①斯… ②叶… Ⅲ.①风险投资业—研究—美国 Ⅳ.① F837.124.8

中国版本图书馆 CIP 数据核字（2021）第 042462 号

著作权合同登记号　图字：01-2021-1969

Secrets of Sand Hill Road by Scott Kupor

Copyright © 2019 by Scott Kupor

Licensed by arrangement with The Gernert Company, Inc. through Bardon Chinese Media Agency.

Simplified Chinese translation edition © 2021 by Beijing Xiron Culture Group Co., Ltd.

All rights reserved.

书名	投资人和你想的不一样
作者	［美］斯科特·库珀
译者	叶金萍
出版	中国友谊出版公司
发行	中国友谊出版公司
经销	新华书店
印刷	天津旭丰源印刷有限公司
规格	700×990 毫米　16 开　16.75 印张　231 千字
版次	2021 年 6 月第 1 版
印次	2021 年 6 月第 1 次印刷
书号	ISBN 978-7-5057-5152-1
定价	65.00 元
地址	北京市朝阳区西坝河南里 17 号楼
邮编	100028
电话	（010）64678009

如发现图书质量问题，可联系调换。质量投诉电话：010-82069336

谨以此书，
献给我生命中的女人——
劳拉、阿什莉、亚历克莎和阿曼达。
她们一再容忍荒诞不经的我，
却依然爱我如初。
拥有她们的爱，
我是如此幸运。

推荐序

一本书读懂风投的秘密

[美] 埃里克·莱斯

(《精益创业》作者)

斯科特·库珀为了使投资机会更加大众化,因此写了这本《投资人和你想的不一样》。本书揭开了风险投资的神秘面纱,向读者展示了创业生态系统中这一重要部分是如何运作的。它也从各个角度审视了初创公司的生命周期,包括风投公司如何选择投资标的,如何进行交易,在成立和发展一家初创公司过程中涉及的参与者,以及法律和金融方面许许多多的细节。单是它对投资意向书的阐述,就使本书的价值远远超过了它的定价,我真希望自己在第一次寻找创业启动资金时就能读到它。

本书详细阐释了如何做出艰难的决定,以及那些可能会令人困惑的交易,最后介绍了公司上市的过程。所有这些信息,都重构了初创公司与其投资者的关系——一种真正的伙伴关系,而非不稳定的盟友关系。作为一名初创公司的高管,同时也是一名投资者,斯科特很有发言权,他把自己的经历和观点提炼成一份通俗易懂、简单明了的行动指南。它的目的是在现有创业大环境的基础上,将创业这条只对少数人或者特权阶层开放的职业道路,转变为一条更加大众化的道路,任何有创意且愿意将其付诸实践的人都能参与其中。这是全球创业浪潮最紧迫的职责，因为我们致力于建设一个更加公平的社会。它同时也事关经济的持续繁荣和国家存亡。在美国，初创企业贡献了几乎全部的净增就业岗位，占整体新增就业岗位总数的20%。在斯科特这样的领导者的引领下，我们离履行这一职责又进了一步。

起初，创业并不被视为一种职业。它更像一条不能融入传统职业的人所走的道路，是一条与众不同的道路。尽管有些人成功了，但是与其说这是一个机遇，不如说它更像一个诅咒。甚至许多最初成功的企业家，最终也在贫困中结束了他们的职业生涯，或者被迫离开了他们所创立的公司。

不过，现在的条件对创业者有利。由于半导体革命的发生、全球化的兴起以及各行各业大量人才的涌入，现在各地的创业门槛都降低了。想想看，由风投支持的公司在研发上花费了美国上市公司全部研发预算的44%。由风投支持的665家上市公司的市值占上市公司总市值的1/5。它们为社会提供了400万个就业岗位，这是一个可观的数字，而且我认为这仅仅是个开始。创业浪潮能够而且必须成长壮大起来，才能产生更大的影响。大笔资金涌入业务范围有限的公司，就不能有效地应对我们所面临的挑战。我最欣赏这本书的一个原因，就是它清晰地剖析了风险投资背后的激励机制和运作体系，这将帮助所有创业者在风险投资人的迷宫中穿行。这个体系的运作方式是有其深刻道理的，现在这个谜底已经被揭晓。

本书还有更大的价值。正如你将了解到的，大多数风险基金管理公司都是代表大型机构资产管理公司进行投资的，比如大学的捐赠基金和退休基金。它们当中的大多数公司都使用一个推演公式，来计算将多少资金分配给不同类型的投资，包括高风险、流动性极差的风险投资（这种投资组合的构建方法是由耶鲁大学的大卫·斯文森首创的，他的方法已经被广泛采用，你将在第2章中读到这些）。具体的解释是，我们的社会目前在创新上投入的资源，其数量完全是基于公式，而不是现有的投资机会。当过多的钱流向过少的投资交易时，就只有一个可能的结果：这些资金被浪费在抬高少数可用资产的价格上，而不是提供给实际需要资金的公司或组织。如果从多个角度进行考虑的话，问题就更严峻了。不仅仅是因为没有足够多的初创公司，现有的初创公司覆盖的行业也不够广泛，不足以建立起我们现在和未来所需要的那种公司。也许这是有史以来第一次我们受到了人才匮乏的限制，而不是资本短缺的限制。但是现在我们可以改变这一点了，因为有了斯科特的这本书。本书之所以是重要的一环，是因为它使每个人都有机会利用风投的帮助创立公司。有关如何寻找和获取资金的信息不应仅局限于精英俱乐部。每个初创公司都代表一个独创的理念，但综合起来看，所有初创公司都有一个共同的目标：为所有人打造一个更加美好的世界。在这个更加美好的世界里，我们所创建的公司和系统机制能代表所有人的利益，并且为所有人提供优质的服务。

这就是本书珍贵无比、恰逢其时的原因。毫无疑问，本书就是为那些对风险投资感兴趣的人准备的，同时也是为那些关心国家如何保持竞争力、创造新就业并继续走经济增长道路的人准备的。这些人包括政策制定者、专家学者、政府官员、美国和全球初创公司中心的公民领袖——他们已经在帮助初创公司实现地理上的大众化，还包括从事企业创新工作的人士（他们可以从风投界寻求灵感，了解如何在他们的组织内资助和发展项目）。最后，《投资人和你想的不一样》是写给所有创业者的，这些创业者可能不会把自己视为硅谷的一分子；也是写给那些可能不会将自己疯狂的想法付诸实践创立公司的人，但他们确实应该考虑去试一下。如果有机会，这些创意中的任何一个都很可能成为现实，从而改变我们的生活方式。这些创意需要我们的支持。我相信，在为谁提供资金支持这一点上，斯科特的书一定能改变现状。它正带领我们走向一个更公平、更强大的未来，我想不出还有谁会比他做得更好。

| 目录 |

引言 /01

第 1 章　在泡沫中诞生 /001

　　潜藏的问题 /003
　　响云的非典型性成功 /006
　　硅谷正在发生变化 /009
　　YC 打开了风投的"黑匣子" /011
　　还要做得"更多" /011
　　致敬创业者 /013

第 2 章　什么是风险投资 /015

　　风投适合你吗 /016
　　债务和股权，你选哪一个 /017
　　风投仅是一种资产类别（且表现不太好）/018
　　积极信号的作用 /021
　　风险投资是零和游戏 /022
　　严格的准入门槛 /023
　　如何衡量风投公司成功与否 /024
　　忘掉成功率 /025
　　规模虽小，但影响力挺大 /028

第 3 章　早期风投公司如何决定投资标的 /031

维度 1：创业者及其团队 /032
维度 2：产品 /036
维度 3：市场规模 /038

第 4 章　有限合伙人 /041

有限合伙人的类型 /042
有限合伙人如何投资 /045
耶鲁大学捐赠基金 /047
时机的重要性 /052

第 5 章　有限合伙人如何与风投公司合作 /055

"有限合伙人" /055
有限合伙协议：投资路上的条条框框 /057
资本是如何流动的 /069
如何管理普通合伙人与有限合伙人的关系 /070
普通合伙人之间：股权合伙人协议 /073

第 6 章　成立你的初创公司 /075

应该选择哪一种公司类型 /075
划分公司所有权 /077
创始人股份兑现 /078
股份兑现的其他事项 /079
离开公司 /080
转让限制 /081
加速股份兑现 /082

知识产权 /083

员工期权池 /085

公司上市之路新常态 /087

保持私有状态，保持前进势头 /090

第 7 章　筹集风投资金 /093

风险投资适合你吗 /094

万一市场规模不够大 /094

应该筹集多少钱 /096

估值怎么算 /098

第 8 章　推销的艺术 /103

成功的第一步 /103

说服风投公司 /105

推销要点 1：市场规模 /105

推销要点 2：公司团队 /109

推销要点 3：产品 /112

推销要点 4：产品面市 /113

推销要点 5：下一轮融资规划 /115

第 9 章　投资意向书详解 1：经济因素 /117

优先股 /118

总收益 /118

可转债的其他事项 /119

每股价格 /123

可比公司分析法 /124

现金流折现分析法 /125

风险投资估值 /127

股权结构 /128

股息 /129

清算优先权 /129

股份回购 /133

转换权和自动转换权 /133

反稀释条款 /138

投票权 /140

第 10 章　投资意向书详解 2：控制因素 /143

董事会席位 /143

保护性条款 /146

登记权 /149

按比例投资 /150

股份转让限制 /151

强卖权 /153

D&O 责任保险 /154

股份兑现 /154

保密协议 /157

限制出售 /158

远见思维 /158

第 11 章　交易困境 /159

创建股权结构表 /160

评估控制因素条款 /166

第 12 章　董事会成员和内部管理人员 /169

公司类型不同，董事会也不同 /169

董事会职责 /171

第 13 章　塔多思案件的启示 /179

注意义务 /180

忠实义务 /180

保密义务 /181

诚实义务 /183

普通股与优先股 /183

商业判断规则 /184

完全公平标准 /185

塔多思案件 /187

管理层激励计划 /188

冲突的董事会 /189

完全公平标准的应用 /192

相关启示 /194

第 14 章　融资难题 /197

事已至此，需要改变 /197

降低清算优先权 /199

"侦探猎犬案"的教训 /200

流血融资后的成功 /203

关闭公司 /205

第 15 章　完美落幕 /209

　　"渐渐认识你" /210
　　收购及主要条款 /210
　　收购时董事会的责任 /214
　　公司上市综述 /217
　　公司上市全过程 /219

结语　世界是平的 /227

附录　投资意向书范本 /233
致谢 /241
注释 /243

引言

写这本书的地方是我在沙山路的办公室。这是一条神圣的硅谷街，对创业者来说，它就像好莱坞大道之于演员、华尔街之于投资银行家、音乐街之于乡村音乐艺术家一样，令人充满希望。然而，不像大多数有故事的街道，沙山路没有太多值得称道的地方，它只是一排不起眼的低层办公楼，单调乏味，还被比它名气大得多的邻居——斯坦福大学抢去了风头。

我不是以高高在上的姿态创作这本书的。这本书不是为了说教，不是关于流传下来的古道圣言，也没打算成为风险投资界的《圣经》。这个领域有很多重要且细微的差别，不同的公司在不同的阶段、不同的投资理念下进行投资，有着不同的投资组合结构和不同的回报预期，更别提不同的投资人还有不同的性格呢。

当然，这只是风险投资人的观点。更重要的是，没有哪两个创业者的道路是相同的。要想创立对行业有重大影响，甚至可以改变世界的公司，总是要伴随着一系列得天独厚的机遇和挑战，以及需要应对的困境。

我丝毫不否认我个人经历中的特殊优势。一个优势是我在响云（LoudCloud）和奥普斯软件公司（Opsware）工作多年的经历，这是我在初创公司方面来之不易的经验。另一个优势是我在风险投资领域形成的。我是安德森·霍洛维茨基金（Andreessen Horowitz，缩写为 a16z）的管理合伙人，公司于 2009 年成立之初，我就加入了。这意味着我有机会从多个有利的视角深入了解风险投资。

实际上，我希望帮助大家改变以往创业者和投资人之间互相为敌的思维模式。创业者和风险投资人并不是像世界杯上一支足球队试图击败另一支足球队那样互相对立。相反，我们是合作伙伴，一旦我们同意合作（即使我们不合作），我们就在同一条船上了。我们的共同愿景是创建良性发展的企业，使它对世界产生积极的影响，并在此过程中共同获得一些相应的收入。

风险投资的故事实际上是创业故事中的一小部分。作为风险投资人，我们从众多的有限合伙人那里筹集资金，如大学的捐赠基金、基金会、养老金计划基金、家族办公室（Family Offices）和基金中的基金。然后，将筹集的资金提供给拥有突破性创意且有前途的创业者。

风险投资人会在公司发展的任何阶段进行投资，从最早期的初创公司（这样的初创公司仅仅是一个想法和几个人），到成长阶段的初创公司（这些公司有一些可观的收入，发展重点是有效地扩大公司业务）。一般来说，一个公司离开风险投资生态系统的方式有3种：上市、合并或收购、破产和清盘。

人们常常有一种误解，认为风险投资人就像其他基金投资经理一样，发现有前景的投资项目之后，开出支票就万事大吉了。但对于风险投资人来说，开支票仅仅是合作的开始。我们与初创公司合作，帮助它们将创意转化为成功的过程，才是艰苦工作的开始。

举个例子：在安德森·霍洛维茨基金，我们经常与所投资的公司共同合作，为公司招揽人才和高管，将这些专业人才引进公司；或者帮助挑选一些现有的其他公司，作为初创公司的产品推广地点。实际上，那些在这个领域取得成功的人并不只是挑选赢家。在很长一段时间内，我们都积极地与所投资的公司合作，在整个公司建设的生命周期内帮助它们。我们通常会为投资组合中的公司提供多轮投资，投资期限通常为5至10年，甚至更长。我们为许多资产组合的公司董事会提供服务、战略建议以及人脉资源，并且在通常情况下，会尽我们所能帮助公司获得成功。

尽管如此，风险投资人要是想和创业者一样出类拔萃，那他们必须在这些创业者身上有投资特权。人们不应该把创业者及其团队为公司成功创立所做的不知疲倦的繁重工作与风险投资人的投资活动混为一谈。简单来说，创业者创办公司，风险投资人则不然。强有力的风投公司在公司创办的道路上尽其所能地提供帮助，而真正决定公司成败的，是创业者及其团队在创业初期是否兢兢业业地付出。所有风投公司都希望投资的每一家公司能在巨大的风险面前获得成功，并成长为一家优秀的公司，但现实是大多数公司都失败了。

创业本身就是一种冒险的尝试，但它对美国的经济确实是至关重要的。风投支持的成功的企业对美国经济产生了巨大的积极影响。据斯坦福大学的伊利亚·斯特拉耶夫（Ilya Strebulaev）和英属哥伦比亚大学的威尔·戈纳尔（Will Gornall）在2015年进行的一项研究显示，自1974年以来，42%的美国上市公司得到了风投的支持[1]。这些风投支持的公司总共在研发上投入了1150亿美元，占全部研发支出的85%，创造了4.3万亿美元的市值，占1974年以来上市公司所创总市值的63%。此外，考夫曼基金会（Kauffman Foundation）2010年的一项研究也特别提到了初创公司对美国就业情况的影响。该研究发现，自1977年以来创造的2500万个净增就业岗位，几乎都是由年轻的初创公司创造的，而这些公司大多得到了风投的支持。

这一切意味着什么？答案很简单：我们（投资人）需要你（创业者）。我们需要你的创意和勇气。我们需要你的公司，以及你对公司发展的承诺。

我真心希望这本书能给创业者提供帮助。获取资金对初创公司的成功至关重要，有时，你必须（或将来会）考虑你的公司是否能或应该筹集风险资本。我希望这本书能帮助大家更加平等地获取信息，了解风投是如何运作的，这对创业者有益。

是否要从风险投资公司筹集资金是一个重大的决定。在没有对资金来源的风险和收益预期深思熟虑的情况下，不宜轻易尝试。举个例子，公司是否适合在第一时间募集风险资本？市场规模是不是足够大，才能使公司的业务规模有可能发展成为一个"本垒打"，从而实现风险投资人对全部资本的回报预期？如何才能更好地理解风投行业的经济性激励机制，以便确定在寻求资本时没有走错地方？

如果你最终选择筹集风险资金，那么你如何在经济性条款和控制性条款上保持平衡？你愿意做出哪些让步？这些决策会有哪些后续影响，特别是当公司发展速度与预期不同，需要筹集后续资金时？你与董事会将如何有效地工作，从而实现企业发展的长期目标？

现实就是不公平的，风投公司有很多机会投资一个擅长"本垒打"的公司，而大多数创业者仅有少数几次机会。再用体育竞赛打个比方，就是你一生中仅有少数几次真正的射门机会，而我们风险投资人却有许多次。由于这种不平衡性，特别是在投资决策方面，就会出现信息不对称的问题（通常是以创始人的损失为代价）。风险投资人不断地参与投资，因此多年来他们对投资过程中各种机制的理解都更加深刻（尤其是针对投资意向书进行谈判时），相比之下，这个过程创业者最多只经历过一两次。我希望创业者们能够更好地理解和重视与风投公司之间的互动合作，创造一个公平的竞争环境。不能因信息不对称的问题而破坏双方可能持续10年或更长时间的合作基础。

是不是对这个合作期限感到惊讶？你可能会和你的风投伙伴合作（至少）10年？！现在比以往任何时候都要长，但长期以来，这种伙伴关系的内部运作会缺乏透明度。

因此，我想给你——公司创始人——一些内部信息、机密和建议，以便你找到与风投公司打交道的最佳途径，从最初的推介会一直到公司上市或并购，贯穿整个过程。

我有机会从两个角度深入了解风险投资：一是之前作为初创公司的一员，二是现在作为安德森·霍洛维茨基金的管理合伙人。虽说我的职务变了，但是逐步理解了风险企业的一些构成要素，那就是风投公司的基本模式仍然未变：风投公司寻求具有不对称上行（并且有下行上限，毕竟，你只能损失你投资的钱）回报潜力的投资机会，而由风投支持的创业者则寻求创立对行业有变革力量且具有价值的独立公司。偶然，这些激励机制结合在了一起，就会有奇迹发生。

创业者需要了解自己的目标和筹集资金的目的，并弄清楚其是否与想要出资的风投公司的目标相一致。想要明确这个推算方法，创业者需要清晰地了解风投是如何运作的，是什么让风险投资人孜孜不倦地投资，以及是什么最终激励和约束了他们。毕竟，我们每个人都受到行业激励机制的驱使，从多方面来说，了解这些激励机制是创业旅途中至关重要的一部分。

从问对问题开始

你有没有看过嘉信理财的广告？讲的是如何与你的理财顾问交谈。除非你经常在电视上看高尔夫球比赛，或者关注油管（YouTube）上的广告，否则你可能没有注意过。

普通的中年夫妇会经历很多的生活琐事。比如，他们会要求房屋装修承包商解释选择装修材料时，为什么建议用雪松而不是合成木材；他们会认真地为自己的孩子谋划未来的学校；他们会盘问汽车销售人员，到底是467马力还是423马力的汽车更合适？但随后，在这则广告的核心部分，这对夫妇坐在一张大红木桌子对面，一位衣着考究的金融顾问对他们说："我来给你们介绍一下我们最新的基金产品。"这对夫妇茫然地看了对方一眼，怔了片刻，然后立刻毫无疑问地答应了这个要求。

广告的旁白善意地提醒观众："你问了很多好问题……但你对如何管理自己的财富，问得够多了吗？"当然，这句话的意思是，我们都觉得自己有能力深入探讨生活中许多重要的决定，但如果是一个我们不太了解或感到不安的话题，不管这个决定有多重要，我们都会给别人一个免费通行证——让别人来替我们做决定。

当然，这本书不是关于如何解决上述那个心理问题的，因为我们可以在亚马逊的心理学书籍部分找到那个问题的答案。

这本书是为了帮助创业者在面对最重要的人生事件之一，也就是你的创业和你的职业生涯，学会提出正确的问题，从而做出更明智的决定。如果你想从风投公司那里筹集资金或者加入一家有风险资本的公司，想要知道这是不是一个明智的选择，**唯一的方法就是深入了解风投公司为什么要这么做。换句话来说，就好比在结婚前你要好好了解你的伴侣那样。**

深刻理解未来合作伙伴的动机，将帮助你预测他们的行为，并在这些行为发生时能够准确地理解他们的意图。更重要的是，它能在第一时间帮助你判断与他们建立伙伴关系是不是值得追求的正途。

风险资本的生命周期

本书遵循了风险资本的生命周期，这一规律与创业者息息相关。本书的第一部分讨论了风投公司的成立——谁参与公司运营、谁来出资、出资者为风投公司提供了什么样的激励机制和约束条件，以及风投公司内部的合作伙伴如何相互影响、相互制约。要了解风投公司如何选择投资对象，以及一旦决定投资一个公司之后会如何运作，我们还需要从上游了解这些公司的出资者的动机。因为如果不能满足出资人的需求，风投公司就没有更多的钱来投资初创公司。

接下来，我们将探讨初创公司的组建。我们将一一窥探创业者在决定创办一家公司时需要考虑的所有事情——从分配创始人的股权，到决定谁是董事会成员，如何激励员工，等等。创始人在公司成立时所做的很多决定，未来都会对是否寻求风投的最终决定产生影响。

我们将花费大量笔墨来深入了解风险投资的融资过程，特别是投资意向书，它是风投行业的指南针，因为它最终决定了初创公司和风投公司参与运营所依据的经济因素条款与控制因素条款。

有了资金后，创始人需要在双方共同约定的经济因素条款和控制因素条款的约束下运作公司。因此，我们将讨论董事会的角色，它将如何影响初创公司的发展道路，以及创始人继续掌舵的潜在能力。包括创始人在内的董事会还必须在各种明确界定的法律条款约束下运作，这些法律上的约束在很大程度上影响着一家公司的自由度。

在最后一部分，我们将看到初创公司完整的生命周期。一开始，资金通过基金投资人进入风投公司，紧接着这些资金流入初创公司。最后，资金以公司上市或被收购的形式返还，或不返还给基金投资人。如果没有足够的钱来度过整个公司的成长周期，那么初创公司的生命就不复存在了，至少以我们风投领域的经验来看是这样的。融资龙头干涸，这可能会对新的初创公司的融资速度产生下游效应。希望初创公司生态系统中的每个人都能竭尽全力来避免这种情况。

当然，并不是所有的风投公司都一样。正如我之前提到的，我在这里所写的内容，很大程度上受到我在安德森·霍洛维茨基金所获得的工作经历的影响。所以，你对风投的认知潜力可能会有所不同。尽管如此，我还是尽量扩大讨论范围，使这本书对整个风险投资行业更具有普遍性。

这本书也许不能回答你所有的问题，也没打算成为万能的风投宝典。还有很多学者、教授每期讲授风投课程，普及相关知识，当然也包括许许多多的风险投资人，以及在风险资本生态系统中从业的其他人员，有企业家、律师、会计师等。他们"术业有专攻"，夜以继日，不断完善自身的投资技能。

鉴于此，我衷心希望这本书能让大家了解风投运作方式及其背后原因，期望创业者都能创造出更多、更好的初创公司。

第 1 章

在泡沫中诞生

为了打开风险投资这扇神秘的大门，更清楚地展示其背后的核心运作方式、激励机制以及决策过程，我先从自己的经历开始讲起吧。

关于我的第一件事是，如果我不做风险投资人，兴许我会成为一个在纳什维尔玩乡村音乐的歌手。但是为了养家糊口，我误打误撞地搞起了风投。而且我还住在硅谷，不是田纳西州，所以我最多只能穿着牛仔靴去上班，或者在闲暇时间弹弹吉他过把瘾，这两件事是我只要一有时间就一定会去做的。

20世纪90年代，我刚入行，简单介绍一下当时科技界和投资界的情况。那时，埃·皮法尼公司（E.piphany）、网智公司（NetIQ）、VA操作系统公司（VA Linux）、第一商务公司（Commerce One）、睿域营销（Razorfish）以及吉维斯搜索引擎（Ask.com）等高科技企业的名字还如雷贯耳。现在，你很可能一个名字都没有听过，因为它们都是1999年至2000年那场互联网泡沫的产物，包括我的公司在内。在这场泡沫中，约900家有风投支持的高科技企业完成首次公开募股，对科技行业的创业者来说，那是个伟大的时代，似乎每个参与其中的人都可以拥有无尽的财富，科技产业会一直这样兴盛下去。

1995年，仅仅成立18个月的网景公司（Netscape）成功上市，吸引了媒体的广泛关注,也预示着一场互联网投机潮即将开启。彼时,谷歌还未成立(直到1998年9月),但是硅谷已经被一股互联网热彻底点燃,每天都有新的互联网企业出现。整个科技产业呈现一片繁忙景象。

风险投资人正以前所未有的速度把钱投向新公司。1999年,约36亿美元进入初创公司,这几乎是前一年的2倍[1](虽然现在看来,这个数字连2017年的一半都不到)。此外,在2000年,有限合伙人给风投行业带来了超过1000亿美元的新增资金,这一数字到现在还没有被超越。相比之下,2017年,有限合伙人们投入的资金仅有约330亿美元。

互联网泡沫中,初创公司完成首次公开募股的速度也是空前绝后的,一家企业从创建到上市平均只需要4年,比曾经6年半到7年的历史纪录快了不少。但现在,一家初创公司怎么也需要10年以上的时间才能上市,具体原因会在后文讲到。

除创纪录的上市企业数量之外,当时的资本市场交易也非常活跃。2000年3月10日,是科技股的晴雨表,纳斯达克指数最高突破5000点。[2]更有意思的是,纳斯达克指数的市盈率(股票价格除以每股盈利的比率)达到了175,这意味着在股票市场投资者看来,企业每1美元盈利的价值等于175美元。

虽然投资者将1美元盈利的价值高估好几倍的情况很常见,毕竟一个公司的股价代表了该公司累计未来现金流的现值,但是175倍却是一个历史反常现象。相比较而言,现在纳斯达克指数的市盈率低于20[3],这才符合该指数的长期历史趋势。

当时,很多人预言思科公司(Cisco)会成为第一个市值超万亿美元的上市企业,可惜,其市值在2000年3月达到顶峰时,只有约5550亿美元[4],即使现在也只有2000亿美元左右。2018年上半年,亚马逊成为第一个市值破万亿美元的企业,虽然保持的时间不长。截至本书完稿时,亚马逊市值在8000亿美元左右。(有趣的是,2000年3月,亚马逊的市值仅有300亿美元。)

潜藏的问题

时间倒回至 2000 年。每个人都陷入一场巨大的集体狂欢，而事实证明，背后的问题实在是太多了。

纳斯达克指数从 2000 年 3 月的高点开始一泻千里[5]，直到 2002 年 8 月最低点，勉强收在 1300 点上方。很多人在事后试图分析暴跌的原因，但大多数市场分析师将矛头指向了 2000 年早些时候美联储激进的利率紧缩政策，该政策曾引发争议，即科技基础设施公司大量借款的可持续性是否会受到影响。然而，不管根本原因是什么，大约两年半后，纳斯达克指数下跌幅度近 80%，科技公司裁员人数刷新历史纪录，风投公司不再投资初创公司，为数不多有足够现金的公司也在不惜一切代价全力自救。这就是你可能不记得我前面提过的大多数企业名称的原因，而这就是我开始职业道路的大环境。

1993 年，我从斯坦福大学毕业；1996 年，从斯坦福法学院毕业。虽说我一直处在互联网泡沫的震中位置，但实际上，我对周围发生的一切毫不知情。因此，从法学院毕业后，我离开硅谷，在我的故乡——得克萨斯州休斯敦待了一年，成为美国第五巡回上诉法院的书记员。这段经历很有趣，是一次很好的学习体验，但其实它与我长期的职业生涯发展没有任何关系。

后来，我又回到硅谷，为雷曼兄弟工作。当然，作为后来全球金融危机的受害者，雷曼在 2008 年 9 月破产，名誉扫地。当时我的工作是帮助生命科学企业融资、上市和收购，可谓活多钱少。虽然这些事情很有意义，但实际上，除了硅谷的科技公司爆发出一拨牛市行情外，投资者对于生命科学的兴趣几乎为零。

幸运的是，我的一个朋友正好在瑞士信贷第一波士顿银行工作。这家投行有很多部门，科技投资界的传奇人物弗兰克·奎特隆（Frank Quattrone）也被聘请来扩张该银行在科技行业的业务。弗兰克在摩根士丹利开启了自己的职业生涯，成功主导了苹果公司和思科等企业上市，并担任许多重要并购案的顾问。他还是科技界的领军人物，2008年3月，他创立了一流的并购咨询企业——奎特里斯特联合公司（Qatalyst）。

所以，我加入了瑞士信贷第一波士顿银行，从正在形成的科技泡沫中汲取了经验。工作几年后，我记得那是完成埃·皮法尼公司首次公开募股的前夕，与我一同帮助他们准备上市工作的一名营销主管告诉我，他将跳槽到一家名叫响云（LoudCloud）的初创公司。响云的联合创始人是早已备受敬仰的网景联合创始人马克·安德森（Marc Andreessen），该企业当时正试图创造一种效用计算模式（跟现在亚马逊云计算服务平台的模式很像），其联合创始人还包括本·霍洛维茨（Ben Horowitz）。

那是1999年的秋天，互联网热正处在高潮。我终于睁开眼睛看到了周围正发生的一切，并希望能融入其中。我在埃·皮法尼公司的朋友给了我一个机会，使我能够与马克·安德森和本·霍洛维茨见面，并深入了解他们正在做的事情。如此良机，不容错过。我的妻子却不这么想，她当时怀着我们的第一个孩子，已经5个月了，同时还忙于我们一起买的第一套房子的收尾工作。说实话，她的理由很有说服力。瑞士信贷第一波士顿银行的业务正蓬勃发展，这意味着实现财富自由和获得职业成功指日可待。为什么要为了一个几乎零工资、空有股票期权升值承诺的初创公司岗位辞掉这样的好工作？然而，她还是勉强默许了，虽然这可能违背了她的本心。

我永远也忘不了与马克先生的会面。尽管我此前从未见过他，但是每一个在科技产业工作的人都知道他的成就和名气。所以当他约我在森尼韦尔市的丹尼餐馆见面时，我有一些惊讶。但是还没聊多久，我就感受到了响云的市场机遇是多么令人兴奋。马克从桌子上拿起一张餐巾纸，开始在上面画出不太容易分辨的草图，描述响云将如何占领信息技术领域。与马克共事18年以来，我确实受益良多。直到现在，我才知道，随手一画就能如此漂亮，只是他众多技能中的一项而已。

响云的创意简洁而有吸引力，事实证明，它与业务执行绝不是一回事。简而言之，就是响云寻求将计算能力转化成一个公用程序。就像你把手机充电器插入墙上的插孔时，你无须知道（也不用担心）电是如何充进去的，你只要使用它就可以。响云的使命就是对计算能力做同样的事情。作为一个工程师，你应该能够开发自己的定制应用程序，然后将它"插入"计算效用，使程序不停歇地为你运转。你丝毫不用担心数据库的类型、网络设备、应用服务器等这些计算效用的基础设施，一切都简单、有效。这是一个伟大的创意，亚马逊云计算服务平台已经将它打造成一个价值数十亿美元的产业。

响云比它的时代超前了大概10年，这是创业中常常出现的教训。虽然时机不能决定一切，但它很重要，这就是为什么很多在互联网泡沫中失败的创意，20年后以一个个成功企业的身份再度出现。随着市场环境的改变，以前失败的商业模式变得可行。以互联网为例，当时潜在的客户规模相比获得这些客户的成本而言，实在太小了。马克时常喜欢提醒我们：当初他创立网景时，网民数量大约是5000万，几乎所有人都是通过笨拙的拨号连接上网的。因此，无论浏览器提供了多少实用程序，最终用户市场并没有很大。与之形成鲜明对比的是，今天我们大约有25亿智能手机用户，他们的互联网链接无处不在，这一数字有望在未来10年翻一番。突然，那些无法在5000万用户身上实现盈利的企业，在能够吸引大众市场后，呈现出截然不同的面貌。

与马克会面之后，我也与团队的其他成员见了面，包括联合创始人本·霍洛维茨。我们周六在公司的办公室见了面，当时的会面环境挺普通的。但我记得，当时我被本的装束惊呆了——他穿着奥克兰突袭者队球员的服装，包括T恤、手表和棒球帽。在与本并肩工作多年后，我现在知道他的着装完全符合他的性格。实际上，直到今天，本还在他的办公室里放着一个真人大小的假人模型——一个装备齐全的奥克兰突袭者队橄榄球运动员。对于不了解他的人来说，这可能是一个相当大的惊喜。

响云的非典型性成功

我在响云得到了一份业务开发经理的工作。这个职务名称只是在委婉地告诉我:"你之前的工作是一名投资银行家,你可能拥有一些对公司有益的技能,但是我们还不确定具体是些什么技能。"(在响云任职的 7 年里,我有机会担任许多不同的职务,职责包括负责财务规划和投资者的关系、公司发展、工程团队、客户支持和现场运营,还有技术支持、专业服务和售前工程。)

我入职了,我很兴奋(但我妻子没有)。我们在响云开始创建第一个效用计算模式,充裕的资金随之而来。在最初的几个月,公司筹集了近 6000 万美元的债务和股权。但话说回来,那是 2000 年年初,我们都生活在互联网的美梦中。风投公司的钱像雨点一样从天上撒下来。

我们很自然地决定筹集更多的资金——准确地说,是 1.2 亿美元。从某种程度来说,这些钱似乎是从天而降(因为我们的估值超过了 8 亿美元——对于一家成立不到一年的公司来说,简直是天文数字!)。但实际上,这当然不是天上掉馅饼,因为随之而来的还有风投公司对这些资本的增长预期。

我们确实成长了。公司成立不到两年就有了 600 多名员工。我们决定在 2001 年 3 月上市,处在互联网崩溃的当口,这显然不是最佳时机。实际上,响云是那年为数不多的上市科技公司之一(2001 年仅有不到 20 家科技公司上市,而 2000 年有近 500 家)。在首次公开募股的路演期间,我们与投资经理们进行了一连串的会面,他们对自己的投资遭受的巨大损失深感震惊。当我们尽职尽责地为响云上市做宣传时,他们看我们就好像看外星人似的。回想一下,当时纳斯达克指数约为 2000 点,远低于一年前约 5000 点的峰值,但仍未达到 2001 年 8 月的最低点。

我们决定上市是因为这是响云唯一可以选择的资金来源。公司迫切需要额外的资金继续经营业务。虽说那时我们已经筹集了大量的资金,但由于2000年后的互联网泡沫破裂，公司的现金流仍然处于危险的低水平。这是因为我们最初的服务对象是其他的初创公司：它们原本就是一个天然的客户群，因为它们可以从响云的付费服务中获益，让响云负责其计算机基础设施，从而使它们自己能够集中精力展开对定制应用程序的内部开发。

然而，为了提供这项服务，我们必须采购大量的数据中心空间和大量的计算机设备。我们预先支付了这些基础设备的费用。我们的想法是，随着我们客户群的扩大，我们将摊销这些成本的回报。这种方法在头一年左右的时间里一直挺有效的，直到互联网泡沫破裂释放出的层叠效应波及我们。结果就是我们的互联网客户开始破产，自然没有风投公司愿意为他们现有的业务提供资金。最终，我们不得不勉强担负这项关键基础设施的巨额固定成本，同时要面临客户不断减少而引起的资金链断裂的风险。

如上所述，那个时候，风投公司基本上已经停止投资了。所以，我们唯一的选择就是从以收购为导向的投资者那里募集更多的资金。收购投资者与风投公司在几个方面有所不同。也就是说，他们倾向于投资那些超过纯初创阶段的公司，他们通常进行所谓的"控制"投资。控制意味着他们通常拥有公司的多数股份，控制董事会的多数席位，这使他们能够参与决策公司的重大战略。收购资本通常比风险资本更昂贵，因为考虑到在投资的后期阶段，这些投资者上行机会更有限。这就是我们所面临的情形，意味着他们为公司提供资金的估值要低得多，因此我们不得不放弃的所有权就要高得多。除此之外，在收购的控制方面，我们希望在经营公司时保留更多自由度，而这些实际上不太令人满意。

结果，公司上市似乎就成了获得最低限度流动资金最可行的办法，这的确有些令人不可思议。我们起初打算以每股10至12美元的价格向公众出售股票（当公司申请上市时，它会向市场公布所谓的"初次申请定价区间"，以表明它希望向公众出售股票的价格范围。需求量大的上市申请往往被超额认购，这意味着机构投资者购买股票的需求大于股票的销售需求，在这种情况下，公司自然会相应地调高发行价格）。但是在我们公司的首次公开募股期间，股票市场持续恶化，我们最终以每股6美元的价格向公众出售了股票。这绝对不是你想听的有关公司上市的完美故事。但是，这次上市让我们能够募集到足够的资金，在不必放弃公司日常经营控制权的情况下，给自己争取了一次成功的机会。

"为新的一天而活！"是另一个伟大的创业口号，要时刻谨记心头。当然，是约翰·梅纳德·凯恩斯提醒了我们一条几乎适用于每一项金融事业的金科玉律："市场保持非理性的时间可能比你保持偿债能力的时间还要长。"毫无疑问，现金才是初创公司的王者，在广泛的商业领域也是如此。

但或许在我听说过的经验和教训中，最令人震撼的言辞来自已故的比尔·坎贝尔（Bill Campbell）。比尔是硅谷的传奇人物。他在晚年被称为"教练"，因为他不辞辛劳地花大量时间指导创业者成立他们的公司。他也曾是哥伦比亚大学橄榄球队的一名真正的教练。但可以肯定的是，与他在长期的职业生涯中取得的众多商业成功相比，他在大学里的执教生涯有些相形见绌。我们很荣幸地邀请比尔加入了我们的董事会。在那里，他用非常简洁的语言不断提醒我们现金在初创公司生命周期中的重要作用。"这不是钱的问题，而是关于钱的事业。"这一条就足够了。

2002年，我们最终将响云的大部分业务出售给了电子数据系统公司（Electronic Data Systems），公司变身为一家软件公司，名称也变更为奥普斯软件公司（Opsware）。本质上，等于重新成立了一家名为奥普斯软件的公司。除了是新公司的名称，奥普斯也是我们以前在响云为了内部使用而开发的软件"运营软件"（Operations Software）的缩写。在响云，我们必须管理整个系列的服务器、网络设备、存储设备和应用程序。所以，我们开发了奥普斯软件，通过各种自动化技术来减少人力劳动。当电子数据系统公司收购响云的业务时，它发行了奥普斯软件，但是允许我们保留了核心的知识产权。因此，我们做了任何有"创神"的初创公司都会做的事情，即创立了一家新公司，向其他大型企业客户销售奥普斯软件，这些客户可以从自动化技术管理流程中获益良多。

我们做这一切的时候，仍然以上市公司的名头。虽然我们的公司刚刚起步，但其市值也恰好反映了公司的成熟度（也许是不成熟度）。公司股票跌至每股 34 美分的低点，但是我们又坚持了 5 年，最终在奥普斯软件公司开发了一项不错的软件业务。惠普公司于 2007 年以 16.5 亿美元收购了奥普斯软件公司。我的合伙人本·霍洛维茨在《创业维艰》中写了大量关于公司转型的文章，我强烈推荐这本书。（当然不仅是因为他是我的老板！）

将奥普斯软件公司出售给惠普之后，我们许多人都有机会继续留在惠普的软件业务部门。当时，惠普软件是惠普母公司中一个规模约 40 亿美元的部门（惠普销售打印机和墨盒，以及台式机、服务器、网络设备、存储设备等，什么都卖），这个部门的成立是依托于一套名为惠普开景（OpenView）的软件产品，其功能类似奥普斯软件，用来帮助管理公司的 IT 资产。

多年来，惠普软件公司在广泛的 IT 管理领域收购了许多软件公司，因此产品线、员工和客户基础非常多样化，且地域分布广泛。我有机会将奥普斯软件公司的团队整合到惠普软件业务部门中，然后负责规模大约为 10 亿美元的全球软件支持业务。有 1500 名员工分布在全球的各个主要市场，我在那份工作上累积的飞行里程，比我迄今职业生涯中做过的所有工作加起来都要多。管理一个大规模的团队是一个很有意思而且令人兴奋的机会，在初创公司的早期阶段，这种工作和学习经验极为可贵。

硅谷正在发生变化

2007 年，奥普斯软件公司被惠普收购后，马克和本开始以天使投资人的身份认真投资。天使投资人通常投资于非常早期的初创公司（一般被称为"种子期公司"）。2007 年的硅谷，天使投资圈的规模还很小，也没有太多风险投资机构种子基金，这意味着专业投资者需要从传统机构投资者那里筹集资金，再投资于种子阶段的公司。相反，天使投资在很大程度上是由一群个人散户投资者主导的，这些人从他们的个人账户出资。有趣的是，马克和本通过一个名为霍洛维茨·安德森天使基金（Horowitz Andreessen Angel Fund）的实体公司进行了天使投资，这个名称与后来的公司名称恰好相反[1]。

马克和本开始投资的时候，硅谷正在发生着令人兴奋的变化。要理解这种变化，你有必要先了解一些风险投资行业的历史。而在后面的章节中，我们还会对此做更深入的探讨。

硅谷的风险投资行业于20世纪70年代正式起步，在接下来30多年的大部分时间里，其主要表现是，为数不多的几家非常成功的公司控制着获取初创资本的钥匙。简单来说，资本是稀缺资源，而这些资源是由当时存在的风险投资公司"独占"的，其中的许多公司在目前的风险投资市场上仍然非常成功和活跃。因此，创业者们要想获得这些风险资本，就需要有效地参与竞争。然而，尽管风投公司和创业者是很好的"搭档"，但资本的天平明显更倾向于前者。

不过，从21世纪初开始，初创公司生态系统发生了一些重大转变，这些转变将使情况朝着有利于创业者的方向发展。

第一个最重要的转变是，创业所需的资金开始下降，且情况还在延续。随着云计算的到来，不仅服务器、网络、存储、数据中心空间和应用程序的绝对成本开始下降，采购方法也从预先采购转变为更便宜的"租赁"。作为一家初创公司，这些变化是非常重要的，因为它意味着你需要从风投公司那里筹集的启动资金要比过去少得多。

YC打开了风投的"黑匣子"

初创公司生态系统的第二个重大转变就是企业孵化器的出现。Y Combinator（缩写为"YC"，美国著名的创业孵化器）2005年由保罗·格雷厄姆（Paul Graham）和杰西卡·利文斯顿（Jessica Livingston）创办，并初步创办了创业者学校。一群创业者加入了"YC孵化小组"，他们在开放的办公空间工作，参加为期3个月的讲座及导师的辅导，最后给出毕业成果。在过去的13年里，YC孵化了近1600家有潜力的初创公司，包括一些非常著名的成功企业，如爱彼迎（Airbnb，全球领先的短租平台）、比特币公司（Coinbase）、因思塔购物公司（Instacart，在线杂货店）、多宝箱（Dropbox，云存储服务供应商）以及思瑞普公司（Stripe，数字支付供应商）。

但这还不是YC对风投生态系统最重要的影响。相反，我认为YC的重要性是它教会了一大批创业者如何创业。其中，如何从风投公司进行融资就是相当重要的一课。也就是说，YC破解了风投行业的"黑匣子"，揭开了风投行业的内幕，向创业者们展示了初创公司的创立和融资过程。

此外，YC创立了真正的创业者社区。在社区中，无论是关于公司的建设，还是关于与风投公司的合作经验，创业者都可以分享他们的知识和见解。而在此之前，创业者社区非常分散，社区成员间的知识分享显然也极为有限。而知识带来的力量，正成为平衡创业者和风投公司的第二个重要因素。

还要做得"更多"

2009年，马克·安德森和本·霍洛维茨创立了安德森·霍洛维茨基金会。马克和本洞察到风投行业的根本性转变，即提供资金不再是风投公司的唯一显著优势。他们认为，风投公司仅为创业者提供资金是远远不够的，因为资金正逐步成为一种普通的商品（比较容易获取）。在2005年后的风投时代，风投公司需要向那些初创企业提供除了资金以外更多的增值服务，以此争取为创业者提供资金的权利或机会。

这个"更多"究竟指什么呢？这取决于科技初创公司的本质。科技初创公司主要是产品创新或服务创新的公司。大多数情况下，科技初创公司融合了一些具有创新头脑的工程师，他们通过推出某种消费者闻所未闻的创新产品或服务来解决现有问题，或者创造一个新的市场。发现待解决的问题与开发能解决这些问题的具体产品或服务之间的密切联系，是一个科技初创公司成功的重要因素。毋庸置疑，有效的销售战略和市场推广、资本配置、团队建设等也是企业成功的关键因素。但归根结底，科技初创公司需要对市场问题提供一个行之有效的解决方案，才能获得成功。

因此，为了增加创建一个成功且有价值的公司的可能性，马克和本的观点是，公司创始人应该是产品主导型或技术型的人才，并且能让产品的发展前景和个人职责紧密结合，即推动公司战略布局及决定资源如何配置。后者通常是首席执行官的职责。所以，马克和本更倾向于支持对产品发展前景有远见的首席执行官。

然而，技术出身的创始人做公司总裁虽然更擅长产品研发，但他们的其他经验总有局限性，往往缺乏其他职业技能和人脉，如技术招聘、高管招聘、公关和营销、销售和业务拓展、公司规划和日常管理事务等。

因此，围绕着这个"更多"，马克和本创立了安德森·霍洛维茨基金会，旨在建立一个由个人和机构共同组成的发展网络，提高创始人成为顶尖首席执行官的潜能。2009年6月公司成立时，我有幸成为公司的第一名员工。

经过10年发展，我们从一个管理着3亿美元和仅有3人团队的基金公司，发展成为一个管理着70多亿美元和大约150名员工的公司。我们的大多数员工注重的都是如何做到为创业者提供"更多"服务，每个人都花大把时间拓展人脉，与众多机构建立联系。这些人脉和机构有助于公司创始人兼首席执行官持续创立并经营有价值的公司。

致敬创业者

我们有幸投资了许多伟大的公司，其中一些公司在今天已是家喻户晓，如爱彼迎、拼趣（Pinterest）、因思塔购物公司、奥克卢斯（Oculus）、斯莱克软件平台（Slack）、吉特哈布（GitHub，一个开源项目托管平台）等。希望将来能有更多耳熟能详、受大众喜爱的品牌。我们从创建公司的过程中学到了很多，做出了正确的决定，也犯了一些错误。我们相信在公司发展的过程中，需要不断地创新和不停地尝试。实际上，我们不断告诫我们的团队要犯"新的错误"，我们希望能把这些错误转化为教训，更为明智地承担风险，不断提升产品和服务，避免重蹈覆辙。我们将重点探讨过去的一些经验和教训，这一主题将贯穿全书。

最重要的是，我们深信创业过程是无比神圣的。我们每天努力工作，珍惜这段艰难的旅程。这段旅程是雄心勃勃的创业者走向成功的希望之路。我们知道，大多数人创业成功的概率非常小，那些成功的创业都是独一无二的，融入了创业者个人的远见、灵感、勇气和一部分好运气。

这本书就是关于创业者的故事，很大程度上也是关于响云、奥普斯软件公司和安德森·霍洛维茨基金的成长故事。

初创公司的繁荣或消亡取决于能否获得风投公司的资金，尤其是在起步阶段。起步阶段正是初创公司成长模式的形成阶段，仅通过运营现金流无法支撑自身的发展。与所有类型的资本一样，风险资本是一种极好的融资形式，创业者的需求和愿望在这一点上与风投公司的是一致的。初创公司和风投公司之间达成一项协定，协商出双方希望共同实现的目标。来自公众和投资机构的资金，也是融资计划的重要组成部分，因为初创公司进入成熟期需要很长的一个过程，这有助于满足投资者对预期收益的增长需求。

同样，当创业者和风投公司之间利益发生冲突时，那就会是另外一种截然不同的情形了。

正如我之前提到的，创业者和风投公司之间成功"联姻"的最佳方式就是营造一个公平的竞争环境，使每个人都理解风投的运作方式。所以，现在是时候撸起袖子大干一场了。

第 2 章

什么是风险投资

让我们从头开始讲，究竟什么是风险投资？风险投资作为初创公司的融资形式，其最佳时机是何时？

大多数人认为，风险投资是科技初创企业的资金来源。这当然没错！风投资金资助了许多非常有趣的科技初创企业，其中包括Facebook、思科、苹果、亚马逊、谷歌、奈飞公司、推特、英特尔和领英等。实际上，如果你看看今天市值排名前五的大公司——苹果、微软、Facebook、谷歌和亚马逊——它们都是由风投公司提供资金支持的（可能你读这本书的时候，这个记录已经过时了）。我们可能会觉得，这对于一个在整个金融领域中只占很小一部分的行业来说，还不算太坏。

但由风投公司提供资本支持的公司并非都是科技公司，也包括一些非常成功的非科技类公司，其中有史泰博（Staples）、家得宝（Home Depot）、星巴克和蓝瓶咖啡（Blue Bottle Coffee）。

那么，风险投资背后的真正目的是什么？我们应该如何更好地思考公司的类型，才能确定风险资本是不是公司的最佳融资来源？

风投适合你吗

有一种看待风险投资的方式是，一些公司（无论是不是科技类公司）选择风投，是因为这些公司本来就不适合从其他融资机构或者更传统的金融机构获得资金。

这里所谓的其他金融机构，指的就是银行。长期以来，小企业贷款，尤其是以社区为基础的银行提供的小企业贷款，一直是新公司成立的关键。在2008年全球金融危机引发的诸多问题中，银行根本不愿意（或者在某些情况下，确实没有基础存款）向新公司发放贷款，才是导致就业增长停滞不前和新公司的创办数量萎靡不振的原因。这也是为什么我们在金融危机后的几年里，看到一些新兴的贷款平台涌现并壮大的部分原因：它们在一定程度上为小企业融资打开了一扇窗。当然，这是由于传统银行放贷机构退出这一领域造成的。

但是，即使银行处于放贷的状态，贷款也并不总是适合所有公司。这是因为贷款不能构成公司永久性资本的一部分。用外行人的话说，贷款到期之后，公司得还款，而且通常还附带利息。因此，贷款最适合那些可能产生短期正向现金流且能够实现盈利的企业，而且这些现金流足够支付贷款利息，并最终支付贷款的本金。

然而，风投则不受这种限制。风投是以金融投资的形式换取公司的所有权权益（股权）。实际上，这是一种永久性资本。也就是说，没有固定的时间限制或机制迫使公司将资本返还给投资者。公司需要额外的现金流时，可能是希望以股息或股票回购的形式将资本返还给股东，但没有规定要求公司必须这么做（至少在绝大多数风投股权融资的公司中没有）。相反，股权持有人投资的时候有些暗地里对赌的意味，期待着股票的价值会与公司资本的增长相适应，而实际最可能发生的情况是，只有股票持有人在未来某一天抛售股票的时候，才会真正见识到他持有的股票的价值。

债务和股权，你选哪一个

如果你是一个公司的创始人，现在需要你在债务和股权之间做出选择，你会怎么选？答案取决于你想要创立的公司类型，以及你对不同形式的资本所附带的约束性条款的理解。

如果你能解决短期现金流的问题，或者愿意减少某些业务投入以便应付债务利息（和最终偿还本金），那么银行贷款可能是最佳资金来源。毕竟，利用贷款意味着你不必把公司的任何股权出售给别人，你可以拥有完整的控制权。当然了，虽说银行既不是公司董事会成员，也不是有投票权的股东，但银行贷款实质上也会以契约形式对企业施加一定的控制，通常是设定财务指标来防止未来可能发生的违约行为。

但是，如果你认为所有的资金都应该投入到公司业务上，且短期内看不到创造现金流的能力（或者你不想让公司受到临时性资本的约束），那么利用股权融资会是一个更好的选择。

当然，通过股权融资也不是无条件的，因为你或多或少要把公司的部分所有权转让给你的股东。如果你决定从风投们那里获得股权，你必须接受他们参与公司的某些决策，通常情况下，他们会在公司董事会占有席位。

尽管如此，对于处于以下三种情况的公司来说，股权融资的确是一个很好的选择。第一类，不会（或近期有望会）产生短期现金流的公司；第二类，自身风险非常大的公司（银行由于害怕失去贷款本金，故不愿意给那些面临倒闭风险的公司贷款）；第三类，资本长期流动性不足的公司（银行对贷款一般设定3~5年的期限，来增加收回本金的可能性）。

现在，我们重新回到之前对"风投"的定义上来。需要澄清的是，"风投"不仅仅是那些不适合传统银行融资的公司可以随意选择的融资形式，它实际上具体指的是股权融资，投资者愿意长期持有这些股权（期限基本等同于前面提到的"资本长期流动性不足"的时期），但前提是，他们要承担的风险最终将以股票价值大幅升值的形式得到回报。

你可能听说过，一些风投公司通过票据去投资一些公司，难道这不是债券吗？是，但也不是。的确，许多早期投资者——一般指天使投资人或种子投资者，经常通过票据投资一些公司。不过，这些票据有一个显著特点，使其看起来更像股票，名字叫作可转债。

这是什么意思呢？就是说，最初的投资看起来像是债券，因为在大多数情况下，它设定了利率和偿还本金的日期。这和我们之前谈论的银行债券很像。但是，这个债券含有可转换特征，也就是一种机制。通过这种机制，投资者可以将债券转换为公司普通股，而不是收回本金。这样一来，公司可利用这一特性，将非永久性资本转换成永久性资本。这种转换通常与公司的股权融资密不可分。在本书关注的众多案例中，公司债务实际上都可以转换为公司普通股，所以现在我们要把它融入关于股权的讨论中。我们将在第 9 章对可转债进行更进一步的讨论。

现在，让我们先花几分钟时间了解一下风险投资行业的参与者。

风投行业的参与者基本上分为三类。第一类是为风投提供资金的投资者；第二类是风险投资人，他们通常是风投公司的普通合伙人（泛指股权投资基金的管理机构或自然人，英文缩写为 GP，普通合伙人对合伙企业债务承担无限连带责任），负责将资金投入有潜力的初创公司；第三类是把风投们提供的资金投入自己初创公司的创业者。总的来说，就是投资者、风险投资人和创业者。既然我们已经理解这个问题，那让我们看看投资者是怎样挑选风投公司，并为其注资的。

风投仅是一种资产类别（且表现不太好）

简单来说，"资产类别"就是投资者进行资产配置的一种投资分类。例如，债券是一种资产类别，公开市场股票也是。也就是说，作为平衡投资组合的一部分，投资者通常会选择部分资金投于公开上市公司的债券或股票。对冲基金、风投基金、并购基金等也属于资产类别。

机构投资者（管理大量资本的专业人士）通常有一套明确的资产配置策略，根据这个策略进行投资。例如，他们可能将全部资产的20%用于债券、40%用于上市公司股票、25%用于对冲基金、10%用于并购基金，剩下的5%用于风投资金。还有许多其他资产类别可供机构投资者考虑，对于不同资产类别使用的配置百分比也有很多方式。在后续谈及耶鲁大学捐赠基金的案例时，我们会看到特定投资者的目标将决定资产的配置策略。

那么，如果我们把风险资本视为一种资产类别，为什么说它表现不好呢？原因很简单，其资本的平均投资回报与其风险不对等，且流动性非常差。实际上，就在最近的2017年，风投公司的10年平均投资收益率[1]，比纳斯达克指数还低160个基点。"基点"即0.01%或1个百分点的1%，是一种奇特的表述方式。所以，200个基点的意思就是2个百分点。

这意味着什么呢？就是说，如果你将资金投入收益率表现平平的风投公司，那么很不幸，你的资金会被长期套牢，而且由此产生的投资收益，会比将资金投入纳斯达克指数基金或标准普尔500指数基金产生的收益更为糟糕。如果你某天决定用一笔钱，可以在任何一个交易日选择买卖你的股票，但如果你想把钱从风投基金里取出来，那只能祝你好运了。

这个现象该做何解释呢？确实有很多其他因素，但其中最关键的就是风险投资的收益率不符合正态分布。

你可能熟悉钟形曲线的概念，即曲线上的数据分布呈对称性（数据在平均数的左右对等分布），且平均数两侧存在标准差。例如在一个正态分布中，68%的数据与平均数的距离在1个标准差内。我们将会用钟形曲线来解释投资收益率（如图2-1所示）。

如果风险投资的投资回报率符合钟形曲线，那么你投资的大部分公司（约68%）的投资收益都集中在距离平均数的1个标准差内。这说明大多数投资机构会选择一位基金经理进行投资，且这个基金经理的投资回报率会大概率落在这个正态分布内。

相反,风投公司的业绩往往趋向于遵循幂律曲线(如图 2-2 所示),也就是说,回报呈非正态分布,这是一种严重的扭曲状态,导致该行业的大部分收益回报被少数几个公司拿走。

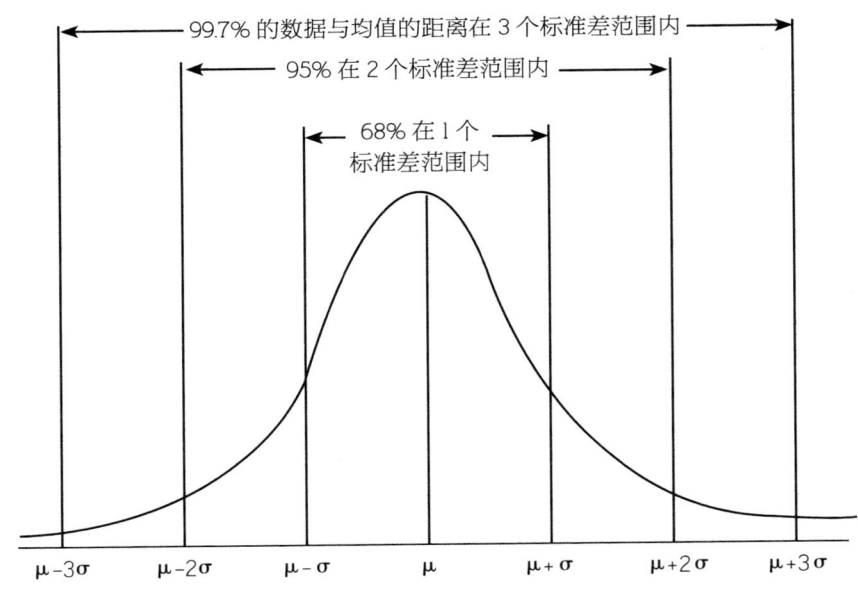

图 2-1　钟形曲线

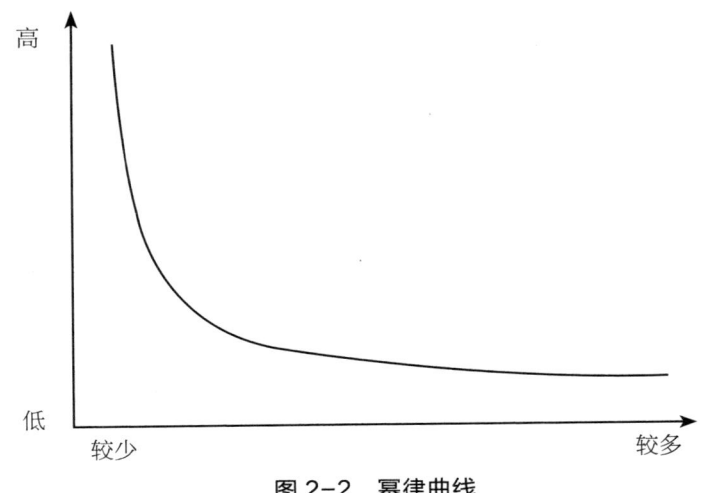

图 2-2　幂律曲线

因此，如果作为机构投资者，你的投资符合上述曲线图的分布状态，那么你投资的少数几家公司产生超额回报的概率会很小；如果你投资于处于中位阶段的公司，该公司产生的收益很可能低于平均水平的长尾收益。

除此之外，对风险投资收益率的学术研究也表明，那些顶级公司在整个基金投资周期中很可能会持续存在。因此，在一只基金中产生超额收益的公司更有可能在随后的基金投资中继续产生超额收益。换句话来说，公司在基金投资过程中持续获得成功的路途并无统一模式，随着时间的推移，战利品往往会落入同一组赢家手中。

如何解释风险基金收益率的这种分布呢？

积极信号的作用

首先，信号很重要。风投公司因支持的初创公司获得成功而闻名，这种积极的品牌效应使这些风投公司能够继续吸引最佳的创业者。想想看，如果 ABC 风投公司投资了一些大获成功的公司，如 Facebook、亚马逊和阿里巴巴，那么自认为将是下一个 Facebook 的创业者相信从 ABC 风投公司获得投资将增加创业成功的可能性。如果他这么想，那么其他 50 家竞争公司里的程序员会怎么想呢？他们会不会也认为，在一家由 ABC 风投的公司工作会增加成功的可能性，进而选择那家公司？那么，被这家初创公司视为"自我推销目标"的财富 500 强企业又会怎么想呢？或许由 ABC 风投公司投资会释放一种积极信号，表明财富 500 强公司再投资这家公司时，其风险大大降低了。

总之，无论对错，投资生态系统中的所有参与者都在做一个简单的推理：ABC 风投公司的投资人必定都是七窍玲珑、聪明绝顶。毕竟，他们投资过 Facebook、亚马逊和阿里巴巴这些成功的大公司。因此，根据传递性进行推理，打造下一个 Facebook 的创业者也绝非平庸之辈。这样一来，这家公司失败的风险就会更低。所以说，"成功才是成功之母"。

在你认为这个观点很疯狂之前，先说明一下，它和人类社会使用的其他信号传递机制没什么不同。试问，为什么很多公司从常春藤盟校大量招聘员工呢？很简单，因为它们成功聘用过常春藤盟校的毕业生，而且在它们看来，在筛选智商高且性格好的学生方面，这些大学已经提前做出了选择。

实际上，我们经常使用信号作为一种判断捷径。类似于喜欢整体概况或者以偏概全，有时我们会做出假阳性判断，即在曲线上过度拟合，简单地将成功归因于个人或公司，而实际情况并没有我们想象的那么好。我们也可能做出伪阴性判断，即在曲线上欠拟合，导致在没有充分评估创业者能力的情况下，就淘汰了优秀的候选人。

以风险投资为例。当我们讨论激励机制时，我们会看到欠拟合是一个极其严重的错误。如果你投资的公司比预想的还要糟糕（假阳性），你能做的最坏打算就是失去全部的投资资本。对于把毕生积蓄都拿来投资的人来说，这绝对是巨大的打击，但对于风投们来说，这只是他们日常工作的一部分。未能投资一个成功的公司，就意味着你失去了与投资相关的所有不对称优势。错过下一个 Facebook 或谷歌无疑是痛苦的，如果仅仅依赖你的其他投资组合，这预示着你的风投职业生涯离终结不远了。

风险投资是零和游戏

其次，可能是因为风险投资在很大程度上是零和游戏，可以用公众的市场投资行为来解释这个问题。

如果你我都认为苹果公司是一只值得投资的好股票，那我们都可以决定买它。当然，如果我们当中的一个是真正的大买家，那这种购买行为可能会引起股票价格发生变化，这样一来，我的买入价格可能就与你的不同（取决于咱俩谁先买）。但无论价格如何，购买苹果股票的机会对咱俩来说都是一样的，与对方如何买入无关。股票市场是一个大众化的机构，任何拥有资金和经纪账户的人都能参与交易。

这与风险投资形成了鲜明对比。在大多数情况下，当一家公司筹集风投资金时，会有一个"赢家"（也可能两个）和很多输家。我给"赢家"加上引号，是因为人们通常认为，能够投资一家看起来很有前途的初创公司就已经赢了。但随后常常会发现，在某些情况下，这种投资应该被更恰当地描述为"赢家的诅咒"。比如在拍卖中，买家在竞拍过程的感觉会慢慢情绪化，或者得到的信息不完善，使他们对拍卖品的估值高于其实际价值。在风投的交易中，竞争肯定也会引发所谓的"交易热"，即非理性的判断，导致投资者为一个投资项目支付过高的价格，而且在对初创公司的评估过程中，毫无疑问，信息几乎总是不完善的。

不管该资产的定价是否合理，通常都有一家风投公司是这轮融资的"领投"者，因此，在这轮融资中，风投公司会将大部分资金投入该公司。有时，在同一轮融资中，可能会有其他非主要投资者以较小的金额参与，但无论如何，都不允许任何随机的投资者在公开证券交易所参与。

在大多数情况下，一旦这轮融资完成，就意味着这个投资机会永远消失了。举个例子，Facebook 永远不会再有第一轮融资。因此，无论第一轮投资的最终回报是多少，都将归一小撮幸运的投资者所有。

当然，也经常会有后续的其他融资。例如，Facebook 的 B 轮融资。但据推测，Facebook 的估值在那个时候已经上涨了，因此最终流向这批投资者的回报率将落后于第一轮融资的投资者。

因此，如果把我们之前讨论的积极信号作用与融资周期的间断性以及赢家通吃的概念结合起来，希望你能明白，这个行业的总体回报通常是如何流入少数几个（而且往往是持续的）风险投资公司的。

严格的准入门槛

风险投资的另一个特殊特点，就是其仅限于"官方授权的"投资者参与。合格投资者[2]基本上是在财务上取得一定成功的人（目前的要求是个人净资产不低于100万美元，或者在过去两年里已经赚得盆满钵满，并且年收入至少20万美元）。这种官方认证表明，财富能衡量投资者的投资水平。不可否认，这个认证标准过于宽泛且缺乏包容性，但也挡不住《美国证券法》对它青睐有加。

私有公司要想公开为其经营活动筹集资金，就必须遵守《美国证券法》，因此需要尊重认可投资者的资质。根据该法律，公司（通常是指上市公司）只有符合证券发行的注册条件，或者符合证券法规定的关于允许非上市公司发行证券的豁免条款，才能出售其证券。豁免条款对非上市公司出售证券有严格的限制，首先证券不能出售给未经授权的投资者，其次只能将证券出售给净资产超过500万美元的合格投资者。

风投公司的投资者自身也要遵守这些规定。因此，只有符合合格投资者的资质要求，才能进入风投基金行业。许多风投基金会设置更高的门槛，来提高投资者的水准。

这些规定中也有一个例外，就是美国国会在2012年发布的《就业法案》（*JOBS Act*）中关于公众小额集资的规定。根据这些规定，公司每年通过股权众筹的方式，从未经认证的投资者那里募得的金额不得超过100万美元。要想符合这些规定，公司还必须满足一些其他要求，比如投资细则必须在投资者的官网上公布。虽说这个规定是为了让私人公司可以稍微公平地参与融资过程，但大多数筹集风险资金的公司并不想走这条路。

因此，风险投资不是说谁想参与就能参与的，不仅因为赢家会变得更富有，而且因为最终仅有为数不多的参与者能够参与竞争。

如何衡量风投公司成功与否

这一切对风险投资意味着什么？

首先，投资过于分散对风投公司来说是一个糟糕的策略。如果你是一个机构投资者，且幸运地投资了一些成功的公司，这些公司的回报率又十分可观（处于幂律曲线的高端），你就不会想要分散投资。风投基金的高端回报率往往比低端高出 3000 个基点；当你的投资呈幂律曲线分布时，回报率的分散性是巨大的。一般来说，投资过于分散，可能会将你置于幂律曲线的平均值或者低回报率部分，从而拉低整体收益率。因此，许多机构投资者会尽可能地集中投资组合，这也许会进一步加剧幂律分布的收益。

这就引出了第二层解释——新公司很难进入这个行业并获得成功。必须承认，在过去的 10 年里，融资环境本质上发生了一些变化，但要想成功仍然相当困难。想要成为一家顶级风投公司，你必须将自己置身于幂律曲线的最佳位置。但是，如果没有一个能释放积极信号的成功品牌，吸引最优秀的创业者，那就很难产生想要的结果——这就是一个典型的"先有鸡还是先有蛋"的问题。

忘掉成功率

现在有个问题，就是投资的平均成功率最高的风投公司，通常并不是最好的。

拿棒球运动举例。为了照顾到一些不太熟悉棒球的人，我们先从解释"平均打击率"的含义开始说起。打击率的计算方式为选手击出的安打数除以打数（虽然保送上垒没有算在里面，但这不影响我举例）得出的商。如果一个球员的平均打击率为 0.300，也就是说，在他的职业生涯中每 10 次打击中就有 3 次到达本垒，那他就能进入国家棒球名人堂了。

优秀的风投公司在 10 次打击中有 5 次安打（平均打击率为 0.500）。风投公司的一次"安打"是指投资一个公司的回报远远大于原始投资额。乍一看，听起来还不错。但实际上不是这样的，这并不是决定投资成功与否的重要因素。

对于大多数风投公司来说,投资差不多类似击中球的情形:

■ 有50%的投资是"受损"的,也就是说,部分或全部投资都是失败的。想想看,风投公司有一半的投资可能是完全错误的,结果却赔掉了投资者的大半甚至全部资金。如果在其他行业,要是你努力的回报只有50%(棒球运动除外),那么你很可能需要找一份新的工作。但是,风险投资人可能还会为这样的失败欢呼!

■ 有20%~30%的投资是成功的(类似棒球"一垒安打"或"二垒安打")。你没有赔光所有资金(祝贺你!),反而还获得了好几倍的回报。假如你在加密货币网上投资的500万美元带来了1000万到2000万美元的收益,看起来很不错。然而,如果你算上50%的"受损"投资,那么风投公司依然有麻烦,因为70%~80%的投资产生的总回报率约为每美元75~90美分。这显然不能算是成功的秘诀。

■ 幸运的是,我们还剩下10%~20%的投资,这些是我们的"本垒打"。风投公司期望这些投资能带来十倍、百倍的回报。

如果你有所留意,这个收益分布应该会让你想起之前关于幂律曲线的讨论。事实证明,不仅风投公司的业绩遵循幂律曲线,而且特定基金内的交易分布也遵循幂律曲线。

随着时间的推移,为投资者带来2.5~3倍净回报的基金,将处于幂律曲线的高段部位,并能继续吸引资本机构的投资。但是为了达到2.5~3倍的净收益(除去所有费用),风投公司可能需要获得3~4倍的总收益。这意味着如果一家风投公司拥有1亿美元的基金,它需要从投资中获得总计3亿~4亿美元的总收益,这样才能给机构投资者带来2.5亿~3亿美元的净收益。

这说明,平均成功率并不是衡量风投公司成功的正确标准。实际上,数据表明,平均成功率较高的公司往往并不会比平均成功率较低的公司表现要好。

为什么会这样呢?因为最重要的是你"每个本垒打的打数"。在棒球运动中，每本垒打的击球率等于球员击球的次数除以本垒打击球总数。马克·麦奎尔（Mark McGwire）以每本垒打中 10.61 的打数率保持这项运动的最高纪录。这意味着麦奎尔大约每 10 次上垒命中 1 个本垒打。

在风投行业中，我们真正关心的是每个本垒打的打数。我们把风投公司获得 10 倍以上投资回报的频率称为本垒打。如果你计算一下，会发现风投们会犯很多错误。他们的总打击率甚至会低于 50%，只要他们每本垒打的打数率是 10% ~ 20%，那就能完胜历史上最好的棒球运动员了。

实际上，在这个行业中我们看到的情况和上述情形是一致的。表现最好的风险基金和表现较差的风险基金之间的区别不是成功率，而是每个本垒打的打数。实际上，在很多案例中，业绩最好的公司的平均成功率比业绩不佳的公司差：它们就像一个棒球击球手，每次上垒时，它要么三振出局，要么全垒打。事实证明，在成功融资的道路上，风险并不可控。如果你想在这个行业里折腾，你必须有百毒不侵的本领。

阿塞尔合伙公司（Accel Partners）以投资 Facebook 的早期融资而闻名。[3] 当时 Facebook 的估值约为 1 亿美元。假设阿塞尔在 Facebook 上市前一直持有这些股票，上市时 Facebook 的市值约为 1000 亿美元（为了解释得更清楚，我们仅做简单一些的数学计算，所以暂不考虑阿塞尔最初的投资是否被随后几轮融资稀释，也不考虑 Facebook 上市初期股票交易情况）。

粗略计算一下，阿塞尔的那笔投资回报有 1000 倍，这当然是个本垒打啊！那你认为作为该基金的一部分，阿塞尔还应该在其他投资上做什么？这是个很刁钻的问题。答案是"无所谓"。如果你在某一项投资上的回报率是 1000 倍，你可能在其他所有投资上是失败的，但你仍然拥有一只表现极佳的基金，阿塞尔就是这么做的。你可能会问，阿塞尔在其他投资上战绩如何？实际上，阿塞尔确实在同一基金中做了其他重大投资，包括移动电话广告市场（AdMob）、埃克森开源程序（XenSource）和图里亚（Trulia，美国房地产搜索引擎）等，堪称史诗级战绩。所有这些都是在对 Facebook 的投资回报遵循幂律曲线之后得到的意外收获。

规模虽小，但影响力挺大

如果你住在加州、马萨诸塞州或纽约，而且还是风投公司或科技初创公司生态系统的一分子，只要你打开推特或者当地报纸，你就会被这个行业发生的新闻所淹没。这可能会让你认为风投行业是一个非常大的行业，或者至少认为地球在围绕着它转。

实际上，风投行业是一个非常小的产业，把它与其他金融资产类行业一对比就知道了。2017年是重要的一年：风投公司的投资额高达840亿美元[4]。这是近几年内数额最大的一年，该行业的业务规模在2009年触底（近年来），仅略低于300亿美元。纵观过去5年左右的时间，美国风投公司每年对投资组合公司的投资规模一般在600亿~700亿美元。有趣的是，由于越来越多的资金被集中到估值超过10亿美元的公司，所以近年来分散投资的数量有所下降。2017年，190亿美元（几乎占所有公司总投资的25%）流向了一小部分估值超过10亿美元的公司，这又是幂律曲线在起作用。

该行业的另一个规模指标，是风投公司每年从机构投资者那里筹集的资金总额。2017年，美国公司从投资者那里筹集了大约330亿美元，而在2000年互联网泡沫的顶峰时期，这个数字是约1000亿美元[5]，所以我们还远远没有达到顶峰。

为了让你对这些数字有更直观的感受，我们来对比一下。2017年，全球并购行业共筹集了约4500亿美元的资金[6]，对冲基金行业管理的资金超过3万亿美元，美国GDP约为17万亿美元。因此，无论以何种标准衡量，在整个的金融体系中，风投行业只代表了所发挥作用的一小部分资金。

但是，风投公司的巨大影响远远超过了它小小的体量。

正如之前讨论过的，美国市值最大的5家公司背后都有风投的支持，它们是苹果、Facebook、微软、亚马逊和谷歌。

斯坦福大学2015年发表的一份研究报告强调，自1974年以来，风投支持的公司都集中在美国公开市场。[7]斯坦福大学选择这个年份,是因为随着《谨慎人规则》(*Prudent Man Rule*)法案的实施,风投行业从1979年开始急剧扩张,遵循谨慎原则。1979年以前,对大多数机构投资者来说,投资风投行业并不被认为是"谨慎的"。因此,这个行业的资金在很大程度上来自家族办公室、大学捐赠基金和慈善基金会。随着这一法案的发布,现在养老基金被允许用于投资风险投资资产类别,因此其管理下的资产显著增长。虽然是1979年引入了这一规则,但为了研究对象能涵盖美国的一两家重要的公司,如苹果公司,斯坦福大学还是把时间标准提前到了1974年。

根据截至1974年的数据,42%的上市公司是由风投支持的,占总市值的63%。这些公司占了总就业人数的35%,同时占了创新发展动力研发开支的85%。

对于一个投资数额仅占美国GDP约0.4%的行业来说,这相当不错了!

第 3 章

早期风投公司如何决定投资标的

我们先来了解一下风投公司是如何选择投资对象的。实际上，风险投资领域被诸如《创智赢家》这样的真人秀节目和硅谷、独角兽等词语过分美化了。对于其背后的投资决策，很少有简单、直接的说明。

就像前面提到的，在一个项目的早期阶段，风投机构很难得到原始数据。在这个时间点上，初创公司通常还没有进入市场。因此，当许多风险投资人在评估一家初创公司是否值得投资时，定性评估比定量评估要重要得多。

当然，本书后面的章节也介绍了很多可以量化投资收益的方法。如果你有足够的数据来验证假设，这些表格会是不错的练习机会。但"垃圾进，垃圾出"这句老话，特别适合形容早期的风险投资。事实就是没有有效的财务指标来为创业公司建立一个有意义的未来潜在回报模型。这些初创公司只存在于创业者的幻灯片中，而有时，他们的幻灯片是在与风投们开会几小时前才做出来的。

所以，你该怎么办呢？别着急。事实证明，风投公司通常是利用定性和高级定量的方法来评估一家公司的投资前景的。它们通常考虑三个维度：人、产品和市场。

维度1：创业者及其团队

在定性评估中，人才是最重要的标准，尤其是对于早期项目的投资而言。当"公司"还没影儿，只不过是少数几个人（有时候只有一两个创始人）提出的一个想法时，大部分的评估将主要集中在这个团队身上。

其中，最重要的是创始人的背景。许多风投公司会深入研究创始人以及团队的执行效率。这里的基本假设是：创意不是他们专有的。实际上，风投公司会假设，如果一个创意被证明是好的，那么就会有很多其他团队涌现出来，争着做这个创意。

所以，最大的问题是，作为一个风险投资机构，为什么想要支持眼前这个团队，而不是其他可能出现的任何一个团队呢？风投公司此时考虑的是机会成本，即做出支持该团队的决定后，就不能再去投资另一个可能出现的团队了，即使下一个团队能够更好地抓住机会。

约翰·多尔（John Doerr）是凯鹏华盈（Kleiner Perkins）的风险投资人，他因提出"没有冲突就没有利益"的投资信条而闻名。现代风险投资界的现实是冲突为王。然而，实际上，风险投资人确实没法同时投资两家创业目标一致的公司。当然，对于冲突的定义也是仁者见仁，智者见智。

为什么呢？因为风险投资人决定投资一家公司，实际上就是认定该公司未来会成为这一领域的赢家。不然，如果我觉得朋友网（Friendster）可能会主导社交网络市场，那么我为什么还要投资Facebook呢？回想一下前文"积极信号的作用"，无论结果是好是坏，这些公司都因为这笔投资而深陷其中。因此，每一个投资决策都有极大的机会成本。作为一个风险投资人，巨大的机会成本可能会阻止你投资于该领域的直接竞争对手。

如此说来，风投公司最大的失误之一就是选对了行业领域却选错了公司。例如，在21世纪初，你可能意识到社交网络的市场规模将会变得越来越大，但是之后你决定去投资朋友网而不是Facebook；抑或你可能意识到，搜索引擎在 20 世纪 90 年代末将成为一项潜力巨大的业务，但是你却选择投资阿尔塔搜索引擎（AltaReturn）而不是谷歌。

那么该怎样评估一个创业团队呢？当然，不同的风投公司评估创业团队的方式也不同，但是也有一些共同点。

首先，是什么促使这个创始团队追求这个创意？是独特的技能、背景还是过往经验？我的合伙人通常会使用"产品优先的公司"和"公司优先的公司"两个概念对创业公司进行区分。

在以产品优先的公司里，创始人通常因为有过一些特殊的问题或麻烦而开发一种产品来解决，最终迫使他创立一家公司，作为将该产品推向市场的工具。而在以公司优先的公司里，创始人首先决定他想要创办一家公司，然后集思广益，想出可能有市场吸引力的产品，之后再围绕这些产品来创建一家公司。当然，最终这两种模式都可以创造出成功的公司，但是，以产品优先的公司在成为一家公司的过程中，真正体现了公司形成的本质结构。创始人所经历的一个现实世界的问题成为创造一个产品（并最终创立一个公司）的灵感来源：这种鲜活的创业模式通常对风投公司非常有吸引力。

毫无疑问，许多人都熟悉产品与市场匹配的概念。这主要得益于史蒂夫·布兰克（Steve Blank）和埃里克·莱斯（Eric Ries）对这一概念的宣传普及，产品与市场匹配说明了一种产品在市场上对消费者非常有吸引力，以至于他们意识到这个产品是用来解决问题的，并且觉得有必要购买这个产品。消费者对产品的"愉悦感"和重复购买行为是产品与市场匹配的显著标志。爱彼迎就是其代表，其他案例还有因思塔购物平台、拼趣、来福车、Facebook 和照片墙（Instagram）等。作为消费者，我们几乎无法想象，在这些产品出现之前，为了解决相应需求我们都做了什么。有必要再说一遍，因为它是有针对性的，在获取用户以及产品与市场匹配的突破上非常有优势。

在风投公司对创始人的评估中，创始人与市场的匹配也是相同的道理。对于产品优先的公司来说，创始人与市场的匹配，说明了这个创始团队有追求眼前机会的独特特征。也许，创始人有优异的教育背景，最适合这个机会。

在 a16z，我们从马丁·卡萨多（Martin Casado）身上看到了这一点。马丁决定成立 Nicira，这是一家软件定义网络公司。马丁不仅为情报界研究软件定义网络的早期版本，还在斯坦福大学获得了该领域的博士学位。他成功创立 Nicira 就是得益于他的整个职业生涯和个人背景。顺便说一下，Nicira 最终被威睿公司（VMware）以 12.5 亿美元的价格收购。

有的创始人通过一段与众不同的经历，以一种独特的方式接触到了市场问题，并提供具有洞察力的解决方案。爱彼迎的创始人就符合这个条件。那时他们住在旧金山，生活入不敷出。他们发现每当举行大型会议时，当地所有的酒店都被抢订一空。于是，他们就想，如果我们能把公寓里睡觉的地方租给来开会的人，不但可以帮助他们节省住宿费，同时还能帮助自己赚钱抵房租，这样做会怎么样？爱彼迎就这样诞生了。

有的创始人把他们的一生都奉献给了眼下的某个难题。在 20 世纪 90 年代后期，俄里翁·辛达维（Orion Hindawi）和他的父亲大卫创办了一家名为大修（Big Fix）的安全解决方案的公司。大修是一家安全软件公司，专注于端点管理——为公司的个人电脑、笔记本电脑等提供虚拟安全服务的过程。在把公司卖给 IBM 之后，俄里翁和大卫决定创立钛金（Tanium）公司，本质上是大修公司的 2.0 版。新的公司整合了从大修公司中学到的所有经验和教训，以及在这 10 多年发生的技术基础设施的变化。钛金公司现在是一家世界级的现代终端安全公司。钛金公司代表了任何一家公司在整个生命周期中可能面临的安全挑战的巅峰。

还有个例子听起来可能有些奇怪。人们有时候对于很熟悉的领域会产生反感。反过来，拥有完全不同的专业背景，并与特定的问题保持距离，实际上可能会让一个人成为更好的创始人。1967 年，赫伯·凯莱赫（Herb Kelleher）与他人共同创立了西南航空公司，尽管那时没有风投的支持，后来它也成为一家非常成功的公司。多年后，当被问及为什么受过律师培训的他，却成为一个非常优秀的航空公司创始人时，凯莱赫打趣道："我对航空行业一无所知[1]，我认为这让我非常有资格创办一家航空公司。因为在西南航空公司，我们就是要摆脱传统的航空公司业务模式，标新立异。"

从历史上来看，这种情况在风险投资领域并不常见，但随着创业者开始涉足更成熟的行业（尤其是那些受到监管的行业），带来一种不受以往行业经验限制的市场理念，这就成了一种优势。在 a16z，我们经常开玩笑说，一个人长期从事一项专业领域的工作，就会有一种"最后一战"的感觉，过去的错误留下的伤痕太深，可能会让人更难想出创造性的方法。或许，如果在此之前，凯莱赫对进入航空业的所有挑战都了如指掌，他可能早就尖叫着逃离战场了，而不是决定承担全部风险，加入战斗。

无论证据如何，风投机构们想要回答的根本问题是：为什么要支持眼前这位创始人，而不是等等看，是否还有谁能对这个问题提出更好的解决方案呢？如果投资人无法想出更好地满足市场需求的创业团队，那么就只能支持眼前的这个团队。

除此之外，风投公司还会考虑创始人的领导能力。特别是风投公司想要试图确定这位创始人是否能够围绕公司的使命创造一个引人注目的故事，以吸引优秀的工程师、高管、销售和营销人员等。同样，创始人必须能够吸引客户购买产品，吸引合作伙伴帮助分销产品，并最终吸引其他风投公司在首轮融资之后为公司提供后续资金。创始人能否讲清楚自己的创业目标，使其他人自愿加入这个行列呢？当创业之路变得艰难时（几乎所有的初创公司都不可避免地会遇到这种情况），他能直面挑战并且永不放弃吗？

马克和本刚开始创办 a16z 时，将创始人的这种领导能力描述为"极端自大狂"。可能用词不当，他们的理论是指一旦做出成为创始人的决定（一项很可能会失败的工作），个人就必须对自己获得成功的能力充满自信，甚至要求几乎完全以自我为中心，真正做到极端利己。你可能想象得到，在我们为第一只基金筹集资金时使用了这个词，从而触动了一些潜在投资者的神经，他们担心我们会支持令人难以忍受的创始人。我们最终选择放弃使用这一词语，但原则至今仍然存在：要创立一个公司，你必须表现出有点儿痴心妄想，一是基于对成功预期的考虑，二是支持自己在周身质疑的洪流中继续砥砺前行。

毕竟，那些实际上可能成为大公司的不太显眼的创意，字面意思确实很难一眼看出。我的合伙人克里斯·迪克森（Chris Dixon）将我们这些风险投资人的工作描述为投资那些看似糟糕的好点子。如果你考虑一下你的投资范围，有些好的创意表面看起来确实挺好的。这些都很诱人，但可能无法产生巨大的回报，因为它们太过明显，会引起太多的竞争，压低经济租金（从全社会看，存在一笔可以利用不同市场的价格差异而赚取的收入，称之为经济租金，类似于所谓的生产者剩余）。看起来像糟糕创意的想法也很容易被放弃，正如字面上的意思，它们就是不好的创意，很可能成为陷阱，让你的投资打水漂。最诱人的交易，是那些看起来像优秀创意的坏主意，但它们最终包含了一些隐藏的缺陷，揭示了它们真正的"缺点"。这就使优秀的风投公司把钱投在那些看起来像坏主意的好点子上，就像寻找隐藏的宝石一样，可能有点儿妄想症或想要打破常规的创始人才能发现它们。因为如果它们很明显是很好的创意，就永远不会产生超额回报。

归根结底，所有这些评估都指向一个基本原则，即**大多数创意都不是某些人专有的，也不太可能决定初创公司的成败。最终起作用的还是对创意的执行力，而执行力源于团队成员之间是否能够相互协作，共同实现制定的清晰的目标。**

维度2：产品

我们已经了解了许多有关产品的问题，但是早期风投公司最关心的基本问题是这个产品是否符合市场需求，即客户目前是否意识到有这种需求,并且使客户愿意付真金白银购买。

产品评估的首要原则之一就是产品不是静态的。实际上,大多数风投公司都认为,最初构思和推销的产品不太可能最终胜出。这是为什么呢?原因很简单,在初创公司开发一种产品并与早期用户一起进入市场之前,公司对产品是否契合市场需求的任何想法都只是假设。只有通过让真正的客户亲身参与产品的迭代测试,得到客户的真实反馈,公司才能开发出真正具有突破性的产品。

因此,早期风投公司在这个阶段评估的主要内容是揭开创始人的创意之谜:他是如何获得当前的产品创意的,并结合了哪些商业观察和市场数据来阐释他的想法?假设在辨别产品与市场契合度的过程中,这个产品会发生很多次变化,那么与实际的产品理念本身相比,创意形成的过程更能预测创始人的成功。

实际上,你经常会听到风投们说,他们喜欢那些拥有强烈观点的创业者,也就是说,他们有能力整合令人信服的市场数据,并利用数据分析提升产品思维。拥有坚定的信念和缜密的思考过程,但也允许自己基于实际的市场反馈"转换跑道"(这是风投界最委婉的说法之一)。

产品评价的另一个载体是产品的突破性。大公司的制度惯性使他们难以接受新产品,消费者的习惯也导致他们很难接受新变化。德国科学家马克斯·普朗克被誉为现代量子物理学的发明者,他曾意味深长地说:科学每进步一次,就像举行了一次葬礼。简单地说,就是很难让人们接受新技术。

因此,如果新产品只是对现有技术水平的微小改进,就不会取得成功。它们需要比目前同类产品的品质好 10 倍,或价格便宜 10 倍,才能迫使企业和消费者接受(当然,"10 倍"在这里只是打个比方,但重点是一些细枝末节的改进没法让人们行动起来)。

本·霍洛维茨用"维生素"和"阿司匹林"之间的区别详细阐明了这个观点。维生素很好,对人的健康有潜在好处。但如果某天你上班走到半路时，想起早上出门之前忘了吃维生素，你可能也不会折回家去补上，而且也需要很长很长的时间，才能确定你吃的维生素到底有没有作用。如果你头痛，情况就显然不一样了，你会想方设法赶紧找到一片阿司匹林！因为它能治疗你的头痛，而且见效很快。同样，那些在当前市场具有巨大优势的产品就像是阿司匹林，风投公司自然愿意为其投入资金。

维度3：市场规模

"市场"是风投公司用来评估早期投资机会的第三个指标。事实证明，对风投公司来说，最重要的是创始人所追求的市场机会的最终规模。如果房地产行业成功的信条是"优质地段！优质地段！优质地段！"那么风险投资行业成功的真理就是"市场规模！市场规模！市场规模！"大市场有优势，小市场则不然。

为什么？

大市场规模直接遵循幂律曲线和我们前面提到的"每个本垒打的打数"部分。如果风投公司的投资，错的比对的多，又如果风投公司的成功（或失败）完全取决于你的投资中是否有10%～20%是本垒打，那么赢家的规模就是最重要的。

我之前提到过，风险投资的一个重大失误是把行业选对了，却把公司选错了。但是，还需要列举其他几种重大错误来进一步补充。

第一种情况是，公司选对了，但把市场弄错了。也就是说，投资一家公司，而且发现它是一家很不错的、有利可图的公司，拥有杰出的团队和优秀的产品，但是市场并不怎么大。因此，不管团队的执行力有多好，公司的收入永远不会超过5000万～1亿美元，这种公司的股权价值是有上限的。

第二种情况是，错过投资比投资失误的后果更严重。风险投资人投资一家最终失败的公司是可以的——正如我们讨论过的，这在这个行业是司空见惯的。不能接受的是，没能投资一家成为下一个Facebook的公司。记住，不能通过规避风险来获得成功。

所有这些都是在告诉我们一个道理，风投公司必须抓住投资更大市场规模的机遇。在一个小市场上取得成功，并不能让风投公司获得维持公司运营所需的回报。因此，在评估一家初创公司的成功潜力时，市场规模通常作为很重要的后续指标。团队优秀、产品优秀固然好，但如果市场规模不足以支撑一家大型企业，那也没用！美国万宝环球基金（Benchmark Capital）创始人安迪·拉切夫（Andy Rachleff）曾表示，即使是平庸的团队，公司也能在巨大的市场上取得成功，但优秀的团队却总是会输给糟糕的市场。

为什么市场规模如此难以把握？一般在投资的时候不知道市场到底有多大。因此，风投公司在评估市场时可能很多方面都是自欺欺人。

当新产品被定位为现有产品的直接替代品时，这个时候预估市场规模是最容易的。

以数据库为例，我们知道甲骨文公司是数据库市场上的一家大公司，所以我们可以很容易地假设，一家追逐这个市场机会的初创公司正在一个大市场上竞争——这很简单。但我们不知道的是，随着时间的推移，整个数据库市场将如何发展？是否会有其他新技术取代数据库的功能，从而使市场空心化？或者，随着云计算主导工作流，需要数据库的应用程序的数量将呈指数级增长，因此数据库市场将变得比现在更大？这些都是好问题，但大多数风投公司可能会认为，如果一家初创公司成功进军数据库市场，那么它拥有足够大的市场，足以建立一家大公司，从而成为一个极好的投资目标。

对市场规模进行预估更具挑战性的一个情形，是来自初创公司想要寻求目前还不存在的市场，或那些受到当前的技术状况束缚的较小市场。

以爱彼迎为例。爱彼迎第一次筹集资金时，使用的案例主要是人们在别人家的沙发上借宿。你可能会问，到底有多少穷苦的大学生会做这样的事，符合实际的结论是：和那些只买得起通心粉、奶酪和拉面的穷困大学生群体规模差不多，市场就是只有那么丁点儿大。

但是，如果服务随着时间越来越成熟进而扩展到其他用户呢？也许现有的酒店市场可以很好地反映整个市场的规模。这样挺好，但是如果爱彼迎为用户提供了更低的价格和更加便利的预订方式，可能预示着那些从未旅行过的人决定去旅行，这种情况该怎么办？实际上，如果由于爱彼迎进入市场而扩大了需要住宿的旅游市场规模，这个时候又该怎么办呢？

事实就在眼前，爱彼迎迄今的成功似乎表明，由于一种从未存在过的新型旅游住宿形式的出现，市场规模确实扩大了。投资事业的成败取决于风投公司对市场规模的理解，以及对技术在开发新市场中所扮演角色的创造性思考。

| 第 4 章 |

有限合伙人

据说西班牙的伊莎贝拉女王是第一个真正的风险投资人。当时她给一位创业者，也就是克里斯托弗·哥伦布，提供了探险所需要的资本支持（出钱、出船、出物资和人员）。因为伊莎贝拉女王为了一件成功概率极小的事件而敢于冒巨大的风险，所以她获得了比她的原始投资额多得多的高额回报。当时，很多人都认为这个想法简直是疯了，肯定会失败。

如果你上过哈佛商学院，可能读过类似关于早期风投的故事，即发生在 19 世纪的美国捕鲸业。那时候给捕鲸活动提供资金支持是非常昂贵的[1]，而且充满风险，但是一旦成功的话，利润也十分丰厚。所以，19 世纪 40 年代，在麻省新贝德福德（New Bedford）这个地方，"代理"（相当于今天的风险投资人）会从企业和有钱人那里融资（相当于现在的有限合伙人），资助船长（创业者）创办捕鲸合资公司（初创公司）。尽管这些冒险活动饱受失败的折磨——因为 30% 的出海都是亏钱的——但成功的回报也是高得不对称，并且往往向顶级的代理倾斜。

50 年后，即 1878 年，J.P. 摩根担当了托马斯·爱迪生的"风险投资人"，不仅为爱迪生通用电气公司（Edison General Electric Company）提供资金支持，还在摩根位于纽约的家中安装了爱迪生电线，成为爱迪生技术成果的第一位推崇者和种子用户。有传言说，由于出了接电事故，摩根的家几乎被烧光，而且维持照明所需发电机发出的噪声太大，摩根还受到了邻居的威胁。在给许多初创企业提供直接融资方面，本来银行还将继续扮演重要角色，直到20世纪30年代颁布的《格拉斯-斯蒂格尔法案》(*Glass-Steagall Act*)[2] 限制了这些活动的开展。

如今，托有限合伙人的福，才有了风投的出现。有限合伙人会把自己的部分资金投资到特定的风投基金上。有限合伙人这么做的原因，一部分是因为他们想要维持多样化的投资组合。因为风投希望能获得投资经理口中常说的阿尔法收益——比某个大盘指数更高的回报。

尽管每一位有限合伙人都有自己的参考基准，但一般都是标准普尔500指数、纳斯达克指数或罗素3000指数。许多有限合伙人都想设法拿到超过指数500~800个基点的回报。这意味着如果标普500指数在10年期的年化回报率为7%的话，有限合伙人则期望从风险投资组合获得的回报是12%~15%。举个例子，过去10年，耶鲁大学捐赠基金的风投组合每年的回报率都在18%以上，而同期的标普500指数的回报率仅是8%左右。

有限合伙人的类型

有限合伙人的类型有很多，但通常可以归类为以下几种。

■ **大学捐赠基金**，如斯坦福大学、耶鲁大学、普林斯顿大学、麻省理工学院——几乎每一所大学都恳请校友捐款。这些捐赠基金的投资回报所得可用于运营开支以及奖学金支付，在某些情况下，还可以为建新大楼等资本性支出提供资金。

■ **基金会**，如福特基金会（Ford Foundation）、休利特基金会（Hewlett Foundation）——这些非营利性组织的资金源自捐助者的遗产，他们的这笔钱预备是要永久保留下来的。这些基金的投资回报可以让基金会获得善款捐助。在美国，为了维持免税资格，基金会每年要付出基金的5%。因此，从长期来看，其真正回报必须超过这5%的支出才能确保基金会的生存。

■ **公司和美国各州养老基金**，如IBM养老金、加州国家教师退休金。部分企业（虽然现在少了很多）、大部分的州以及许多国家都给退休人员发放退休金。这些钱大部分是由现有的雇员群体贡献的。产生真正投资回报的能力有助于抵消通胀（尤其是在医疗保健成本方面）和人口构成的变化（退休人员多于在职员工）所带来的影响，这些因素会持续吞噬退休金的价值。

■ **家族办公室**，如美国信托、myCFO。这些投资经理代表为高净值家族进行投资。其目标由不同的家族来设定，但往往包括多代的财富保值，以及（或者）为大型慈善事业提供资助。还有单一家族办公室（顾名思义，它们管理着一个家族及其继承人的资产）和多个家族办公室（本质上是指一些资深的基金经理将多个家族的资产集中整合，然后投资于各种资产类别）。

■ **主权财富基金**，如淡马锡（Temasek）、韩国投资公司（Korea Investment Corporation）、沙特阿拉伯公共投资基金（Saudi Arabia's PIF）。这些组织管理着整个国家的经济储备（这些储备往往来自政府盈余，好吧，美国公民从来都不知道这玩意儿是怎么回事）。所得回报再反哺当代或下一代的公民。就许多中东国家的具体情况而言，主权财富基金从当前的石油业务中获得收益，之后这些资金投资于其他非石油资产，以防范对有限资产的长期金融依赖。

■ **保险公司**，如大都会人寿保险（MetLife）、日本人寿（Nippon Life）。保险公司向投保人收取保费，将保费（称为"浮存金"）所得资本进行投资，以备支付未来的保险福利。它们会以这些资产所得收入在保险到期时支付保单。

■ **基金中的基金**，如汉柏巍（Harbour Vest）、霍斯利·布里奇

（Horsley Bridge）。这些私人机构从自己的有限合伙人那里筹集资金，然后用于投资风投或其他的基金经理。基金中的基金的有限合伙人通常是规模较小的实体，直接投资的话会比较难，或者缺乏经济效率。例如，它们可能是大学捐赠基金或资产不足10亿美元的基金。因此，聘请一个业内的团队去处理与风投公司关系的成本会非常昂贵。基金中的基金把小型有限合伙人的资产整合到一起，再投资于风投公司。不同于其他类型的有限合伙人，基金中的基金并不是永久性资本，也就是说，类似于风投基金，基金中的基金需要定期从有限合伙人那里筹集资金，以便满足后续投资的资金需求。

如上所述，虽然有许多潜在的有限合伙人，且他们的资本流向各不相同，但有限合伙人的首要目标是获得回报，实现其资本的投资预期收益。例如，大学捐赠基金的目标就是成为一项可靠的收入来源，用以支付经营一所现代大学所需要的各项运营费用。在大多数情况下，大学捐赠基金贡献的资金占学校每年运营支出的30%~50%。

通货膨胀（有很多形式）是有限合伙人保持长期成功的克星。大学捐赠基金最担心的是学校的日常运营支出面临通货膨胀（也就是教授和管理人员的工资）。多年来，这个通货膨胀率大大超过了正常水平。基金会担心普遍的通货膨胀会削弱美元的购买力（从而减弱其拨款捐赠能力）。当然，保险公司也担心同样的问题——如果通货膨胀超过了它们的投资收益，那么它们资产的实际购买力就会下降，使它们在未来难以支付保险索赔。

但为了增加投资的实际价值，有限合伙人不仅投资风投公司，他们还会根据一个确定的资产配置方案，构建一个多样化的投资组合，试图在一个可承受的波动（或风险）范围内实现他们的预期收益目标。

有限合伙人如何投资

总体来看,有限合伙人配置资本的投资类型分为三大类。

第1类,成长型资产。顾名思义,这类资产的投资收益远远超过低风险资产(如债券和现金)预期收益。成长型资产可以分为几个子类别,分别是股票、私募基金和对冲基金。

■股票,即在公开市场交易的股票。大多数有限合伙人通常将资金进行多种配置,如美国国内的股票、发达国家的股票(如欧洲)、新兴市场的股票(如中国、巴西)和边境市场的股票(如印度尼西亚)。在这些重点地理区域内,有些有限合伙人还会为各类股票设定特定目标,例如,小型股与大型股的分配比、价值与增长之比。

■私募基金,即不在公开交易所交易的股票,而是通过私人控股公司进行交易的基金管理。并购基金和风险投资是私募基金的两大类型。

■对冲基金,主要投资于公开交易的股票,但可以同时做多(买一只股票)和做空(押注股票价格会下跌)的基金。有许多不同类型的对冲基金,比如仅做多的对冲基金、股票多空仓基金、事件驱动型基金(例如,投资的股票的公司正在进行收购)、宏观型基金(例如,投资押注于一个国家的通货膨胀前景、汇率波动等),或者绝对收益基金(目的是在不受整体市场波动影响的情况下,实现既定收益目标)。不同有限合伙人对对冲基金在投资组合中的作用持有不同看法。在某些情况下,它们被认为是定期增长的资产——意思是它们能产生类似于股票的回报,从而为投资组合提供资产增值。也有其他的有限合伙人认为,对冲基金更接近于资产多元化,顾名思义,就是"对冲"。也就是说,他们寻求收益率与整体股票市场不相关的对冲基金,根据某一年股票市场的波动情况,协调整体资产的收益率。

第 2 类，通胀对冲类资产。这些投资旨在防止货币贬值。换句话说，在通货膨胀的情况下，它们的预期收益率高于通货膨胀率。通货膨胀保值的资产有以下几类：房产、商品期货和自然资源。

■ 房产——通货膨胀的上升会增加房产的潜在价值，而且在大多数情况下，随着通货膨胀的上升，房东可以增加向租户收取的租金。

■ 商品期货——随着通货膨胀的上升，黄金、白银和其他贵重金属往往会升值，因为在货币膨胀的环境中，它们被人们当作（货币的）价值储藏手段。

■ 自然资源——石油和天然气、森林资源和农业方面的投资也往往被视为保值资产。通货膨胀往往伴随着经济环境的扩张，为保持经济增长，原材料的需求势必会扩大，因此，自然资源的定价预计将超过通货膨胀。

第 3 类，通货紧缩对冲类资产。当商品价格下降（通货紧缩）时，货币的购买力实际上增加了。为利用这一时机，有限合伙人通常将其部分资金按照以下几种方式配置：债券和现金。

■ 债券——在通常情况下，利率会随着通货紧缩而下降，由于债券的价值与利率成反比，债券价格就会上涨。

■ 现金——在通货紧缩的情况下，明天的 1 美元比今天的 1 美元更值钱。因此，持有一些现金资产可以对冲意料之外的通缩。

有限合伙人为实现总体的收益目标，他们愿意接受投资回报的不稳定性。根据不同的投资所占用资本的时间跨度，有限合伙人将结合不同类型资产的收益目标，把资金配置到上述所有的资产类型中。

有限合伙人努力使其资产多样化配置，也就是说，他们不能将太多的鸡蛋放在同一个篮子里，而是持有一些相互之间可能不相关的资产组合，以防止整体投资环境朝着某个方向剧烈波动。他们对这个最精心的安排是这么说的：就像 2008 年全球金融危机所显示的那样，有限合伙人认为相互无关联的许多资产类型最终均朝一个方向发展——下跌！

耶鲁大学捐赠基金

现代资产配置模式最好的例子之一是耶鲁大学捐赠基金。在该基金任职至今的首席投资官是大卫·斯文森（David Swensen），由他设计的资产配置模式，如今被许多领先的机构投资者争先效仿且备受赞誉。很多人都参考"耶鲁模式"来运作其基金会，将耶鲁捐赠基金的资产配置模式推广到其他各种机构。

有趣的是，耶鲁是在经历了灾难性的投资之后，才建立了目前的资产配置模式的。从20世纪30年代末到1967年，耶鲁大学的捐赠基金几乎完全由债券组成，尤其是国债。结果捐赠基金错过了美国历史上最大的股市牛市之一，代价惨重。为了弥补这一缺陷，1967年（在股市牛市的鼎盛时期），耶鲁捐赠基金大举投资于小盘股，最终在20世纪70年代末重大亏损时平仓。

1985年，资产规模约为10亿美元的耶鲁大学捐赠基金迎来了首席投资官斯文森。30多年后，捐赠基金资产规模超过了250亿美元。[3]当然，随着时间的推移，校友们的捐赠也帮助扩大了捐赠基金的规模，但在过去10年里，耶鲁捐赠基金仅从投资配置中就获得了超过8%的净收益，使其跻身顶级教育机构之列。

捐赠基金的主要目的是为大学提供稳定的资金来源。2016年，捐赠基金为耶鲁大学贡献了11.5亿美元，占该校总收入的1/3。不可思议的是，耶鲁大学当年的学费和食宿费收入仅为3.33亿美元，约占大学总预算的10%。

考虑到耶鲁大学的运营对捐赠基金的依赖程度，预测捐赠基金每年收到的大致捐款额对耶鲁十分重要。例如，如果捐款金额连年都有较大幅度的波动，那么固定开支基数（主要是员工工资）较高的耶鲁大学将不得不连年不断地雇用新员工或解雇已有员工。有一种选择是，耶鲁可以大幅调整从捐赠基金中提取的资金,但这将使捐赠基金很难确定它可以持有多少流动资产与非流动资产进行投资,从而加大了长期资产配置规划的难度。由于捐赠基金的目标是要永远屹立不倒,且资产随时间的推移而增长,如果每次股市下跌时捐赠基金都必须向大学提供更多的资金,那么捐赠基金的收益可能会因此受到影响。

为了应对这一挑战,耶鲁使用了一种被称为"修匀模型"的方法来确定每年为大学预算拨出的资金。这为大学能够明确地做出开支预算提供了确定性,也使得捐赠基金能够更确定地制定其资产配置方案。根据这个模型可以算出耶鲁大学基金会今年要支付的钱,即拿前一年支付费用的80%加上支付目标值(由投资委员会设定)的20%,然后再乘以前两年投资组合的价值。目前,总支出率约为捐赠基金价值的5.25%,长期以来,支出率在4%~6.5%波动。

耶鲁捐赠基金的目标是获得的收益必须足够维持大学的财政开支并最终增加资产的价值,这说明了什么?从较高的水平来看,如果目前的通胀率略高于2%,假设捐赠基金每年需要为大学拨出其资产的5.25%,那么捐赠基金的投资需要获得至少7.25%的总收益率,才能增加总资产额。幸运的是,就像前面提到的,在过去的10年里,捐赠基金的年平均回报率一直保持在8%以上。捐赠基金的目标完美实现!

现在我们来看看耶鲁的实际资产配置情况,了解一下它打算如何持续实现这些目标以及最终风投在其中所扮演的角色。

以下就是耶鲁配置其成长型资产的方式。

■ **美国股票资产**:耶鲁将4%的资产用于持有美国上市公司股票。在过去的20年里,耶鲁持有的国内股票投资组合的年化收益率约为13%。请注意,大学捐赠基金平均把约20%的资金配置在了国内股票上。耶鲁决定大幅减少对这些资产的投资,从一个侧面反映出还有其他一些收益潜力高同时波动性更低的资产值得投资。我们很快就会讲到耶鲁把这些额外资金都花到哪里去了。

■**境外股票资产**：耶鲁将15%的资金配置在了非美国上市公司的股票上，其中6%配置在发达国家市场的股票上，9%配置在新兴国际市场的股票上。与国内股票的配置比例相比，耶鲁在国外股票上的配置落后于大学捐赠基金的平均配比约6个百分点。在过去的20年里，耶鲁的国外股票投资组合的年化收益率约为14%。

■**对冲基金**：耶鲁将其对冲基金策略称为"绝对收益"配置策略，意思是它投资这类资产主要是为了利用市场的低效率（与整体股票市场和固定收益回报的相关性相对较低），创造高长期回报。耶鲁将22%的资金配置在绝对回报策略上，这一比例与其他大型捐赠基金的配比大体相当，过去20年的年化收益率为9%（预计与股票和债券的相关性较低）。

■**并购基金**：耶鲁把15%的资金用于并购基金。前面提到过，并购基金是私募股权基金的一种，通常是收购现有企业的控制权，持有一定时期后，通过重组改造，提高资产价值。耶鲁用于并购基金的比例为15%，远远超过了大学捐赠基金平均6%的比例。在过去的20年里，耶鲁的并购基金投资组合的年化收益率约为14%。

■**风险投资**：耶鲁将16%的资金分配到了我们前面讲述的风险投资中，这一次又超过了其他大学捐赠基金平均5%的比例。什么？！耶鲁的捐赠基金有没有获得回报？请看数据：在过去的20年里，耶鲁的风险投资组合的年化收益率约为77%。不，那不是打字错误！从根本上来说，这意味着在过去的20年里，实际上耶鲁每年用于风险投资的资本都在翻倍！

如果你把所有这些都加起来，耶鲁大学捐赠基金将72%的资金投资于成长型资产。如果考虑到捐赠基金需要承担学校经济上的责任，以及与大学通胀保持同步的需要，你会发现这样的配置是有道理的，因为大学通胀已经远远超过了普通的价格通胀。

以下是耶鲁大学配置其通胀对冲资产的模式，其总资产的20%用于防范意外的通胀。

■ **自然资源**：耶鲁将 7.5% 的资产配置在石油和天然气、林地、矿业和农业资产上，每一项资产都是为了防范意外的通胀，并产生短期的现金流。这个 7.5% 的分配比例表明耶鲁在这一项的配置与一般大学捐赠基金的平均配比持平。在过去的 20 年里，耶鲁的自然资源投资组合的年化收益率约为 16%。

■ **房地产**：耶鲁将 12.5% 的资金用于房地产投资，远远超过其他大学捐赠基金 4% 的平均水平。在过去的 20 年里，耶鲁的房地产投资组合的年化收益率约为 11%。

耶鲁大学捐赠基金中最小的一部分是针对通缩对冲资产的——7.2%，远低于大学捐赠基金的平均水平，即 12.7%。

■ **固定收益类资产**：耶鲁将 4.9% 的资金用于投资债券，为了防范意外的通缩，并提供短期的现金流。在过去的 20 年里，耶鲁的债券投资组合的年化收益率约为 5%。

■ **现金类资产**：耶鲁将约 2% 的捐赠基金配置为现金。

从宏观上来看，耶鲁大学捐赠基金的投资组合配置模式有以下几个显著特征：

耶鲁大学在非流动性资产上的配置比重较大，目标是将 50% 的捐赠基金投入非流动性资产（本质上是资金被长期捆绑的基金）。耶鲁大学在风险投资、并购基金、房地产和自然资源方面的投资都属于这一类。截止到 2016 年，这些投资的总和约占 51%，与目标基本持平。斯文森认为，缺乏流动性的市场往往拥有定价效率较低的资产。因此，精明的财产管理公司有更多的机会获得高于市场的回报。

耶鲁在很大程度上依赖外部资产管理公司，而不是直接在内部进行投资。最引人注目的是，哈佛大学也尝试过直接在内部运营其大部分捐赠基金的投资策略，后来放弃了。而斯文森则长期以来对外部管理人参与投资持支持态度。实际上，耶鲁团队在分析投资机会时所做的大部分尽职调查都是为了分析经理人的独特之处，以及他们与捐赠基金整体长期财务目标的契合程度。

最后，我们来看一下风投在耶鲁捐赠基金中的作用。

正如前面提到的，耶鲁在风险投资方面配置了巨额资产（至少与其他大型的捐赠基金相比是这样），因此，在过去的20年里获得了丰厚的回报。但我认为，耶鲁大学的团队不会永远都保持77%的年均回报率（实际上，他们在2016年的报告中提到了一个16%的年化收益率目标，在过去的10年里，他们确实实现了年均18%的回报率）。不管实际数字如何，耶鲁确实将投资重心转向了风险投资，使其成为投资组合中获得较高绝对收益和相对收益的一大动力。需要注意的是，耶鲁大学过去20年的风险投资回报率（77%）与过去10年整体回报率（18%）之间的显著差异。本书开头谈到的互联网泡沫为风投公司创造了惊人的回报，而且它们的有限合伙人都集中出现在20世纪90年代后期。虽说18%的回报率不容小觑，但耶鲁的经历实实在在地向大家证明，在好的年份，超大规模的风险投资回报率是多么可观，以及在不那么景气的年份，风险投资的回报率也可能会千差万别。大多数有经验的机构投资者可能会告诉你，耶鲁的经历强调了在整个股市周期内将风险投资"坚持到底"的必要性。错过一个好的年份，可能造就了风险投资实现长期超额回报与其他风险资本和非流动资产类别未得到足够的回报之间的差异。我们的好朋友幂律曲线又一次上场了。

并且，毫无疑问，这些高回报预期会指引着风投公司的投资策略。风投公司会继续以每个本垒打的平均打击率为重，从而寻找足够大的市场，持续投资有"本垒打"潜力的公司。因为，地球就是这么转动的。

同样重要的是，由于耶鲁的很多资产都与风险资本等非流动性资产类别有千丝万缕的联系，所以最终能否实现资产流动性至关重要。换句话说，耶鲁大学希望通过长期将资产配置在风投，从而实现18%的年均回报率。但是，为了持续为大学提供财政支持以及再次投资于风投公司，它最终还是需要在其早期的风险投资中实现资产的流动性。这又一次驱使风投公司做出相应的行动，即它们需要在某个时间点将投资组合中的公司出售或者进行上市，将资产变现，返还给耶鲁大学。

时机的重要性

作为一个有潜力的创业者和风险资本的使用者，你需要意识到最终强加给你的时间限制。因为在公司运转周期的某一时刻，风投公司为了保证资产的流动性会极力设法退出你的公司。这种情况何时发生，不仅取决于公司的经营状况，还取决于公司在资本生命周期中的位置，以及风投资本支持的其他公司的表现。

为此，作为一名创业者，你需要考虑的一个问题是，这只即将为你提供资金的基金成立多久了？特别是在你决定是否要与有潜力的风投公司合作时，这是个非常必要的问题。

我们将在接下来的章节中讨论基金的特性。但是在选择想要合作的基金时，我们理应弄清楚这个公司在这个基金生命周期中所处的位置。如果是基金的早期投资者，那么他们向耶鲁大学（或其他有限合伙人）等公司返还资金的压力会更小，这样，他们应该不会给你这个首席执行官施加太大压力，在短期内退出。但如果他们处于基金生命周期的末期，同时他们在其他方面的投资产生的流动性不足，那么他们在短期内退出的压力可能会更大。虽然你可能无法从与未来合作伙伴的谈话中获得所有相关信息，但还是有一些方法可以帮助你深入了解这些问题。

首先，你应该向风投公司了解预计要投资到你公司的基金的具体情况，大多数基金都是用罗马数字连续编号的。然后，你就可以查到此基金的发起情况，确定其投资周期。后面你会了解到，基金的期限一般是10年，到期后往往也可以再延长几年。风投公司往往会在时间上受到最迟多晚能对某个基金进行新的投资的限制（通常只能在第5年或者第6年时进行投资）。所以，如果你从风投们那里获得资金，而该投资的基金又处在成立后的头三四年，那么他们有的是时间和大量资金与你在今后的几年里长期合作。但是如果处在基金成立后的五六年，他们才第一次投资你的公司，那情况可能就不一样了。

这是因为风投们不仅喜欢在基金成立之初就投资初创公司，而且他们通常还会留出"储备金"，即预备资金，以参与一家初创公司未来几轮的融资。因此，在一个基金运作周期中，你的投资进行得越晚，风投公司就越有可能没有足够的储备资金来参与随后的融资。以上，我们稍后也会更详细地讨论。

顺便说一下，风投们确实可以而且经常会将用于同一家投资组合公司的资金转而投资于随后出现的另一只基金，尤其是当他们最初投资的基金的资本储备能力消耗殆尽的时候。然而，提取同一基金的储备金用于投资并不像初次投资时那么容易，部分原因是前后两只基金的有限合伙人的组成可能会有所不同，这势必会引起两只基金之间潜在的冲突。

例如，风投公司对你的公司进行的初始投资可能通过基金A——一只规模为3亿美元的基金，有20个有限合伙人，每个有限合伙人出资1500万美元。几年后，风投公司可能已经筹集了基金B，规模为5亿美元，有50个有限合伙人（新增了30个），每个有限合伙人出资1000万美元。

在这种情况下，如果风投公司建议利用其基金B对你的公司追加投资，那么基金A的有限合伙人可能会反对，因为他们觉得自己似乎应该"独占"这个投资机会。如果引入基金B的追加投资，那他们所占的投资分配比例就会被稀释。出于同样的原因，基金B的有限合伙人可能也会反对此项投资，因为他们担心，相对于其他潜在的投资机会，这笔新投资对基金 B 来说并不是一个很好的机会，也就是说，他们可能会认为，风投公司只是想通过基金 B 追加投资来弥补基金 A 糟糕的投资表现。

既然你已经明白了像耶鲁这样的有限合伙人是怎样看待它的风险投资的，那么你现在需要考虑的另一件事情是，这些年来整个公司的表现如何，以及它在未来能否筹集到新的资金。正如前面我们对耶鲁大学的讨论中所看到的，风投公司需要能够为有限合伙人创造较高的绝对收益，并最终通过资产变现实现这一点（而不是仅仅在财务报表上标注非流动性投资的价值）。因此，如果你认为未来可能需要从风投公司募集更多的资金，尤其是眼下将要获得的投资正处于基金生命周期的靠后阶段，那你可能就需要评估风投公司筹集下一只基金的可能性了。

然而，这是一件很难深入研究的事情，在很大程度上是因为风投基金的财务报表通常无法公开获得。在某些情况下，如果该基金有公众投资者，如公立大学或国有养老基金，这些投资者就需要在其网站上发布一些相关的财务状况，或以其他方式向查询者提供这些信息。但在绝大多数情况下，你最好的方法就是对风投合作伙伴及其他相关人员进行背景调查，至少了解一下情况，比如公司声誉如何、业绩怎么样。

当然，如果一切顺利，你不需要再次筹集资金，那这些事情就无关紧要了。但事实并非如此，同时这也不能说明任何创业者成功的可能性。相反，在首轮融资之后，大多数创业者会至少再筹集一两次资金。因为如果他们做得好，他们就想获得更多资本助力公司加速增长；如果他们做得不好，他们需要资本进入下一段征程。因此，至少在公司成立之初，拿到资金是至关重要的。

第 5 章

有限合伙人如何与风投公司合作

我们前面一直在探讨有限合伙人，这就对了！因为没有有限合伙人，就没有风险基金的存在。但是，风投公司才是为实现有限合伙人寻求的高回报而任劳任怨的幕后推手。所以，现在让我们把目光转向风投本身，深入探究有限合伙人与基金之间的微妙关系。

作为一个忙忙碌碌的创业者，你可能会问，为什么要去关心有限合伙人和风投公司的关系？那是因为风投公司投给你的资金就是有限合伙人的钱，风投公司最终要将资金偿还给有限合伙人，而且是以数倍的金额偿还。所以，自然而然，关于风投公司如何赢利、资金来源是什么，都会影响它们与所选的投资组合公司（也就是与你）之间的合作。

"有限合伙人"

我们一直在使用"有限合伙人"这个词，但是还没有认真谈论过这是什么意思。"有限的"旨在描述有限合伙人与风险基金之间存在的管理结构。

有限合伙人，实际上是指基金事务中"有限的"责任，其体现在两个重要的方面。

第一，他们对基金事务的管理权限有限。总的来说，有限合伙人对基金选择的投资目标没有任何决策权。如果基金投资了一系列提前预设的项目，那么有限合伙人的投资实质是把资金投入基金"盲池"。什么是盲池？意思就是，有限合伙人本身的投资行为是盲目的，因为其没有能力干预基金的投资决策。同样，关于退出某项投资的决策，以及是否分配该投资收益、分配的方式和时间的决定，有限合伙人的影响力也是有限的。后文有一份正式文件对有限合伙人的一些权利进行了更细致的阐释，但在这里，你需要知道关于有限合伙人最基本的观点：他们属于被动的投资者，因为他们只是单纯地参与了风险基金的启动。

第二，由于有限合伙人对基金的管理权限有限，所以，一旦出现违约行为，他们在法律上也承担"有限的"责任。比如，如果一家投资组合公司或其他投资者，针对风险基金可能已经采取的（或未能采取）保护股东利益的某些行动发起诉讼时，有限合伙人基本上不承担任何潜在责任。简单来说，有限合伙人的被动性特点也给其带来了好处，因为这可以保护他们免于承担风险基金可能面临的任何下游债务。

如果有限合伙人是被动的，并且不用承担责任，那就必须有其他人介入，来管理风投基金。具体来说，就是引入普通合伙人，即基金的高级负责人，主要负责寻找投资机会，并在整体投资周期内管理基金，最终将资本产生的收益回报给有限合伙人，以补偿他们作为投资者花费的时间和承担的风险。当然，如果基金出了问题，普通合伙人也要承担无限连带责任。

看起来有限合伙人和普通合伙人不太像合作伙伴，但是从法律上讲，他们实际上就是合作伙伴，将二者捆绑在一起的法律实体就是合伙企业，如果你关注过2017年华盛顿的税收改革讨论，你可能会知道合伙企业（以及其他类似实体）被委婉地称为"转递实体"。意思就是说，不像股份有限公司（这里指亚马逊、Facebook、苹果、谷歌和大多数其他上市公司），合伙企业不用缴税。相反，合伙企业的收益"转递"给它真正的所有者，在这里指的就是有限合伙人和普通合伙人。然后，双方在各自的税务申报文件上报告收入情况。

为什么说这是件好事呢？

首先，这意味着你可以避免对公司利润的双重征税。如果你拥有Facebook的股票，公司赚了1美元，就会为这1美元支付公司税（过去纳税比例是35%，2017年的税收改革法案通过后的税点是21%）。然后，如果Facebook决定将部分收益分配给你，也就是公司的股东，那你收到分红之后，还需要为此交纳第二次所得税。相比之下，有限合伙人和普通合伙人的收益只交纳一次所得税。

其次，与风投基金中的许多有限合伙人息息相关的是，许多有限合伙人本身就是免税实体，特别是大学捐赠基金和基金会这些非营利性机构，它们不会向国家交纳任何所得税。所以说，合伙企业将收益转递给它们，就等于它们可以做到完全避税。

有限合伙协议：投资路上的条条框框

我们之前说过，有限合伙人将资金投入一个基金盲池，并且将资本的使用控制权限交给了普通合伙人，但在实际操作中却没那么简单。有限合伙人不会在没有任何发言权的情况下就放弃对数十亿美元的干涉。有限合伙协议就是正式规定有限合伙人和普通合伙人之间的经济利益关系、治理关系的法律文件。

现在，让我们从经济性条款切入，详细地了解一下有限合伙协议。虽说你只是个创业者，需要关注这方面是因为经济上的激励机制在各个层面都很重要。有激励才有行动，风投公司如何获得回报，将影响着它与你的初创公司之间的互动合作。

管理费

普通合伙人与有限合伙人建立经济利益关系的根本基础，是普通合伙人向有限合伙人收取的管理费。大多数普通合伙人收取年度管理费，其计算方法是有限合伙人承诺在基金的整个生命周期内向普通合伙人提供资本的一个百分比。一般的风投公司每年收取 2% 的管理费，当然有些风投公司也会收取高达 3% 的年度管理费。

请注意，我们说的这个百分比的金额，是指有限合伙人承诺在基金的整个生命周期内投入的全部资金乘以这个百分比。要理解这方面的经济学原理，我们需要引入一个新的概念：催缴资本。

当普通合伙人完成一轮规模为 1 亿美元的基金时，他并不是预先从有限合伙人那里筹集这 1 亿美元的资金。相反，有限合伙人在有效期内对基金做出财务承诺：当风投公司有需要时将提供资金。催缴资本这种做法的原因很简单——如果大量现金在普通合伙人的银行账户闲置，会降低有限合伙人从普通合伙人身上赚取的最终回报率。及时的催缴资本就可以消除这种对回报的拖累。在一般情况下，大部分资金将在合作的头三四年投入合伙企业，因为那时候普通合伙人已经完成了大部分的投资计划。

因此，即使普通合伙人没有预先投资预期的 1 亿美元，他们也可以照常收取 2% 的管理费，即每年 200 万美元（基于有限合伙人承诺投入的资金总额）。当然，也有风投基金是按现收现付收取管理费的，即只收取实际投资金额的管理费，然而，比较典型的模式还是针对承诺投入的全部资本收取管理费。

收取的管理费有哪些用途？普通合伙人会用这笔钱支付必要的账单，来维持风投基金的正常运转，比如用于支付员工的工资、办公场地租金及办公用品采购、差旅费，以及维持基金运作的其他日常开支。你能想象得到，普通合伙人肯定希望这些支出越低越好，因为它可能会拖累该基金的整体回报率。

实际情况是，费用有时会随着基金成立年限的增长而变化。如果大部分资金在基金成立后的第3年至第4年都投资出去了，那么普通合伙人会在基金启动时花费更多时间评估和筛选新的投资机会。这时候，有限合伙人就会愿意支付全部管理费全力支持普通合伙人的工作。随着基金成立年限的增长，更多的普通合伙人的工作重心会转向管理现有的投资，而不是寻找新的投资机会，许多基金开始降低收取的管理费。

管理费的降低通常表现在几个方面，有时几个方面互相协调。

第一个方面是原先2%的管理费通常会在合作的后期降低50～100个基点。

第二个方面是改变对已承诺投入资本管理费的收取方式，使该费用的收取仅限于投资组合中剩余投资的运作成本。举个例子，如果我们处于这只规模为1亿美元的基金的第8年，除了一项投资（这项投资，我们投入了1000万美元）之外，其他所有的投资都抛售了，那么管理费的收取可能只适用于这剩余的1000万美元，而不是开始承诺的1亿美元。当然，这些细致的实用条款都是有限合伙人和普通合伙人在基金成立之初谈的，因此，如何解决这些问题往往取决于谈判中双方的实力博弈。

第三个方面是扣除的额外收入。这种情况在风投基金中很不寻常（虽然在并购基金中较为常见），但有时，由于与投资组合公司有合作，普通合伙人会收到该公司支付的补偿金。

举个例子。如果普通合伙人加入了所投资的公司的董事会，公司会给他一些股权或现金奖励作为补偿。问题就变成了普通合伙人如何处理这笔额外收入。现在大多数的有限合伙协议中都有相关条款，即如果普通合伙人愿意的话，他可以选择收下这笔酬劳，但是需要将这笔资金算入管理费，要不就从有限合伙人后续将要支付的管理费中扣除。换句话说，就是不能重复收费。如果投资组合公司已经支付了工资，那你就需要从有限合伙人出的管理费中扣除这笔钱。这样一来，不管是哪种情况，普通合伙人最终收取的管理费是相同的。我们在大多数投资组合公司中看到的普通合伙人的工作表现，都受到这种经济性的激励机制的影响，也就是说，给普通合伙人发工资，还让他待在董事会是很不寻常的（但在公司上市后，给普通合伙人支付薪酬是常有的事）。

附股权益

给普通合伙人（至少对于那些成功的投资者来说）补偿的核心是附股权益（所谓的收益提成）。据说"附带收益"这个词源自中世纪的商人，他们把属于别人的货物装在自己的船上。但是作为这次货物运输在经济上的补偿，商人有权获得货物所得利润的 20%。这话听起来还挺像个君子（如果他没有狮子大开口的话）。但我也听说，附带收益的部分，是指商人可以将他们自愿带下船的货物的任意部分留作自己的利润。相比之下，我更喜欢后面这个故事。

抛开它的历史渊源不提，在风投背景下的附股权益是指普通合伙人有权保留的通过投资产生的利润的占比。就像管理费一样，附股权益的实际数额因风投基金而异，不过一般是利润的 20%~30%。

事实证明，我们如何定义"利润"二字，普通合伙人如何分配这些利润以及何时分配，都是有限合伙协议谈判时进行协商的问题。我们举个简单的例子来说明一下。

回到前面我们讨论过的那只规模 1 亿美元的风险基金，并且假设现在处于基金成立的第 3 个年头。在基金成立之初，普通合伙人向一家投资组合公司投入了 1000 万美元，现在这家公司以 6000 万美元的价格卖了出去。那么，至少从账面上来看，普通合伙人的这笔投资创造了 5000 万美元的巨额收益。他还将剩下的 9000 万美元投资了其他公司，但是这些公司还没有一家被出售或者上市。现在，他可以品尝一下自己的附股权益支票的味道了！

但是，有限合伙人和普通合伙人该怎么分这些钱呢？假设普通合伙人可以获得20%的附股收益。简单来说，就是当这只基金赚到一笔钱后，其中20%的利润会流入普通合伙人的口袋。那么，在这个例子里面，普通合伙人坐拥6000万美元的支票，其中的5000万美元是利润，并且要把利润的80%（4000万美元）交给有限合伙人，他自己保留剩下的20%（1000万美元）。本例中的另外1000万美元将作为投资时的原始资本返还给有限合伙人。我们将在本章的后面再讨论这个问题，深入了解这个问题的复杂性。

但最后有没有"利润"让普通合伙人拿走属于自己的20%呢？答案是：可能有。在我们最终回答这个问题之前，我们需要卖个关子，先介绍一下另外两个重要的概念。

就像香醇的葡萄酒一样，风投基金也是年份越久，品质越好。这就是为什么业内人士用"酿酒年份"（或者诞生年）来代指自己的基金，就像酿酒商根据葡萄生产年份来标记酿酒日期一样。

在基金成立的最初几年，风投公司要从有限合伙人手中募集资金，并将这些资金投资给一些公司。这无疑是一种负向的现金流动——钱是花出去了，并且近期内不大可能会有钱流进来。这是一种预期效应，但最终风投公司必须从部分投资里面有所收获，也就是部分被投资的公司会上市或者被收购。

基金早期要从有限合伙人手中催缴资金，再加上等待公司成长直到最后退出，需要漫长的酝酿期（在许多情况下需要10年或者更久）——这些因素就形成了一条所谓的"J形曲线"。如图5-1所示，在基金成立的早期阶段，有限合伙人的现金流呈负增长（资金流向所投资的风险企业），在基金的后期阶段有望获得正向现金流，指的就是催缴的资金和用于投资的资金与投资组合的公司被出售或上市所得的资金之和。

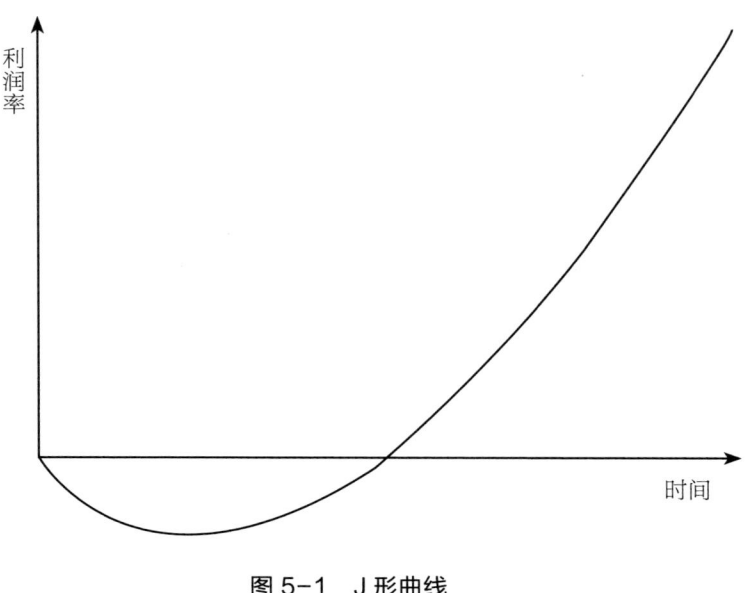

图 5-1　J 形曲线

风险投资是一项长期博弈。不过，就像第 4 章对耶鲁捐赠基金的讨论中所阐释的那样，投入的资金最终需要在另一头有产出。成功的普通合伙人就会好好打理他们的投资组合公司，最终达到这个目的，这可能会影响他们与创业者在这个问题上的互动。

在风投公司的神圣殿堂里，你经常会听到"柠檬早熟了"。意思是说，表现不好的公司往往在第一笔投资之后就会现出原形。有趣的是，这加剧了 J 形曲线的问题，因为不仅风投公司在基金早期要投入现金，而且不良资产肯定也不能帮助普通合伙人将资金返还给有限合伙人。

理解估值标准

风投机构以及其他财务公司都要遵循美国通用会计准则，每季度对其公司按照市价计价。但是，不同于对冲基金以公开债券的实际市场价值进行评分，风投公司的评分标准高度依赖于不同会计事务所指定的不同估值方法，以及一家风投公司关于其所投公司可能预期的定性评估。

这意味着普通合伙人投资组合中的每家公司，都有可能被另一家投资机构以完全不同的标准进行估值和投资。以下是一些风投公司主要使用的估值方法。

■ **上轮融资估值法**。一些风投公司是通过上一轮融资时的估值来判断一家公司的现有价值。然后，基于该估值和所有权比例来计算该机构在这家公司拥有的价值。例如，如果一家风投公司持有一家公司10%的股权，这家公司上一轮融资估值2亿美元，那么风投公司在这家公司享有的价值就是2000万美元（10%×2亿美元）。

■ **可比公司分析法**。还有一些风投机构，尤其是所投公司有可持续收入或利润的机构，会使用上市公司进行比较分析。在这种方法下，风投机构会列出一些具有类似商业模式的"可比"上市公司，并选用一种估值方法（通常是公司收益的数倍）对这些公司进行估值。然后将这些估值指标运用到投资组合公司中进行财务分析。例如，如果其中一个投资组合公司年收入是1亿美元，其"可比"上市公司的估值是其收入的5倍，那么风投机构就会对其投资组合中的这家公司估值5亿美元（1亿美元×5）。这样风投机构就可以根据在这家公司的持股比例，算出它在这个公司拥有的价值。通常，风投机构还会用"DLOM"（缺乏流通性折价）来减少公司的账面价值。原因是股份是私有的，无法在公开市场上自由交易，所以相比上市公司，其股份价值相对较低。

■ **期权定价模型**。关于风险投资估值的最新方法，就是运用期权定价模型。它需要复杂的数学计算。期权定价模型使用毕苏期权定价模型，以设定看涨期权来评估一家投资组合中的公司价值。这项看涨期权的行权价格为员工期权和优先股都转换为普通股的不同时点的估值。看起来很清楚，对吧？举个简单的例子，如果我们假设一家公司C轮融资时每股5美元，期权定价模型告诉我们，所有在C轮持股的公司都可以将其股份以每股 5 美元进行估值。但是，如果你还拥有 A 轮和 B 轮的股份，那么根据期权定价模型，每股价值就要少于 5 美元。为什么？要真正弄懂这个问题，你需要像这套方法的创造者之一迈伦·斯科尔斯（Myron Scholes）一样拥有诺贝尔经济学奖。不过，不用那么专业的数学方式也可以解释。A 轮或 C 轮的股份可以有不同的估值，主要基于这家公司最终被卖掉或者上市后的一系列概率性结果。因此，期权定价模型将 C 轮每股 5 美元的价值折价分配给 A 轮或 B 轮的估值，而后再通过加总，对整个公司的估值进行计算。

我举一个例子来看这些方法是如何影响风投机构的评估的。

假设我们的普通合伙人在一个公司的持股比例为 10%，并且投了 1000 万美元。然后，很幸运，这家公司刚刚融资了 38 亿美元。那么使用以上几种方法，我们的普通合伙人如何对该公司的投资进行估值呢？

■ **上轮融资估值法**：在该方法下，我们的普通合伙人在这个公司享有的价值为 3.8 亿美元（10%×38 亿美元）。因此，对比 1000 万美元的初始投资，该投资的假设回报率为 38 倍。

■ **可比公司分析法**：假设我们的公司预计明年的收入为 1.3 亿美元。在增长较快的公开市场中，投资人可能会对这部分收入进行 10 倍的估值，也就是估值为 13 亿美元。那么，普通合伙人在这家公司享有的价值就是 1.3 亿美元（10%×13 亿美元），然后再使用 DLOM 进行 30% 的折价，公司的估值就是 9100 万美元〔（1−30%）×1.3 亿美元〕，假设资本回报率就是 9 倍，这已经很高了，但是相比前面的 38 倍就差了很多。

■ **期权定价模型**：这种方法的估值是最可靠的，毕竟是好不容易计算出来的结果。在对退出时间和波动性进行合理假设的前提下，期权定价模型方法算出来的普通合伙人所持股份的估值将达到 1.6 亿美元左右，相当于 16 倍的假设回报率。

那么哪种方法才是正确的呢？从理论上讲，它们都是对的。因为不同的会计事务所会认可这些方法符合美国通用会计准则。但同时，它们也都是错的。因为没有一种方法能够准确地告诉有限合伙人未来当这家公司被收购或上市时，到底会值多少钱，会给他们带来多少回报。

现在一切都解释清楚了，我们接着前面的讲。

先提醒一下，我们的普通合伙人目前处于基金成立后的第3年。他投资了1亿美元，而且刚刚收到了一张6000万美元的支票，这笔钱是来自刚出售的一家公司（他在这个公司投资了1000万美元）。他打算把这笔钱的20%留给自己，剩下的80%回报给有限合伙人，你觉得这个做法怎么样？如果这只基金中的其他投资回报都为零（换句话说就是破产了），然后他投资了1亿美元，最后却只收回6000万美元的回报。在这种情况下，答案就是否定的。因为没有利润，6000万美元全部都归有限合伙人。普通合伙人在这笔基金上不仅没有挣得收益提成，而且下次再想给基金融资也很难了。

我们再设想一下，假如并不是基金投资组合的所有公司都失败了，而是有一些公司基于中期未变现账面价值有1.4亿美元估值，那又会怎样？先别管咱们用的是前面讲过的哪一种综合估值方法，只要普通合伙人的会计事务所愿意对1.4亿美元（他在其他投资组合公司投资了另外的9000万美元）的账面价值签字认可就行了。当然，这些只是基于市场价的估值，因为我们这里讲的并不是拿到手的现金，而仅仅是估算一下如果我们今天卖掉所有公司，我们能赚多少钱。

现在的情况就是这只基金实际拿到6000万美元现金，账面上还有1.4亿美元的假设价值，也就是总的现值为2亿美元。基金仅从有限合伙人手中筹集了1亿美元，所以现在理论上还有1亿美元的总利润（2亿美元现值减去1亿美元有限合伙人的钱）。既然现在理论上有利润存在了，那我们的普通合伙人就能保留5000万美元现金的20%作为附股权益。所以，80%（4000万美元）的收益回报给有限合伙人，20%（1000万美元）流入普通合伙人的腰包。

现在我们假设基金的期限到了,并且要关闭了。大部分风险基金的期限都是10年,另外还有2~3次的一年延长期。假设1.4亿美元中期账面最后证明只是昙花一现,到头来投资组合所有的公司的价值都不过是一张废纸,如果出现这种情况,会怎样呢?

在我们这个例子里,这只1亿美元基金总共才回收了6000万美元,除此之外什么利润都没有了。但是在基金前景看涨的情况下,普通合伙人就分走了1000万美元。那我们现在该怎么办?

很不幸,普通合伙人获得了过度分配的报酬且将面对提成回拨的状况——普通合伙人需要将这笔钱返还给有限合伙人。这样的确不好,却是公平的,因为要是等到基金到期再分这6000万美元的话,普通合伙人就永远也没资格拿这笔钱了。毕竟,有限合伙人给他的1亿美元的投资,他并没有创造出任何利润。为了避免这个问题,一些有限合伙协议开始明文规定,在1亿美元全部都以现金形式归还给有限合伙人前,禁止普通合伙人获得任何附股权益。但是,这种情况非常罕见。

实际看起来可能不是这样,因为我们在举的例子中简化了很多东西。有限合伙协议中的经济性条款还有一些其他的细微差别值得审视(但是这样的话,举例子的时候就会很复杂)。

第一个方面就是我们之前谈到的那些烦人的管理费怎么处理。在这只1亿美元的基金中,普通合伙人当然先用这笔钱进行风险投资,但是他也希望能够用收取的年度管理费来支付公司的基本开支。

如果这只基金的存续期是10年,并且他有权对承诺的1亿美元资本收取2%的年度管理费,那么该基金整个生命周期的总费用将为2000万美元(10年×2%×1亿美元)。然而,如果普通合伙人收取了所有年费,他将无法将1亿美元的基金投资于公司,因为那时候就只剩下8000万美元可以投资了。

有些普通合伙人可能会决定这样收取年费。但是,正如你能想象到的，有限合伙人并不喜欢这种方式，因为对于承诺投入的1亿美元资本，他们自然希望能有尽可能多的投资组合公司。大多数普通合伙人肯定也这么想。毕竟，你的打数越多，就越可能提高每个本垒打的平均打数。

同时满足普通合伙人和有限合伙人双方愿望的方法就是"再投资"。大多数有限合伙协议都有这样一个条款，即允许普通合伙人将部分中期收益再投资到其他公司。

在上面的例子中，普通合伙人在基金的第3年从被收购的公司中获得6000万美元时，他本可以选择优化利用其中的一部分资金。如果他想把整个基金存续期内2000万美元的管理费都收齐，那普通合伙人原本就可以先从收益中留下这2000万美元，然后从剩下的4000万美元中扣除1000万美元的投资，再将剩余的3000万美元的利润进行二（归普通合伙人）八（归有限合伙人）分成。

我们简化的第二个方面是投入基金的资本如何构成。回想一下，我们前面讨论过普通合伙人在进行投资时如何向有限合伙人催缴资本，但我们简化了资本来源——假设1亿美元全部都来自有限合伙人。实际上，普通合伙人也必须有资本参入其中，而且越多越好（从有限合伙人的角度考虑）。毕竟，没有什么比把自己的钱和有限合伙人的钱放在一起管理更能让普通合伙人撸起袖子、孜孜不倦地找投资机会了。因此，大部分普通合伙人的出资大概是基金资本的1%，很多时候他们会投入2%~5%的资本。这样一来，在这只规模1亿美元的基金的整个期限内，有限合伙人的出资额在9500万~9900万美元，另外的100万~500万美元来自普通合伙人。如果我们回到之前的附股权益这个问题上，还需要把这项加入整个推算过程。

让我们再来从好的一面进行分析——基金的存续期满后返回了2亿美元的现金。我们现在该如何分配这些钱？别忘了其中1亿美元是返还的投资资本，剩下的1亿美元才是投资产生的收益。

如果普通合伙人贡献了2%的投资资本，这意味着有200万美元来自他，9800万美元来自有限合伙人。因此，从逻辑上来讲（大多数有限合

/ 067 /

伙协议也是这么规定的），我们应该以资本流入时的方式将资本返还给各方：200万美元返还给普通合伙人，9800万美元返还给有限合伙人。然后我们将利润的20%（2000万美元）分配给普通合伙人，80%（8000万美元）给有限合伙人。这个计算和前面讨论的差不多，但重要的是要注意到一点，一般情况下是先将投入资本以流入时的方式返还给投资者。

我们忽略的最后一个复杂的问题涉及资本的机会成本，确实忽略了，原因是这个问题在风险投资基金中并不常见（在并购基金中比较常见）。因为有限合伙人可以选择投资于哪些资产类别。他们自然也知道，与其他资产类别相比，投资于风投基金将为他们带来溢价。毕竟，风险投资是有风险的，并且占用有限合伙人资本的投资期限很长。有限合伙人可以选择投资标准普尔500指数或者其他一些资产类，而不是投资于风投基金。

为了说明这一点，有些有限合伙协议将"门槛收益率"（或保底收益，hurdle rate）这一概念纳入了利润的计算。门槛收益率的意思是，除非基金产生了超过最低预期收益率（这是一个经过双方协商的数字，一般是在8%左右）的收益，否则，普通合伙人无权获得附股权益（收益提成）。如果基金的回报率超过了这个门槛收益率，那么普通合伙人就可以开始收取他的收益提成，直接忽略这个门槛收益率了。所以说，只要你清除了障碍，业绩持续上升，那就万事大吉；如果没有达到目标，那你什么都得不到。

"优先收益率"是实现这个目标的另一种机制，不过，它更有利于有限合伙人。与门槛收益率的"越过门槛就有业绩提成"的规则不同，即便你达到了优先收益率，它这个门槛也不会消失。相反，如果优先收益率是8%，有限合伙人会拿走全部的钱直到达到这个8%的优先收益率，然后普通合伙人才能参与分配扣除优先收益之后的利润。我们这个10年期的1亿美元的基金中，按照8%的优先收益率计算，10年后的回报需要达到2.16亿美元左右（1亿美元×1.08^{10}）。因此，前面说的2亿美元的基金总收益将会回报给我们普通合伙人的是一个大大的零！

资本是如何流动的

你作为一个创业者，没人会要求你详细审查未来风险投资人的所有资料。即使你很礼貌地提出要求，我想也不会有任何风投公司愿意把那些资料交给你。但由于经济性激励机制确实很重要，所以你应该对风投基金内部的资金流动方式有所了解。毕竟，根据普通合伙人将其他投资组合公司转化为利润的情况，他可能会对你公司的资本流动性有不同的看法。

基金的运作情况也可能影响普通合伙人的决策——是否愿意为了你的创业再投资一家公司，或者他是否想要退出。如果基金运营得挺好，那说明普通合伙人很接近他期望的回报率，从而很有可能从他的有限合伙人那里筹集下一只基金。他可能更有兴趣在你的筹款路上赌一把，看看你是否能帮助他为基金创造更多的利润。

但是，如果你的公司是一个糟糕的投资组合中唯一一颗耀眼的明星，而且这时你收到了一份收购要约，这个要约非常有助于普通合伙人将资产变现返还给有限合伙人（这样会增加他筹集下一只基金的可能性），他可能会极力劝你接受那个要约，即便你觉得继续经营公司还有很大的上升空间。或者，如果你的普通合伙人即将面临提成回拨的状况时，这时你收到了一个收购要约，虽然不是那么令人振奋，但是对于普通合伙人来说，这可能为他带来足够的资金，帮助他摆脱困境。在这种情况下，他对要约的考虑可能就会有所不同。

我们稍后会在本书中了解到，普通合伙人将是这一决策过程中不可或缺的参与者。在多数情况下，他会成为董事会成员，因此在是否接受收购要约的投票中拥有表决权。当然，作为董事会成员，普通合伙人需要考虑一些法律上的规定，这些规定可能会限制他在董事会行使职权。这并不是说普通合伙人一定想要一个对你的公司不利的结果，而是他确实受到基金运作过程中激励机制的影响。即使他不是董事会成员，他也将是公司的一名股东，可能会有关于收购决策的特殊投票权。因此，最好还是多了解一些情况。

如何管理普通合伙人与有限合伙人的关系

我们已经了解了有限合伙协议试图解决的重要经济性问题，现在让我们将目光转向一些治理上的问题。也就是说，如何管理有限合伙人与普通合伙人之间的关系？

我们前面已经提到过，有限合伙人在基金中的参与是有限的——也是为了投资失败时没有法律责任，他们在基金的管理上仅有极少的干预。但是有限合伙人并不想无条件地提供资本，这也是可以理解的。所以，在有限合伙协议里，做出了一些有关基金投资的规定和要求。

投资领域

涉及投资领域听起来挺正常的，但是有限合伙协议会对普通合伙人的投资领域给出限定，并基于此施加一些强硬的限制。举个例子，这是一个生命科学基金还是一个通用信息技术基金？对投资阶段有限定吗？也就是说，普通合伙人是投资于种子公司还是早期风险公司，或者后期的公司？尽管大多数风投公司都会根据协议规定投资于私有公司，但是也有一些有限合伙协议允许普通合伙人将部分资金投资于上市公司的证券。那么关于地域的定义呢？普通合伙人可以用这只基金投资在中国注册的公司吗？投资类型也会受到限制——只允许普通合伙人投资股票，还是说他也可以投资债券或类似债券的证券？

总的来说，普通合伙人希望协议中的定义越宽泛越好，大多数有限合伙人也希望如此。毕竟，有限合伙人真正想要的是普通合伙人的最佳投资理念，仅此而已。因此，这些限制主要是为了防止投资偏离轨道，并让普通合伙人专注于这些领域中的最佳创意，因为他是这些领域里的专家。

你作为一个创业者，当调查某个特定的普通合伙人是否适合你的公司的时候，需要了解你的创意是否符合他们的投资领域。无论你的公司多么令人兴奋，你把时间浪费在将你的生命科学公司推销给一个根本不能（依据公司的有限合伙协议）也不会投资的风投公司，确实没有意义啊！

最佳创意

说到"最佳创意"，我们如何确保普通合伙人是为了基金，而不是为了自己的利益投资？在某些情况下，普通合伙人要么在通过基金投资的同时自己也另外出资投资，要么就是拒绝通过基金进行投资，而是以个人的名义投资于公司。大多数时候，这也不是什么十恶不赦的行为。但是它也会引起冲突：作为一个有限合伙人，我如何知晓普通合伙人用基金进行了最佳投资，而不是普通合伙人可能选择在基金之外，用自己的钱投资了他的最佳交易？所以，很多公司都在有限合伙协议里明文限制这种活动，或者至少要求普通合伙人在进行这种投资时要向有限合伙人披露实情。

我们前面讲到过阿塞尔合伙公司，以及它在 Facebook 的早期投资中取得的巨大成功。除了公司的那笔基金投资，公司当时的管理合伙人吉姆·布雷耶（Jim Breyer）自己也出资约 100 万美元购买了 Facebook 公司 1% 的股份。我们知道会是怎样的结果：对于吉姆来说，他的投资回报大约是 1000 倍，当然这取决于他什么时候卖掉股份。阿塞尔的一些合伙人对这笔投资感到担忧也是可以理解的，因为这可能意味着要是没有吉姆这个亲自投资的决定，那这 100 万美元就可以通过阿塞尔的风险基金投资给 Facebook，这笔投资的价值就自然累积归于该基金的有限合伙人。当然，Facebook 对阿塞尔及其有限合伙人来说是如此成功，我觉得任何受挫的感觉都会很快被遗忘。尽管如此，有限合伙人对普通合伙人与基金共同投资的问题却变得更加敏感了。

为了赚钱努力工作

当然，这正是有限合伙人希望普通合伙人为他们做的。但以防万一，有限合伙人有一些约束机制，防止普通合伙人过分冒险。

首先，有限合伙协议一般都要求普通合伙人必须将"绝大部分"精力投入公司的运营中。可以周末陪孩子踢球，或者时不时去一个非营利性的董事会里喝茶聊天，都没问题。但是除此之外，普通合伙人就要把他的全部精力都放在基金投资上面。这看起来没什么可争议的，选择做一个普通合伙人就是选择了这份全天候的工作。

但是万一普通合伙人不再满足于这个工作，或者所有的有限合伙人都认为普通合伙人头脑不够清醒，不再是管理他们资本的最佳人选，这时候会发生什么？这个嘛，就像任何一段美好的关系走到尽头时一样，选择分开或者离婚呗。

在风投的世界里，"停职"就是双方关系结束的意思。如果普通合伙人组合中的一些人不再全身心地投入基金的各项事务中，那就会出现被暂时停职的情况。我们称这些普通合伙人为"关键先生"。如果真的发生了这种情况，很多有限合伙协议里都会有一个确定投票表决规则，一部分有限合伙人（一般票数达到一半或者 $2/3$）利用这个规则进行投票表决，就能做出让普通合伙人暂时停职的决定。在停职期间，关键先生需要就如何补救这种情况给有限合伙人提供一个方案；如果不能提供补救方案，那有限合伙人就能启动"离婚"诉讼了。这通常要求一些更高层的有限合伙人以绝对多数票决定解散该基金。

大多数的州对想要离婚的已婚夫妇都有所谓的无过错诉讼程序。从本质上说，这意味着你不必为离婚找一个特别的理由，其中一方可以简单地决定结束婚姻，并启动法律程序来解除婚姻关系。就像大多数真正的婚姻一样，在有限合伙协议里也有"无过错"解除合作关系的条款。显然，有限合伙人的投票通过的门槛特别高（一般超过80%），但通常也存在这样一种机制，有限合伙人可以利用这种解决机制对普通合伙人说："谢谢你的参与，但我们想退出了。"

一份有限合伙协议通常超过100页，所以仅通过几页简单的概要介绍并不能全面、公正地呈现它的全貌。尽管如此，用来提醒你作为一个创业者需要考虑的重要因素，也足够了。

普通合伙人之间：股权合伙人协议

前面花了大量笔墨探讨了有限合伙人与普通合伙人之间的关系，而公司内部普通合伙人之间的互动合作方式也同样重要。毕竟，他们是合伙人。为了方便起见，协调管理普通合伙人之间关系的法律文件通常被称为股权合伙人协议。

但并不是所有的合伙人都是平等的。一些合伙人可能只在基金中拥有经济利益，却对基金没有任何管理权。这意味着在法律上他们不能使用基金进行投资（或者撤出投资项目），也不能参与聘用或者解雇其他合伙人。有些合伙人拥有全部的经济性权利和管理权利，有些拥有的权利可能介于这两者之间。

你作为一个创业者，可能不太知道这些，因为这些协议并不是公开提交的。但对你来说，了解这些非常重要，因为这有助于你理解公司内部的具体决策过程。这类似于如果你要向企业客户销售软件，你会想知道谁是大型采购商、超级大客户等。公司内部的运作过程在投资决策中很重要，如果你想在哪个风投公司获得融资，至少要问一问那个公司内部谁说了算。

股权合伙人协议还阐明了合伙企业的经济性条款，也就是说，收益提成这块蛋糕是如何分配的。分配方式有很多种，从以完全平等的合作关系（每个人都有相同的提成份额）进行分配，到以多层合作关系（这种情况下，工作年限和业绩可能决定获得提成的份额）进行分配。

正如初创公司的创始人和员工的情况一样，大多数普通合伙人都必须随着时日推移分期兑现利润池里的所得份额。"股份兑现"是指你在一段特定的时间到期后获得全部应得股份。这样的话，如果你在等待期到期之前离开公司，那么就只能兑现你在公司待的那几年的股份。前面讲到过，大多数基金的期限是10年，因此，一些风险基金管理公司自然希望利用这个10年的股份兑现等待期，确保普通合伙人在基金的整个生命周期内都受到经济上的激励。但是，不同的公司处理这个问题的方式也不同。

虽然大多数风投公司希望普通合伙人在决定加入公司时能做出长期任职的承诺，但是普通合伙人在基金的存续期内突然退出的情况也确实时有发生。除了前面提到的股份兑现问题，你作为创业者也会受到董事会成员（或赞助你投资的合伙人）离职的影响。在某些情况下，普通合伙人会保留他们现有的董事会席位，作为公司同意他们继续兑现所参与基金的收益份额的交换条件。其他时候，普通合伙人会做一份要求承诺工作年限的新工作，这与保留他的董事会席位南辕北辙。在这种情况下，你可能需要一名新的普通合伙人加入你的董事会，来取代之前的普通合伙人。

与普通合伙人密切相关的最后一个重要方面是"赔偿金"。需要留意的是，在普通合伙人与有限合伙人的关系中，如果出现问题，普通合伙人是要承担法律责任的。为了激励人们心甘情愿地成为风险投资人（就像我们对董事会所做的那样），普通合伙人可以免于承担法律责任，意思是说他们不必担心他们的个人资金来源可能会被用来偿还基金的金融债务。稍后探讨普通合伙人的责任（包括对基金的责任以及对公司董事会股东的责任）时再回头讨论这个问题，并且也会深入探讨这对普通合伙人实际上意味着什么。

我们已经花了大量时间来讨论有限合伙人和普通合伙人。现在是时候将目光转向你迫不及待想知道的，同时也是风险投资生态系统中最重要的部分——初创公司！

| 第 6 章 |

成立你的初创公司

每当说到某某要创办一个公司,从来不乏赞美之词。伟大的创始人都是富有创新精神、勇气满满、激情澎湃和远见卓识的。他们的创意都具有开创性并且能改变世界。所以,很抱歉,我要在你们开创新公司的英勇旅程上先泼一盆冷水。我先去拜访一下你们的律师办公室,然后再讨论一下有关税收和公司治理的问题。

事实就是了解如何创办公司对其未来能否健康发展至关重要。本章的第一部分将重点关注创办公司对税收及公司治理的影响。不可否认,我们是以美国为中心来看待这些问题的。如果你是非美国读者,你可能需要先考虑一下这部分是否与你的创业历程有关。但是对于美国读者,这章非读不可。

应该选择哪一种公司类型

普通合伙人与有限合伙人认为,对于双方的合作关系来说,合伙企业是最佳的公司结构。那么,为什么大多数初创公司都选择成立传统的股份有限公司呢?

原因有很多,但最根本的原因是,对于那些专注于打造公司长期股权价值而非直接向股东分配利润的公司来说，股份有限公司是很好的投资工具。前面谈到合伙企业时，它其中的一个特点是：公司的利润需要"转递"给股东。这使得合伙企业成为一种能有效降低所得税的公司类型——直接将一部分利润（包括现金及其所得税）分配给股东，这样公司就能避免双重交税。这是个好事。

然而，作为一个初创公司，多数情况下我们并不是真的想把利润分配给股东，至少在公司成立早期不是。相反，如果有盈利（当然，大多数初创公司在最初几年都是赔钱的），我们可能会选择将这些利润再投资到公司里，让公司继续增值。因此，如果我们真的撞大运创造了利润，但没有把这些现金转递给股东，那我们就无形之中给股东增添了纳税的责任，而且股东还没钱付给国家。这显然不是件好事。

由于大多数初创公司实际上在最初几年都有亏损，所以一些创业者都有理由怀疑，至少在最初阶段，这种利润转递结构是否有意义？有了亏损，股东可以利用这种"利润转递的方式"获得经济上的利益，因为你可以从纳税申报单上的其他收入中扣除这些亏损。从理论上来讲，你可以先抱着以后将公司"转手"的目的开始创业，一旦创造出了利润，并且想将利润留在公司里，那你就再转变成一家股份有限公司。但是实际操作中，我还没有见过这种情况。把转递性创业公司转成股份有限公司不是一件简单的小事，尤其当你试图想让公司的其他员工入股时，就会产生各种各样的问题。

成为一家股份有限公司也是要付出代价的。公司里分配利润时，我们不得不面对双重征税的问题：一是在公司层面征税，二是在个人股东层面征税。股份有限公司的不可转递性也很好地解释了为什么许多初创公司会将公司的股权授予员工持有（稍后详细解释这一点）。初创公司可以向员工发放合伙权益，但从税收的角度来看，这只会让事情变得更加复杂（很大程度上是因为合伙企业的"转递性"）。

股份有限公司是一种更简单的合作机制，初创公司可以利用这种机制向员工分配更多的股权。股份有限公司对公司股东的人数没有限制，因此，随着初创公司在未来有望发展壮大，公司员工也能从所得股权中获益。

对于可能投资于股份有限公司的风投公司来说，股份有限公司也有一些优势。

第一个优势是，股份有限公司可以允许拥有不同权利的不同类型的股东参与（实话实说，合伙企业也可以有不同类型的合伙人，拥有不同的权利，但是股份有限公司的组织结构还有其他优势）。这一点很重要，因为风投公司喜欢投资所谓的"优先股"，而大多数创始人和员工都持有"普通股"。从根本上来讲，这就等于说将不同的权利分配给不同类别的股东，股份有限公司允许这样，并且会为此提供便利。

第二个优势就是税收——你选择读这本书的时候，肯定没想到你还能在本书深入学习一下税法。前面讲过，许多风投公司的有限合伙人是不用纳税的，比如捐赠基金和基金会的。他们享受这种免税身份的益处，但不看好那些威胁要干预这种状况的普通合伙人。美国税法规定，转递实体（如合伙企业或有限责任公司）可能导致即使是免税实体也要为所谓的"非主营业务收入"纳税。如果普通合伙人投资于转递实体，那他们可能会因此为有限合伙人创造这种潜在的税收风险，投资股份有限公司就不存在这样的问题。因此，大多数普通合伙人都尽可能地避免投资转递实体。

划分公司所有权

好了，现在我们有公司实体了。那么，公司成立的过程中还需做什么呢？

下一个问题是如何分配公司的所有权。大多数公司的创始人不止一个。创业，就是你与联合创始人团结奋进，一致对外；不计代价地为了将来而打拼，不眠不休，与社交生活绝缘，身体垮了，甚至连自己的家人都忽视了。这些都是你实现梦想的必经之路，但是只要你和创业伙伴能够携手并进，从一而终，一切都会变好的。

可万一你们不能永远一起奋斗下去呢？如果你牺牲了一切，但两年后你的创业伙伴决定辞职去寻找自我，你该怎么办？或者万一你是公司的首席执行官，公司的发展蒸蒸日上，他逐渐被边缘化了，导致他心理受挫呢？万一他得了严重的疾病呢？万一他没有你想象的那么优秀呢？这些问题可大可小，全看你当初建立公司时是否务实。

无论是在恋爱中还是合伙创业中，分手都挺难的。不过，至少在商场上，你可以未雨绸缪，以减少损失与痛苦。你可以把这些当成为了保护公司而签的"婚前协议"。

那么，如何在创业伙伴中途退出的情况下继续自己的创业梦想呢？就像生活中的大多数事情一样，创业者对未来一点儿小小的规划，在很大程度上就可以确保双方分手不会破坏你想要称霸世界的创业梦想。或者，从一个更积极的角度来说，你们能做些什么来互相鼓励，尽最大努力使公司获得成功？

创始人股份兑现

创始人股权的根本目的是建立长期激励机制。股权分期兑现的含义是：你通过帮助公司发展业务，为公司的成功做出了贡献。随着时间的推移，你在帮助创建的股权中，会拥有越来越多的股份作为回报。

创始人股票（或股权）的兑现与普通合伙人的附带权益分期兑现有些许差异，但是二者的最终目的是相同的。分期兑现股权的理由是，在创始人能够退出公司并将其名下全部股权带走之前，将其与某个确定的任职期限绑定。你可以把它看作一种长期的经济性激励机制，促使创始人以股权持有人的身份行事，并且尽最大努力为所有股东提高公司的价值。

在众多创始人的案例中，兑现全部股权，通常是在授予期权之日起的

4年内完成的。随后将讨论为什么要以4年为期，以及为什么现在可能不再有实际意义。

当我们说一个创始人兑现了他一半的股份时，不管他是不是公司的员工，这都意味着他在公司只有所持股份的50%的经济权益。如果他想把股票卖给别人，也只能出售那些他实际上已经兑现的股票。

创始人自有创业想法开始，就在为了兑现自己的创始人股份而努力着，公司正式建立之后更是如此。在通常情况下，当创始人第一次进行机构融资时，假设在融资之前他们就已经在公司工作了至少两年，那么他们可能会获得高达50%的授权股份。然而，私有公司如今纷纷推迟上市时间，可见想要把公司做大做强，还有很长的路要走。

不幸的是，一位联合创始人或是自愿或是出于其他原因，一旦等到全部股份到手后，便会立即辞职离开公司，此类例子屡见不鲜。剩下的另一位联合创始人则要承担经营风险，而且要打拼多年才能获得相应的长线利益。虽然董事会通常都会通过增加股权补贴的方式进行补偿激励，但是新增股的金融价值与当初离开的创始人兑现股份后所获得的利益相比，实在是不足挂齿。

每次与剩下的这位联合创始人的谈话大抵都是一样的苦涩："我每天都在这里努力工作，为公司员工和投资人创造长期的股权价值，而那个半路退出的人却每天都在名流云集的宴会上潇洒。"

那么，身为创始人的你有哪些选择呢？

股份兑现的其他事项

至少，大多数创始人的股份是在4年期限内兑现的。但是，考虑到大多数私有公司在上市前有较长的成长期，创始人应考虑一下4年的时间是否足够。股份具有长期激励的作用，因此问题在于"长期"的定义是否需要改变。不可否认，这是一件很难改变的事情，因为大多数公司都希望为创始人和其他员工使用一致的股份兑现政策。而且，市场上的员工持股的兑现期基本仍维持在 4 年。但创始人是否应该延长兑现期是值得考虑的，因为公司可能需要更长的时间来创造价值，最终变现退出。

离开公司

设想一下，在什么情况下你和联合创始人可能会被公司开除？在很多情况下，创始人掌控着公司的董事会，也就是他们在董事会中拥有多数席位。因此，只有在另一位创始人同意的情况下，才可以请某一创始人离开。也就是说，风投们或者其他董事会成员没有足够多的票数将创始人从他们的职位上拉下来。考虑到这一点，在很多情况下，唯一能让联合创始人从公司离职的方法就是他自愿离开。当然，如果创始人的业务能力没有达到能让公司成功的水平，那么他也不太可能待在这样一个位置上。所以，在你和合伙人联合创立公司的时候，就可能需要考虑好你们将如何处理这种情况。

罢免联合创始人在公司的行政职务是一回事，但要把他从董事会上除名就是另一回事了。我们经常看到公司的联合创始人拥有"不可变更的"董事会席位。这意味着每位联合创始人都有权待在董事会，无论他在公司是什么职务，甚至通常也不管他还是不是公司员工。这么做的原因是可以理解的，因为创始人往往会担心风投公司在董事会积累多数席位，并且有可能通过投票让一名或多名联合创始人退出董事会。

然而，这么做的话，联合创始人等于"在坟墓中统治"公司，即让一位与公司无雇佣关系的联合创始人继续留在董事会，且还有可能影响公司继续向前发展的势头。为了避免发生这样的情形，可以约定创始人只有仍在公司全职工作的情况下才有资格进入董事会，而不要仅仅因为某人是联合创始人就可以担任董事。这在公司成立之初是一件很容易做到的事情，但常常被忽视。

归根结底，这是为了确保创始人股权符合其宗旨，即为公司创造长期激励机制，并确保那些长期留在公司、帮助增加股东价值的人能够在公司成功后获得经济上的回报。你作为留守公司的联合创始人，和风投公司之间的激励机制是完全一致的：共同保留有价值的股票，用于奖励那些为公司增长做出实质贡献的在职员工。

转让限制

假设你的联合创始人不仅离开了公司，而且手握价值数亿美元的股票，还打算在私有市场出售自己的股票。而你此时正在为公司四处奔走，筹集资金，那么联合创始人如果这时候抛售股票，势必会影响到公司的融资。在这种情况下，你要怎么办？

最好的办法是从公司成立之初，创始人内部就设定清楚转让限制规定。明确的转让限制意味着股东不能私自抛售股票，而是需要经董事会的同意。而且，由于如今的创始人多是在由风投支持的公司中控制着董事会，所以可以加入这条相对无害的条款：如果继续留任的联合创始人想要允许已离任的联合创始人出售股票，他通常需要获得足够多的董事会成员的投票。转让限制条款是永久有效的，但与大多数私有公司的管理条例一样，也可以通过公司董事会多数成员的投票和股东投票将其取消。

妖怪一旦被放出瓶子，就很难再收回去了——因为你不能只是在公司后期实行转让限制，并且把它强加给所有的现任股东。想要事后实行转让限制，必须经过股东的同意。但你不大可能得到股东的同意，因为你是在要求他放弃已经享有的一项宝贵的权利。

虽然我们看到的大多数公司都没有制定前面的转让限制，但大多数公司都有优先购买权协议。优先购买权协议是指如果股东（本例中是指联合创始人）想出让他的股权，公司就有优先受让的权利，并进行收购。这是一个很好的权利，但还不够。因为这样做，虽然让该公司有优先购买股票的权利，但这需要公司利用现有的现金来购买股票。在大多数初创公司中，这并不是高效利用现金的最佳方式，因此，大多数公司都会放弃这一权利，允许第三方收购股票。

加速股份兑现

大部分企业创始人的股份兑现都是和就职期限挂钩的。前面说过，"股权分期兑现"背后的完整概念是：你让你的团队继续帮助公司发展业务，使公司获得成功，你通过在公司持有一定的股份获得回报，这些股份需要经过一段时间的增值（包括因为你的投入和你所创造的价值在内）后才真正有回报可言。

但是，如果联合创始人离开公司了呢？是否还应该让他的股份继续按时间兑现，甚至是加速兑现？"加速"意味着你选择在以时间为基准兑现规定允许的范围之外，将他持有的股份兑现。如果你的联合创始人还在公司任职的时候，你想要卖掉公司，手握公司股票的联合创始人却不愿意被收购，应该为他加速兑现吗？

答案是否定的。只要是在创始人之间事先约定的情况下，任何一位在离职时都没有加速兑现的必要（这种经过公平公正的程序得出的结果，双方都好接受）。而没有离开公司的联合创始人，最好能将从离职创始人手里收回来的未兑现的股权放回到期权池中，用来奖励那些为公司长期发展做出积极贡献的员工。

这是怎么一回事？联合创始人或者公司员工离职时，尚未兑现的股份实质上也到期了。不过，过期的股权可以返还给公司，返还的方式就是允许公司将这些股份重新授予目前还在职的其他员工。举个例子，如果你的联合创始人离职的时候，他只兑现了 50% 的股份，放弃了剩下的 50%。为了方便举例，咱们假设他放弃的股份有 100 万股，现在这 100 万股就可以由公司重新授予另一名在职员工，从而为他提供经济上的激励，让他继续努力工作,增加股东价值。

然而,在公司面临并购时,创始人通常会使用单激发或双激发这两种方式加速兑现条款。在单激发条款中,创始人的股份在公司并购结束时加速兑现,而在双激发的条款使用中,加速兑现需要满足两个条件:一是公司被并购,二是创始人在新公司不再任职。

对于公司来说,单激发并不是最佳的处理方式,原因与没有发生并购事件就加速员工离职后的股份兑现的情况是相同的,就是说,你是在为一个不再为公司效劳的人消耗公司的股权。如果你的联合创始人选择以员工的身份留在收购公司,那么单激发的处理方式同样存在问题。收购方当然希望以股权作为经济上的激励机制,吸引你的联合创始人留在新公司。但是由于他最初的股份加速兑现了,创造这种激励机制就需要公司发行额外的股票。这会给收购公司带来经济上的成本,它自然不愿承担。如果你的联合创始人通过单激发的方式加速获得期权,那么收购方就需要提供额外的现金或股权激励,来留住你的联合创始人。世上没有免费的午餐,当购买价格固定时,额外的需求就需要从其他方面来满足。

双激发就解决了这个问题。如果收购方想留住你的联合创始人,那可以继续分期兑现他持有的原始股份,作为继续在公司任职的条件。而且,如果收购方决定不向你的联合创始人发出任职邀请,那么双激发的处理方式就能加速兑现联合创始人持有的全部股份,保护他的权益。在这种情况下,唯一公平的做法是,他不会因为损失尚未兑现的股份而受到惩罚,因为收购方没有让他继续任职。

知识产权

在你觉得头昏脑涨之前,咱们先暂停对股权的讨论,来聊聊知识产权的问题。知识产权是众多初创公司的命脉,因此,我们需要谨慎保护知识产权。

由于很多初创公司的创始人都是由原在职人员转行的，我们需要确保他们的知识产权与前任老板没有纠纷，确保所有的发明创造都归初创公司所有。我们会按部就班地让创始人签署发明及转让协议。协议的基本内容是，创始人将他的发明成果转让给公司，除了先前发明的清单中列举的所有权属于他本人的发明。

但是，我们怎么知道创始人不是在上一份工作中就开始研究这些发明的呢？以至于5年后，当我们要被谷歌以20亿美元的价格收购时，却要打一场知识产权的官司。这是尽职调查过程的一部分，优秀的律师在初创公司成立之初会做好这一点，风投公司在选择投资这家公司的时候也会做尽职调查。

风投公司会询问你是否在上一份工作的上班时间开发了这项技术，是否使用了公司的财产（比如，公司发的笔记本电脑）来研究这项技术，是否从之前的老板那里下载过任何可能会影响你的初创公司关于技术的东西（文件或者源代码）。因此，如果你正在考虑创办一个公司，最好选一个真正的"洁净室"，在那里开发你的基本知识产权。

最近的优步事件就暴露出了这样的隐患。安东尼·莱万多夫斯基（Anthony Levandowski）曾是谷歌的一名员工，负责其旗下无人驾驶汽车公司Waymo的自动驾驶项目。2016年，安东尼离开谷歌，创办了一家名为奥托（Otto）的公司，打算成立一家自主货运公司。奥托成立后不久，就被优步收购了，帮助发展壮大优步的自动驾驶项目。

但是，Waymo公司指控安东尼在从公司离职之前下载了大量的专利文件，而且把这些文件带到了优步。具体来说，Waymo公司指控优步的首席执行官与安东尼合谋，诱使他窃取公司的知识产权并将其提供给优步。实际上，为了让优步能够获得Waymo公司的知识产权，创建单独的奥托公司在很大程度上就是一个幌子。这个案子拖了一段时间，最终以优步向Waymo公司支付价值2.45亿美元的股权达成和解。[1]

这个案子的核心问题，不在于安东尼是否下载了这些文件（双方基本上都同意这一点），而是这些文件是否真的被带到了优步。这对优步来说真的很难证明，它试图证明答案是否定的，而在打官司的时候这个立场并没有优势。

然而，对于创业者来说，最重要的经验和教训是在你刚刚离开之前的公司后，创办一家新公司时真的要非常非常谨慎。看起来像是无心下载了一些文件，只为了代表你曾经所做的工作，但这些文件可能很快就会变成指控你盗窃知识产权的证据。

在大多数情况下，索赔会与一件好事同时发生——有可能是一起收购事件。也就是说，当你刚刚开始创业时，你的上一家公司的老板可能还不会注意到，甚至也不会太在意你是否下载并带走了该公司的某些文件，但当他看到有利可图的时候，这些索赔要求往往就会不请自来。因此，创业之前，未雨绸缪，仔细盘算，可以在今后的发展道路上避免很多大麻烦。

员工期权池

现在继续讨论股权问题。关于创立公司的最后一点需要考虑的是，创建初创公司想要追求的股权薪酬模式。在大多数情况下，初创公司希望以股票期权的形式激励员工。如果员工卖力工作，增加了公司的价值，与之匹配的激励机制，就会吸引他们更积极地参与其中。

你可以创建一个"员工期权池"。假设公司的创始人都想拥有公司 50% 的股份。那么从一开始，全部股份由两位联合创始人平分。然后，他们希望能够雇用员工，给其授予股权。为此，创始人设立了一个员工期权池，相当于公司 15% 的股份（15% 差不多是初创公司设立的初始员工期权池的标准规模）。这样一来，公司的所有权就发生了变化：两名联合创始人将分享 85% 的股权，而期权池里包括最后的 15% 的股权。这很好计算。

咱们还是从头开始讲，什么是"股票期权"？股票期权就是公司赋予期权持有人在未来某个日期按照特定价格购买公司股权（股份）的权利，而不是义务。这个价格被称为"期权执行价格"（又称协议价格或行权价格）。所以，如果一个初创公司赋予你购买100股股票的期权，每股的行权价格为1美元，有效期为10年，这就意味着在以后的10年里，你随时可以以每股1美元的价格买入公司的股票（或者支付100美元购买全部的期权），进而持有这些股份。

那么为什么要这么做呢？如果你加入公司时，股票的实际价格是每股1美元，打个比方，4年后股票的价格涨到每股5美元，那你就是"暴发户"了。换句话说，你只需支付每股1美元，就能买入每股价值5美元的股票——你肯定巴不得每天都有这样的好事发生。以执行价格购买股票的行为称为行使期权。然而，如果这些股票每股仅值50美分，你肯定永远也不会以每股1美元的价格买入股票，然后再以每股50美分的价格抛售，坐等赔钱。因此，"期权"也赋予了你不购买股票的权利。

初创公司发行的股票期权通常包括两种类型。

第一种是激励性股票期权。一般来说，激励性股票期权是最为有利的期权类型。有了激励性股票期权，公司员工在行使期权时不必为期权的行权价格与股票的公平市场价格之间的差额交税（尽管有替代性最低税的情况下可以发挥作用）。这意味着员工可以延迟交税，直到他抛售这些股票。如果他选择自行使之日起（从他被授予期权之日起至少两年）持有该股票满一年，转让股权时的收益有资格享受资本利得纳税待遇，这比普通收入的税率要低得多。

第二种是非法定股票期权。这种期权类型就不那么友好了。无论员工是否选择长期持有股票，在行使期权时都必须纳税。需要交纳的税额从行使期权之日起开始计算，如果日后股票价格下跌，员工仍然需要在历史及更高的股票价格基础上交税。

那为什么不是所有的公司都只发行激励性股票期权呢？

因为在实际操作中，对激励性股票期权有一些限制。比如，在一年内向任何员工发放的期权的市值上限为10万美元。当然，能被授予如此高价值的期权，对于员工来说，有这个上限也不算是什么问题了。但是，员工还必须在离开公司后的 90 天内，行使激励性股票期权。随着公司私有化时间的延长，这可能给即将离职的员工带来挑战。他们可能获得已经升值的激励性股票股权，这意味着股票的价值远高于行权价格，但是期权持有人需要自掏腰包以执行价格来行使股权。事实证明，这对于许多员工来说成本过高，他们可能就会不行使期权，直到期权过期，把这笔资金留下。

因此，越来越多的公司将员工离职后的行权期限从 90 天延长到更长时间，通常长达 7~10 年。这样就会带来负面影响，需要将激励性股票期权转化为非法定股票期权（因为它违反了激励性股票期权要求的离职 90 天后行权期限终止的规则）。但这样做给了离职员工更长的行权窗口期。

虽然我们前面是从创始人的角度讨论了股份兑现的问题，但它也同样适用于广大公司员工。毕竟，股票期权是为了长期激励员工留在公司，这与基本工资或现金奖励的短期性质不同。

大多数初创公司的股票期权绑定期限为 4 年。股票期权还有一些其他的附属条件，但最常见的是一年的期权绑定期，也就是说，如果员工在工作的第 1 年内就离职，那他就兑现不了股份，在接下来的 3 年里，只能每月分期兑现 1/36 的股份。因此，在 4 年的股票绑定期结束时，员工可以自由离职，并且带走他已经兑现的股票期权。

公司上市之路新常态

但为什么是 4 年呢？如果我们想留住员工，那么 4 年后我们要做些什么呢？从公司成立到上市，需要 4~6 年的时间，这个"4 年"理论真的是那个时代的错误。这个理论的意思是，一般员工可能会在公司成立之后的头几年加入某个公司，他的期权福利兑现之后，就能够在公开市场上抛售自己的股票。由于那时候公司上市的时间较短，大多数员工的期权都符合这种操作方式。

但是，现如今，对大多数初创公司来说，首次公开募股的时间已经大大延长。在多数情况下，初创公司从成立到上市至少需要 10 年或者更长时间。因此，股份兑现的问题就变得更复杂了，新一代的创业者需要设法应对。

情况到底发生了怎样的变化？首先，大约 20 年前，也就是 1998—2000 年，美国每年大约会有 300 家公司上市。此后，平均水平下降了一半以上，每年只有 100 多家公司。因此，在过去的 20 年里，美国上市公司股票下降了 50%。

除了公司上市总量的下降，公司类型也发生了变化。"小型上市公司"（首次公开募股时年收入少于 5000 万美元的公司）在同一时期大幅下降，在上市公司总数中的占比从过去的一半以上降至 25%。更多的资本流向了规模较大的公司，而不是那些小公司。

我们是如何走到这一步的，原因尚不明确。关于上市公司数量如此之少的原因，专家和其他学者的观点也各不相同，大致有以下几种解释。

解释 1：公司上市的成本过高

互联网泡沫破灭之后，美国国会于 2002 年通过了《萨班斯-奥克斯利法案》(*Sarbanes-Oxley Act*)[2]。这项立法旨在加强上市公司财务披露的稳健性，确保股东充分了解上市公司真实的财务状况。这项法案的本意很好，但是也导致上市成本明显上升，主要是由于立法规定的额外的内部财务控制，并且需要依据规定做出报告。

因此，有人认为，由于合规成本上升，选择上市的公司就减少了。公司得等到它们扩大规模，可以在更高的收益基础上摊销这些成本之后才上市。更重要的是，这些资金本可以用于早期研究和开发，这对风投支持的初创公司尤其重要，因为它们在工程开发方面的支出占了相当大的比例。

解释 2：效率准则会不成比例地影响到小型公司

1997 年，美国证券交易委员会[3]开始颁布各种规则，如另类交易系统、全国市场系统等，以提高股票的交易效率。这些规则的宏伟目标是值得称道的，从根本上来说，证监会希望通过创造更多的竞争，降低股票交易的成本，从而提高股票市场的整体效率。它确实起了作用：美国股市整体效率提高了，而且流动性好了。

但也正是这种效率，不成比例地影响到小盘股公司的交易动态，致使交易量下降。对于那些在促进小盘股交易方面发挥重要作用的参与者来说，各种各样的规定使它的成本高得令人望而却步，这些参与者包括负责发布公司信息的研究分析师、负责股票建仓的交易员，还有向机构投资者推销股票的销售人员，因利润减少，从而使得他们都试图减少此类活动。因此，小型公司不愿上市，它们担心会被困在不流通的交易环境中无法带来更多的资金增长业务。

解释 3：共同基金规模更大，因此更倾向大公司

富达（Fidelity）和先锋（Vanguard）等共同基金是大多数人投资公开股票的主要渠道。基于管理资产额支付的共同基金，管理资产额越大，收到的资金越多。共同基金行业管理的资产数额，自 1990 年起到 2000 年增长了 16 倍（管理资产额达到 3.4 万亿美元），至 2016 年又增长了近 5 倍（2016 年管理资产额超过 16 万亿美元）。

为什么这个因素很重要？当共同基金变大时，它们的持股往往集中在流动性强的大盘公司，因为它们需要将大量资金投入个人股。操作小盘股的意义不大。所以，共同基金持有量往往集中在大盘股公司，而非小盘股。

解释 4：其他私人融资形式涌现

在这本书里，我们一直讨论的是风险基金作为初创公司的主要资金来源时的情况。而在过去的 5 年里，虽然初创公司维持私有化的时间更长了，但是对于那些投资于私有公司发展后期阶段的私人投资者来说，其涉足范围已经囊括了公共共同基金、对冲基金、私募股权收购公司、主权财富基金、家族办公室，甚至还有传统的捐赠基金和基金会。有些人认为，随手可用的巨额私人资本已经取代了公司上市的必要性。

这种现象是真实存在的，但它并没有回答造成这种因果关系的原因。也就是说，公共市场投资者选择进入私人市场，是因为公司本身选择更长时间的私有化，从而推迟上市的吗？或者说，如果上市对私有公司更有利，那么它会不会选择上市，从而避开这些大规模的私人融资？尽管这看似是一个先有鸡还是先有蛋的问题，但研究数据指向了前者。在进行首次公开募股之前，公司发展的平均年限增加了（从 6.5 年上升到 10.5 年），而远在后期私人融资繁荣之前，上市公司的年均数量就已经下降了。

解释 5：上市公司近来压力太大

上市公司减少的部分原因归咎于激进投资者的崛起。这些投资者购买上市公司的股票，并意图鼓动改革，以提高股票价值。这些改革通常包括引入新的董事会成员，这些成员反过来又可以改变公司的领导层结构。所以说，如果私人市场上有足够的资金来维持更长的私有状态，那为什么还要煞费苦心去应对公司上市后面临的压力呢？

保持私有状态，保持前进势头

作为一名创始人，你需要知道，你的公司保持私有的时间比预期的时间要长得多。你可能在未来10年或者更长的时间里都会保持私有状态。因此，就需要想方设法让优秀的员工留下来，帮助公司达到上市这一目标。这样一来，以4年为限的股份授予期是否还有实际意义，这个问题有待讨论。但在竞争激烈的就业市场上，初创公司很难通过引入更长的股份授予期来达到退市的目的，因此，我们很少看到有公司延长股份授予期。

然而，大多数公司会为表现优异的员工提供某种形式的进修期权，以取代较长的股份兑现期。也就是说，也许在第2年年底（那时员工原有的被授予的股票期权已经兑现了一半），公司可能授予他一项新的期权，兑现期是从授予日期开始为期4年。因此，优秀的员工往往会拥有一定数量的期权，可以持续分期兑现，从而为长期留住员工提供了更大的经济上的激励机制。

虽然授予的进修期权通常比最初的份额少，但有传言称，特斯拉公司已经扭转了这一局面。特斯拉公司的观点是，我们对员工刚入职时的能力知之甚少。毕竟，大多数公司都是通过面试招人的。据相关研究表明，仅仅依赖面试并不能预测员工在公司最终是否能取得成功。员工一旦真正开始在公司工作，为公司创造（或不创造）价值，我们就会对他们有进一步的了解。因此，特斯拉公司一般会在员工入职时向他们提供较少的股票期权，而对于业绩最好的员工，则会授予他们越来越多的期权，作为他们进修期权计划的一部分。

好了，现在我们已经成立了股份有限公司，并且计算出了创业伙伴的初始股权分配以及员工期权池的规模，是时候从风投公司那里募集资金了。这句话可能会让你兴奋不已。但接下来的内容仍然会让你紧张得流汗，不过别担心——我会陪你走下去，告诉你真相，掌握透明度和洞察力，这有助于你下次与风投公司的会面更为顺利。

第 7 章

筹集风投资金

千万别兴奋过头，以为在这章里我会给你马克·安德森的联系方式！这一章是关于风投资金的一些基本问题。例如，你应该筹集风险资本吗？如果是，你要筹集多少？估值又是多少？回答完上面这几个问题，在第 8 章，我会介绍向风投公司推销项目时更规范、更有吸引力的方法。

猛地一看，这些问题的答案似乎很明显，无非就是为了公司的发展，肯定要以更高的估值，筹集尽可能多的资金。但情况远非如此。

著名风险投资人约翰·多尔（John Doerr）将筹款比作参加鸡尾酒会，这个比喻是出了名的。当服务员端着一盘迷你热狗走过来时，你总是应该先吃一个，因为你永远不知道在酒会剩下的时间里，服务员什么时候再把食物端到你面前。同样的道理，筹集资金的最佳时机就是有资金的时候。因为当你真的决定并准备好要募集资金的时候，没有人知道手握资本的"服务员"是否还会给你端过来。

但在开始之前，让我们先看看，你参加的鸡尾酒会是否真的适合你。

风险投资适合你吗

让我从最初的融资决定开始讲起。既然你正在读这本书，那么就知道这里说的就是是否从风投公司那里融资的决定。对于你的公司，希望你现在对"公司—风险资本契合度"能有个更好的理解。就像"产品—市场契合度"关心的是你的产品满足特定市场需求的程度一样，你也需要确定你的公司与风险投资的契合度。

我们之前讨论过风投的基本原则，即一切始于市场规模，也止于市场规模。无论你的公司多么有趣，或者多么激发才智，如果最终的市场规模不足以创建一个独立的、能够自我持续发展且规模足够大的公司，那么它就不是风险投资的考虑对象。

我承认，经验法则只是泛泛之谈，是简化复杂话题的粗略方法。但是，就普通的经验法则而言，你应该先能够以令人信服的方式说服你自己（以及未来的风投合作伙伴），你的公司拥有足够大的市场机会，能够在7～10年的时间成长为一个能赢利的、高速增长的、营收达数亿美元的大公司。

这些数字没有什么惊人之处，但是如果你思考一下怎样才能成为一家上市公司，这些财务特性（至少在当今的市场上）可以支撑起数十亿美元的公开市场资本。此时，根据风投公司在该公司的最终所有权占比，该投资的回报足以对基金的整体收益产生重大影响。

万一市场规模不够大

万一市场规模没有那么大呢？这并不能判定你是一个糟糕的创业者，也不能判定你的公司就是一个糟糕的公司。不幸的是，很多创业者都会那么想。你依然可以经营一个市值多达数百万美元的企业，利润丰厚，过着幸福、富有、有权有势的生活。你的公司可能会帮助别人、充实他人的生活,甚至拯救他们,但仍然不适合筹集风险资本。也就是说,你可能需要从不同的角度来思考自己从何处以及如何筹集资金,找到一个与众不同的方法。

举个例子。有些规模较小的风投基金,通常基金规模不到1亿美元,的确很早就投资于公司,其商业模式是以较低的最终估值,通过收购的方式退出公司的。如果市场规模不足以成就一个独立的公司,那么这种类型的风投可能比较适合你。并非所有的小型基金都会采用这种投资策略,有很多天使投资人和种子投资人虽然投资金额较小,但是他们也在寻求较高的"每个本垒打的打数"。所以,一定要事先了解潜在合作伙伴的核心策略。当然,也可以考虑之前说的从银行进行债务融资。

问题很简单,风险资本并不是在任何情况下都合适的资金来源,它可能不是你的初创公司可以依赖的臂膀。风险投资人也是人啊,他们乐于接受那些为其量身定制的激励措施。简单来说,这些激励措施归结起来就是赚钱的问题。

1. 建立一个投资组合,同时也要明白其中许多投资组合可能没用(要么根本一点儿都没用,要么只在资本上行受限的时候有点儿用),仅有一小部分能为某只基金带来超额回报。

2. 进一步把这些巨额资本的投资在10~12年的时间内变现退出,然后将现金返还给它们的有限合伙人,并且希望有限合伙人再把这些资金交给风投们,以新基金的形式继续进行投资。

这就是我们之前讨论过的风险资本的生命周期。

即使你的公司适合风险资本(出于最终的市场规模的机遇和其他因素),你仍然需要确定是否要按照风险投资所要求的规则行事。这意味着要与风投公司分享你公司的股权,共享董事会的控制权和治理权,并最终缔结一段与普通人"真正"的婚姻持续时间相同的"婚姻"(合作关系)。

事实证明，8~10年的时间也是美国当下实际婚姻维持的平均年限……想想你要怎么做吧。

应该筹集多少钱

现在，假设你一开始就决定筹集风险资本，那应该筹集多少钱呢？**答案是：让你的公司能够顺利实现下一轮融资**。换句话说，我经常给创业者的建议是，在筹集当前这轮融资时，就得考虑下一轮融资。如果你想要证明你已经充分降低了公司的风险，使投资者愿意依照上一轮融资之后公司所取得的成就投入新一轮的资金，那么你需要向投资者展示出什么？我来一一拆解。

在通常情况下，大多数处于创业初期的创业者，每12~24个月就会筹集一次资本。这些时间范围也不是固定不变的，但它们确实反映了创业界的普遍惯例，也反映了公司发展能够取得实际进展的合理时限。因此，如果你正在进行公司的第一轮融资（一般称为A轮融资），你会想要筹集一大笔钱，多到让你有足够的时间实现公司发展的阶段目标，依靠这个发展成果，进而让公司能够取得比A轮融资更高的估值，成功筹集下一轮融资（B轮融资）。

公司发展的重要里程碑，即关键阶段，具体是指什么？不同的公司类型，其发展过程的关键阶段也不同。为了方便举例，假设你正在构建一个企业软件应用程序。那么，B轮融资的投资者希望至少看到构建产品的初始版本（不是beta版，而是第一次可以投入商用的产品，即使产品的整体特性还不完整）。他们希望你能提供一些证据，如客户的参与度，以及实际上一些公司愿意付费购买你的产品的相关合同。你不需要有1000万美元的客户规模，300万~500万美元就足够引起B轮投资者的兴趣了。

在B轮融资之前，你在A轮融资时需要决定该筹集多少资本，给自己争取一个实实在在的机会，使公司可以在一两年的时间内实现这些目标。当然，这在一定程度上算是预演一下公司发展的轨迹，但也算检验一下你作为首席执行官的直觉，为某些可能不按计划发生的事情做出一些备用方案，因为计划永远赶不上变化。

还有一个合理的问题：为什么不一次性筹集公司所需的所有资金，而是分阶段融资呢？

首先，一家成功上市的企业软件公司可能会需要筹集至少1亿美元的资金（在某些情况下，可能会是这个数字的几倍），所以不会有太多风投公司预先开出这样巨额的支票。

其次，即使你能筹集到这么多钱，你筹集资金的条件——特别是你将获得的估值，以及将来你需要出售的公司的价值，都将会极其高。作为创业者，分散融资可以让你在降低风险的同时，从公司价值增长的过程中获得收益，并且让风投公司能够根据公司已经实现的重要目标调整自身在公司的投资额度。换句话来说，如果你实现了A轮融资时设定的目标，那么B轮投资者就会根据你已经取得的成功，以更高的估值提供资本。这就意味着往后每筹集1美元资金，你将只需出售较少的公司股份。在这种情况下，你和你的员工都会很有钱，你拥有了公司发展所需要的资金，而且这笔资金的成本比原来的要低。要是你在早期阶段筹集了过多的资金，那就亏大了。

关于要筹集多少资金需要考虑的另一个问题是，在公司发展接近成形的阶段，需要通过对实际经济需求做出强迫性取舍，来保持公司发展的专注度。专注真的是创新之母。信不信由你，对于处于起步阶段的初创公司来说，拥有过多的资金可能是即将敲响的丧钟。作为公司的首席执行官，你可能会倾向于批准那些对公司发展具有边际价值的项目。此时，当团队成员知道你在财务上没有困境的时候，你再向他们解释为什么他们不能研发新的产品，或者雇用下一个人，肯定要困难得多。

并不是说每个人都应该苦哈哈地吃拉面、睡地板。但是，拥有有限的资本确实有助于细化公司的重要里程碑，并确保每一项投资都能与其最终的机会成本达到平衡。

估值怎么算

在后面要讲的投资意向书的详细内容里，我们将会讨论更多关于估值的问题。这里，仍然需要强调它，因为它是问题的关键部分。应该筹集多少资金？以多少估值计算比较合适？你可能会说，应该以能让风投公司点头的最高估值筹集资金。但这并不总是正确的答案。

这可能是你想听风险投资人说出的话——终究，风险投资人从支付较低的估值中获益。但请少安毋躁，因为还有一些重要的事情需要考虑。

融资的出发点是未来公司需要实现的重要目标，并以此让公司能够以更高的估值筹集下一轮融资，这个估值能反映公司取得的成就（降低了风险）。如果你本人或者风投公司在当前的这轮融资中高估了公司的价值，那么你只是加大了下一轮融资需要扫清的估值难题，以及公司取得进展需要付出的代价。估值需要真实反映公司的实际发展情况。

这些年来，我和许多创始人都有过下面这样的谈话："从上一轮融资到现在，我的公司规模已经扩大了一倍以上，但目前这轮融资的估值远低于上一轮估值的两倍，这说明了什么？"这说明你的下一轮融资的估值与你上一轮的融资无关。相反，它只是反映了在当前的融资领域状态下公司的发展状态。

所以，有些事情可能已经发生了。

首先，判断公司估值的指标可能已经发生了变化。举个例子，如果上市公司的股价自上一轮融资以来已经下跌，因而公开市场会以更低业绩作为估值标准，你的估值则会受到影响。换句话说，市场环境确实会对你的初创公司的估值产生影响。

其次，虽然你的公司业绩可能已经翻了一番，但是新的投资者可能会关注你之前的估值，觉得你取得那样的成功是理所当然的。因此，新投资者可能会认为，实现三倍的业绩才是新的翻一番，换句话说，对你在上一轮估值和价值返利资本的基础上只将公司价值翻了一番的表现，新投资者并不怎么满意，他们期望更多！

因此，作为一名创业者，你要做的最重要的一件事就是确保筹集足够的资金，赢得足够的时间去实现下一轮投资者可能对公司抱有的更高期望。在a16z，我们见过很多创业者犯错：他们以过高的估值筹集了过少的资金，这恰恰是你不想看到的。这就是构建了高水准的估值，但没有足够的资本来顺利实现下一轮融资所设定的公司发展目标，从而使新一轮的估值远远高于眼下这轮融资的估值。

再次，竞争影响公司估值。不管我们愿不愿意承认，估值更像一种艺术，而非科学。与风投公司原本认为适合公司特定阶段的价格相比，"交易热"可能促使风投公司支付更高的价格。而上一轮融资中较高的估值门槛可能会吓跑合作者。潜在的B轮投资者可能喜欢你的公司，但还是要看看你在上一轮融资中获得的估值是多少，并且担心他无法达到你对当前融资的预期。不幸的是，许多这样的情况都没有被提及，这也是人们在没有进行充分对话的情况下解读他人预期的结果，但这还是发生了。

而且，通常有很多投资者拒绝为你的B轮融资出价，因为他们担心无法将你的公司发展成就与相应的估值增长相匹配，那么你将无法通过这轮融资获取竞争力。这通常不是一个好现象。

如果你同意我的观点，即不要自私地把估值夸大，那么仍有人会有疑问：听上去挺有趣，但和我有什么关系呢？如果我在第一轮中估值过高，获得了高估值的好处，而在下一轮中又被低估，这不是更好吗？

当你从风投公司那里筹集资金时，交易通常是这样进行的：风投公司把冷冰冰的现金交给你，而你依据你们之间商定的估值条件，把等值的股权交给它。举个例子，如果风投公司同意向你的公司注资500万美元，以换取公司20%的股权，那么它将把这500万美元交给公司，公司将所发行总股权的20%交给它。因此，在讲到股权稀释的问题时，在这个例子中，你、你的员工及公司的其他现有股东的股权都被稀释了20%。也就是说，如果你在这轮融资之前持有公司10%的股份，那么在这轮融资之后你将持有8%的股份。

当然，在大多数情况下，公司会继续进行后续融资，融资金额往往会越来越大，估值也会大幅提高。因此，如果随后你还要筹集2000万美元来换取公司10%的股权，那么每个人所持有的股份就会被稀释10%，你之前持有的8%的股份现在大约是7.2%。

所以，针对上述关于估值的论断，可以提出逻辑上的异议，即如果我在第一轮融资时高估公司的价值，然后被稀释了不到20%。但是，只要在两种情况下我都持有7.2%的股份，谁会在意在第二轮融资时我是否必须以低估的价格将股份付给投资者呢？

我们承认，从理论上来说，这样计算也没什么错，但其中还有至关重要的更深层次的原因，员工的期望和情绪对公司的发展非常重要。那些手握很多工作机会的优秀员工，都想在一些大公司工作，以实现个人的发展目标。当一个公司在各个方面都做得很好的时候，即在员工招聘和发展、客户的目标、产品前景及融资目标等方面，那么它就很容易留住并激励员工。毕竟，谁不喜欢待在成功的团队里呢？在这样的团队里，公司的成长可以转化为员工个人职业生涯的成长。

然而，如果该公司实际上正走在实现发展目标的道路上，但随后却在融资方面遭遇挫折，那么，情况可能会变得更加艰难。特别是公司的估值是每个员工经常重点关注的一个外部基准（不管你是否希望他们这样做），并将这个基准作为临时衡量公司是否成功的标准。公司的发展势头可能会出现停滞，员工可能会开始怀疑，你作为公司首席执行官所描述的成就有多少是真的。至少，你现在必须对他们解释清楚，为什么你的融资伙伴对公司发展成就的评价与你本人及公司里其他人的观点都不同。

这些情况，我都经历过。当我在2000年加入响云时，一切都好得不能再好了。我们当时正处在互联网热潮的鼎盛时期，公司的发展也是红红火火。我们开始迅速招聘新人,扩大了客户群,拓展了办公场所,一切都超出了计划。

我开始做的第一份工作是筹集更多资金,为公司的持续增长助力。通过与执行团队的其他成员合作,2000年6月,我们以8.2亿美元的估值筹集了1.2亿美元。这些资金是为这个成立仅9个月的公司筹集的。我们在1999年9月的上一轮融资为2100万美元,当时公司估值是6600万美元。我们自我感觉良好,因为我和首席执行官本·霍洛维茨正准备举行一次全体会议,讨论一下融资结果。

但是,与想象中的风光场面相反,迎面而来的第一个问题却是"你们为什么没有获得10亿美元的估值?"事实上,与我们同一批的初创公司存储网(Storage Networks)在一个月前就以10亿美元的估值进行了融资,所以问题的核心是:如果你们这么聪明,怎么不如别人那么有钱呢?请记住,我们谁都没有说过要以10亿美元的估值预期筹集资金,但这并不重要。员工有自己的基准点,这个判断基准让他们之中的一些人认为,公司在这种融资环境下没有达到世界级的水平。

我们最终从这次危机中走了过来。然而,互联网泡沫是一段疯狂的时期,但是它也告诉了我们三个非常重要的教训。第一,员工在判断公司是否成功时(至少在一定程度上),往往是根据融资过程中的外部估值来判断的。第二,即使这轮的估值从绝对意义(或是在相对意义上,与前一轮融资相比)上看起来很不错,但是员工也会将之与近期融资的其他公司进行比较,得出自己的结论。虽然在多数情况下,他们的行为与这些公司是不是相关的基准并无关联。第三,永远不要低估保持公司增长势头的价值,衡量这一点的标准可能就是一轮成功的融资。在响云的案例中,我们甚至没有考虑过比上一轮更低的估值,也没有考虑过小幅上升。因为这些事情可能会让公司元气大伤,而且往往难以恢复。

最后,作为首席执行官,你最应该做的就是让公司符合"向上、向右"的估值增长曲线。如果你的融资估值与所描述的公司成就不一致,你将需要向其他人做出解释。即使解释是真诚且实事求是的，但一开始就避免陷入这种境况是更好的。

到目前为止，我们一直在探讨一些并非极为理想但又合情合理的情况。如果你最终无法筹集到资金，或者你筹集资金的估值不得不低于上一轮估值，那么问题可就真的来了。后面探讨投资意向书里的经济因素条款时，我会对此有更多讨论。我要讲的东西太多了，当你看到第 9 章和第 10 章时，你就会明白了。（先喝杯咖啡提提神，精彩继续！）

| 第 8 章 |

推销的艺术

对许多创业者来说，向风投公司推销自己，是一段痛苦的经历。毕竟，你正处于职业生涯中最脆弱的阶段。你可能刚刚辞掉了一份收入稳定的工作，你不得不说服另一半和其他重要的人，告诉他们你所做的都是为了给家庭带来更大的经济保障，这一切最终都会实现。但是，与此同时（在未来 10 年或更久的日子里），你都将会过着节俭的生活，没有假期，工作时间比以前更长，还有断断续续的睡眠问题——我的合伙人本·霍洛维茨，曾讲述过自己作为初创公司首席执行官半夜哭醒的故事，他居然还拜托风投们都来享受一下这种"美妙"的生活方式，听起来也挺有意思吧？

这本书你都读到这儿了，应该能明白其中的深意，我们继续！

成功的第一步

我从该如何获得推销机会开始讲起。大多数风投公司的官网都有邮箱地址，如果你有一个商业构想，可以通过邮箱联系它们。但是，就像许多其他业务合作一样，仅通过邮箱联系，并不是让你能与决策者面对面交流的最佳途径。与平常那些有工作计划和办事流程的工作不同，风投公司没有这样一板一眼的组织结构，但也有一些非正式的业务部门发挥类似的作用。

天使投资人或种子投资人通常是投资标的的主要推荐人。他们通常在公司发展的早期阶段进行投资，这有助于他们处于风投的上游地带。因此，许多风投公司与天使投资人及种子投资人建立了共生关系。与天使投资人和种子投资人有直接利害关系的是，他们所投资的公司能从下游的风投公司那里筹集额外的（通常是巨额的）资本，而风投公司则对一系列有趣的投资机会感兴趣。

律师事务所往往也是创业项目走进风投公司视野的重要途径。正如我之前谈到过的，创业之路的第一站往往是在你的律师办公室里成立公司。因此，就像种子投资人和天使投资人一样，律师常常也处在风险投资人的上游，而且能够在创业公司的最初期接触到投资机会。律师也愿意把他们最好的初创客户介绍给风投公司，因为为这些创业者提供更多的机构融资就意味着他们可以成为律所的长期企业客户。

如果这两种方法都不适合你，那就灵活变通一下。不过要考虑清楚灵活变通与歪门邪道的区别。你应该再勤奋一些，然后找一个中间人，只要他认识某个有风投关系的人即可。当然，这也很具有挑战性，但这是对你作为一名初创公司首席执行官的一次重大考验。如果你想不出什么别具一格的方法来接近风险投资人，那么，你将如何找到一种方法去接近你的潜在客户中的高级主管？

你向风投们热情介绍创意的能力，虽然不是必需的，但通常也会被风投们当作一个判断标准。他们会以此来衡量你的勇气、创造力和必胜的决心，这些都是一个成功创始人身上应具有的重要特质。

网络上有大量关于如何处理人际关系、怎样成为慷慨大方而又充满吸引力的人，以及如何迈出创业第一步的精彩文章。这些内容涵盖了创业者个人魅力、人脉网、勤恳创业的毅力、亲力亲为的行动力、跟进项目的能力、坚持不懈的意志、推销项目的能力、强大的自信、丰富的经验、讲故事的技巧等，当然，还要有一些好运气。

为了让本书能专注于讲解风投是如何运作的，我们先假设你现在已经具备了与风投公司面对面交流的必备条件。因此，我们快进一下，直接来到你与风投公司约定的会面现场。

说服风投公司

在开始之前，先回想一下，是什么激励着风投们，他们又是如何评估投资机会的？最重要的是，你要记住，他们也是普普通通的人，和你没什么两样，他们也是在寻找一个回报丰厚的投资机会。

从风投们自身的动机来看，他们受到有限合伙人的激励，相对于有限合伙人可能将资金投资于其他方面而言，风投们更愿意利用这些资本创造出巨额回报（金融界所说的"阿尔法"指数）。有限合伙人和普通合伙人有时是心照不宣的，有限合伙人将自己的资本锁定10年或更长时间，让普通合伙人有时间将投资组合的公司最终以被收购或上市的形式实现这些巨额回报。还记得前面讲过安打的类比吧，风投公司投资的大多数公司产生的资本回报，就算有的话，也不会有太多。就是少数几个具有"本垒打"潜力的公司，能实现风投公司投资额10~25倍的回报，甚至更多，它们才最终决定了风投公司的成败。

这样的话，你作为创业者要做的事情就简单了：说服你的风险投资人，告诉他你的公司就有"本垒打"的潜力。就是这样！小菜一碟，对吧？那么，你该怎么做呢？现在回到前面讨论过的关于评估标准的首要原则，风投公司可能会利用这些评估标准来甄别早期的投资机会。

推销要点1：市场规模

先从市场规模开始说起，这是需要风投们深入了解的首要因素。你的工作就是带领风投们透彻了解这个行业。此时，你是一名有耐心并且善于鼓舞学生的老师。先不要假设风投们已经了解了这个市场，或者了解了市场的潜在规模。你需要为他们描绘一幅场景，让他们自己能够回答"那又怎样"的问题。也就是说，如果我投资这家公司，公司首席执行官和他的团队真的说到做到，并且成立了一个不错的公司，那么这个公司真的能大到为我的基金带来巨额回报吗？它最终能发展壮大并且变得举足轻重，进而实现我身为一名风险投资人的目标吗？

现在，让我们将目光转向来福车的案例，了解作为一名创业者，你如何才能对市场规模做出最佳定位。

来福车实际上始于另一家名为搭车社区（Zimride）的公司，这是一家长途拼车公司。在来福车刚刚起步的时候，并不清楚拼车市场规模能有多大。很多人是用现有的出租车市场来估计拼车市场的潜在规模的，同时，对拼车服务极可能占领的市场份额做出了一些假设。这种思考方式完全合乎逻辑，但是创业者并没有就此止步。

恰恰相反，创业者向我们证明了持有这种逻辑推理太缺乏远见。与之相反，来福车公司认为，出租车市场的限制太大，因为人们要对出租车的实用性、安全性以及在选择是否要打出租车时叫车的便利性做出种种假设。如果你闭上眼睛，想象出这样一个世界：每个人的口袋里都装着一台完全网络化的超级计算机，还配有全球定位系统，这正是智能手机的功能，那么汽车按需共享的市场规模可能会大得多。再者，买不起出租车牌照的司机可以用他们自己的车来增加可约司机的数量，司机数量的增加将会更加方便消费者使用这项服务。市场供应的增加将推动消费者需求的增多，而需求的增长反过来又将推动更多的供应进入市场。你会看到这样一个结果，即出现了一个真正意义上受网络效应驱动的公司。

当然，并不是每个市场都存在网络效应，但这种推理方法可以（而且已经）应用在许多向风投公司推销的项目上。举个例子，如果癌症筛查技术进步到一定程度，与目前的筛查方法相比，新技术的筛查方法实质上减少了体内侵入且具有较高的预测价值，人们可能会把癌症筛查列入每年的体检项目，那么早期癌症筛查技术的市场规模可能会比现在的规模大好几倍。在我们投资一家名为自由诺姆（Freenome）的液体活检诊断平台公司时，这是投资理论中的关键部分，该公司通过使用机器学习技术从血液检测中识别早期癌症。

许多初创公司都投身于现有市场，而且可能这些市场本身的规模就已经相当大了。在这种情况下，作为一名创业者，你的任务就是让自己融入这个市场，并深入解读这个市场正在发生的宏观趋势是什么，从而为你创造拿下这个市场的机会。

我们投资组合中的一个例子是奥克塔公司（Okta），我们在2009年首次对其投资，现在它已经上市了。奥克塔公司是一家企业软件公司，它为企业提供了一种为许多软件即服务应用程序合并登录凭证的方法。举个例子，许多现代的企业都使用谷歌邮箱，软件营销部队（Salesforce）和其他各种基于互联网的软件即服务应用程序，每个应用程序都有自己的登录和验证用户身份的方法。奥克塔提供一个统一的门户，用户只需登录一次奥克塔，然后再由奥克塔将这些登录凭证传递给授予员工访问权限的所有软件即服务应用程序。

我们在2009年投资奥克塔公司时，这样的解决方案就已经存在了。微软开发了一个名为动态（Active）的软件包目录，它的功能和奥克塔公司想要做的差不多，但主要是针对众多大企业的IT环境下内部管理和维护的传统应用程序。到目前为止，它仍是市场的领头羊。

但是奥克塔让我们确信，现有市场格局发生了变化，为新公司接手新市场创造了机会。传统上，企业可以配置的应用程序的数量受到公司内部可用IT人员数量的限制，每个应用程序都必须依赖公司内部IT工作者的操作和服务支持。软件即服务应用程序的出现使企业摆脱了这种限制，从而为企业内部应用程序的扩展创造了可能性。营销部门现在可以使用不同于销售、工程或者人力资源使用的应用程序，这正是得益于这些软件即服务应用程序是由软件即服务供应商自身管理的，而不是企业内部的IT

人员。

奥克塔公司认为，各种各样应用程序的大量出现，将赋予市场新的方法来管理这些应用程序的访问权限，并提高安全性。因此，可以创办一个新公司来抓住这个市场机会。我们接受了这个论点，并且投资了奥克塔。现在，它是一家市值超过 50 亿美元的上市公司，而它对市场发展前景的预测实际上是正确的。

你作为一名创业者，有时候要面临一项艰巨的任务，就是假定创造一个因新技术而发展起来的市场。举个例子，2010 年，我们作为种子投资人，投资了一家名为波旁酒的公司——是的，没看错，这家公司因其创始人凯文·斯特罗爱喝波旁威士忌而命名，但它并不是一家饮料公司。波旁酒公司最初专注于不同的产品，但最终发展成为苹果手机的照片共享应用程序。当然，那时苹果手机是 3 年前才发明的，智能手机的市场规模远远不及它最后呈现的规模。

因此，在这种情况下，对于预估市场规模面临的挑战，这个论点要建立在两种设想之上：（1）苹果手机真的会成为一个主流的全球计算平台；（2）照片共享将成为该平台的爆款应用。当然，早在苹果手机问世之前，人们就已经开始分享照片了，但那时的市场规模远不会得到风投公司的青睐。因此，要想让风投公司做出投资的决定，你需要预测苹果手机内存会变大，而且在某种程度上，照片共享可以通过这个新技术平台得以推广使用，从而创造出属于自己的巨大的新市场。然后，你就得假设有办法可以利用照片分享来赚钱。我觉得，要是让大多数风险投资人都诚实地表个态，他们当时对利用照片分享来赚钱这件事肯定完全闻所未闻。但这并不是一个疯狂的假设，即如果你能积累数十亿张照片，让数百万人分享，就应该有办法从中赚钱。

幸运的是，a16z 实现了市场规模的飞跃，投资了波旁酒。在我们投资 2 年后，Facebook 以 10 亿美元的价格收购了这家公司[1]，现在名为照片墙。

推销要点 2：公司团队

对风投公司来说，公司团队是最重要的判断因素。一旦确定了市场机会，那么接下来的问题就变成了"为什么是你"。也就是说，为什么要支持眼前这个团队，而不是其他人？毕竟，创意遍地都是，而对创意的执行力才是区分胜利者和滥竽充数之人的关键。对于风险投资人来说，任何一个早期阶段的创业公司都没有太多能够深入研究的地方，大部分是定性分析。但是，创业团队是风投公司会真正透彻研究的地方。

你需要在推介会中花大量时间详细阐释你作为首席执行官的行动计划，以及介绍团队的其他成员，虽然这可能让你感到不太自在。特别要提及的是，是什么赋予了你占领这一市场的独有资格？有些创业者在回答这一点时会犹豫不决，认为炫耀自己的能力是自我膨胀的表现。但是风投们不会这么看，他们认为这是一种向你学习独特技能的方式，而这些技能使你成为眼前这个机会的最佳人选。并不是说让你自吹自擂，而是帮助风投们评估你是否适合自己提议的职位。因此，你应该把以前取得的成就或经验与现在正在推销的项目联系起来，以便风投们评估你在当前这项创业中成功的可能性。不要羞于谈论你的成败，毕竟这些都是经验，与你所学到的东西密切相关。备受风投公司青睐的人都是学无止境的。

2010年，我们参与了Nicira公司的A轮融资。该公司是软件定义网络领域里的先驱，其核心理念是传统上硬件在网络中所做的大部分工作（主要由思科主导）都可以通过软件来完成。我们对这个市场机会有信心，因此，下一个合乎逻辑的问题，就变成了这个团队是不是最适合的。毕竟，我们都清楚，这个机会背后的市场规模，势必会吸引多家公司进入这个领域。

马丁·卡萨多（Martin Casado）是这家公司的创始人，他早年在美国国家安全局任职，为软件定义网络的创立打下了基础。然后，他又去斯坦福大学攻读了这一领域的博士学位。他的博士论文在这一课题上极具开创性，没有比他更完美的创始人了。所以，我们投资了Nicira，它最终被威睿公司以12.5亿美元收购。几年之后，马丁以普通合伙人的身份加入了a16z。

在讨论市场规模时，我讲到过奥克塔公司。除了占领一个巨大的市场，奥克塔公司是由两个完美匹配这个市场机会的人成立的。公司创始人兼总裁托德·麦金农（Todd McKinnon）的大部分职业生涯都是在软件即服务的先驱业务软件营销部队（Salesforce）中负责工程运营。通过这项工作，他亲身体验了许多软件营销部队客户在管理他们当时使用的各种软件即服务应用程序时所面临的挑战。他的合伙人兼创始人兼首席运营官弗雷德里克·克雷斯特（Frederic Kerrest），是与其同在软件营销部队公司工作的同事，在工作过程中他学习了如何向潜在客户推销软件即服务的价值主张。在这个尚处于萌芽阶段的软件即服务市场上，他们一个对需要解决的问题有技术上的深刻见解，另一个对如何更好地制定正确的销售和市场营销策略（我们通常称这种策略为"进入市场"）有深入了解。这两种个人技能的结合，使托德和弗雷德里克成为这个领域的最佳创始人。

当然，并不是每个人都要在自己想要创业的领域获得博士学位，但你确实需要有一个能令人信服的理由，来说明为什么你是激烈竞争市场中的最佳人选。也许公司需要你在以前的工作中掌握销售和市场营销方面的技能。也许你正在努力通过自己的经历，亲自解决遇到的一个重要市场问题，并且觉得有必要围绕这个想法创办一个公司。或者你有一项独特的技能，能够用一种引人入胜的方式讲述你的故事，当然不是瞎编乱造，而是一种清晰表达未来发展愿景的方式，这个愿景能够吸引员工、客户及投资者想要共同加入公司发展的行列。

我们有幸参加了广场公司（Square，美国一家移动支付公司）的A轮融资推介会，这家金融服务支付公司已经成为一家市值250亿美元的上市公司。很不幸，我们运气不够好，没有做出投资决定。看看我们错过了什么。

在 A 轮融资的时候，广场公司的首席执行官还不是推特的联合创始人杰克·多尔西（Jack Dorsey），而是吉姆·麦凯尔维（Jim McKelvey）。吉姆是杰克的朋友，来自密苏里州，以前是一名专业的玻璃吹制工。吉姆那时很沮丧，因为他只能在乡村的集市上以现金交易来销售产品。吉姆和杰克都认为，应该有一种方法能让企业规模较小的、独资经营的采购商使用信用卡交易，因此萌生了创办广场公司的想法。

这就是一种极好的逐步形成的"创始人—市场契合度"：解决问题的方案来自个人的艰苦经历，创业者觉得必须针对这种艰难的经历创办一家公司。然而，我们既不了解吉姆，也没有一个很好的方法来评估他作为公司总裁的能力，并且也不确定杰克将来会不会是公司更好的、能长期在任的公司总裁。所以，我们没有参与 A 轮融资。

但是，我们忽略了两件事。首先，杰克意识到，要想让公司获得最大的成功，最好的办法就是他成为公司的首席执行官，这一点他在首轮融资之后的短短几个月里就做到了。其次，杰克身上自带的明星效应，可以为公司在市场上赢得巨大优势。举个例子，杰克的名气很大，他甚至在《奥普拉脱口秀》节目中占有一席之地，他可以利用这个平台向广大观众讲述自己的故事。从本质上来讲，这也是一种免费的营销手段，只有那些极具品牌吸引力的人才有这个特权。他还能攀上摩根大通首席执行官杰米·戴蒙（Jamie Dimon），说服他将广场公司的加密狗与摩根大通的信用卡绑定，以非常低的成本为广场公司吸引了大量客户。再说一次，不是每个人都能像杰克·多尔西那样，但是多思考一下自己的技能和优势总是不错的。事实证明，你所拥有的独特技能和优势，对公司最终的发展非常有价值。一旦你成功地说服了风投们，仍然需要向他们解释清楚，你将如何以自己为中心组建最佳团队。

那么，是什么让你成为一个完美的企业领导者，或者一个博学多才的领导者呢？你需要做到：让人们宁愿辞职也要加入你的团队；使消费者心甘情愿来购买你的产品或服务，即便他们还有其他更安全、更成熟的产品可以选择；使业务发展伙伴想要帮助销售你的产品，并打入新的市场。当然，也要使投资者想为你投入资金实现上述所有的目标。也许你是一个经历过多次创业的人，因此可以表明你以前做过以上提及的所有事情。但是很多创业者都是第一次经历这些，所以，想想你以前经历过的其他类似做领导的机会，这可能是证明你未来有能力可以成为首席执行官的绝佳证据。

我们在 a16z 经常会谈到，讲故事的技巧是创业者很重要的能力。需要说明的是，我们使用的是"故事"这个词最纯粹的含义，也就是说，吸引观众的能力，无论观众是员工、客户、合作伙伴还是金融家，并带他们一起体验众所周知的创业之旅。我们并不是在讨论讲故事的负面含义，也不是说因为你蒙骗了人们，就把他们带上了一段为人熟知的旅程。

在许多领域，讲故事的技巧都是一项非凡的才能，特别是在初创公司。因为在公司的最初几年，你几乎拿不出什么成功的实际证据，让人们可能根据这些为数不多的证据做出加入公司的决定。优秀的首席执行官会找到一种方法，用三寸不烂之舌将这个机遇描绘成一幅完美的蓝图，让人们愿意参与公司的创建。这些技能将有助于你找到第一个（还有将来的）风投合作伙伴。

推销要点3：产品

你的产品策略是接下来的推销机会。风投们并不指望你能准确预测市场需求，但是他们会对你最初制定产品策略的思考过程进行评估。风险投资人比较感兴趣的是你的思考过程和思考方式。这个创意是怎么形成的？搜集了哪些数据？为什么能解决用户痛点？这种产品是如何做到比现有的替代品好 10 倍的，或便宜了 10 倍的？

风投们很清楚，当你的产品进入市场，并被实际市场需要检验时，你的产品策略可能会发生转变。但他们希望看到你评估市场需求的过程是否可靠，是否能够适应不断变化的市场需求。你需要向他们仔细捋一遍你的思考过程，并表明你有强大的信念，但并不固执。也就是说，你将来可以适应不断变化的市场需求，但也会随时了解和掌握更深层次的产品开发经验。

推销要点 4：产品面市

对于一个处于早期阶段的公司来说，产品走向市场这一环节往往是推销过程中最不成熟的环节。也就是说，你将如何获得客户，商业模式是否对促进消费者的购买行为有利。

许多创业者在创业初期都犯过此类错误：直接略过了这一阶段。因为目前的融资不太可能让产品真正进入市场。但重要的是，你要在推销项目的时候顾及这一点，即使这离现实还有一段距离，但它是公司长期生存的重要基础。

你是否打算成立一个直接的、外部的销售队伍？你的产品的平均销售价格能支撑这支队伍打入市场吗？你是否计划通过品牌营销或者以其他在线收购的形式获取客户？如果是这样，相对于客户的终身价值，你又该如何考量这些活动的获客成本？

在这个阶段，你不需要有健全的商业模式，但应该有大致的规划，为风投们提供更多的细节，使他们能够理解你对获取客户的想法。和介绍产品时一样，让风投们了解你的市场营销策略是个极好的方法，可以向他们说明你的想法是如何形成的，以及你对目标客户的深刻了解。

再回到奥克塔的案例。其最初的目标市场是中小型企业，因为中小型企业更有可能考虑采用新技术，而软件即服务模式更合适这个市场。也就是说，与大型公司相比，中小型企业的 IT 团队更小、预算更低，所以只能租用软件，并将软件的运行和维护外包给第三方供应商。这将是一个令人信服的销售主张。

当然，随着公司开始执行这个计划，会发现大型企业才是更好的选择。为什么呢？事实证明，公司越大，各部门就越有可能存在大量的、不同的个人软件即服务应用程序。因此，奥克塔软件的价值主张最能与这些公司产生共鸣。在软件即服务应用程序市场发展的早期阶段，中小型企业还没有安装足够的软件即服务应用程序，因此也不太可能使用奥克塔软件提供的自动化功能。随着软件即服务应用程序市场的成熟和中小型企业对软件即服务应用程序投入的增加，中小型企业最终也成为奥克塔良好的潜在客户群。

你作为一名创业者，并非要求你脱口而出的都是正确答案，但你需要有合理假设的理论基础，把现实世界的经验运用到这些假设上。再说一遍，观点鲜明，但不固执己见。

关于市场适应性，还有一个意思，即创业公司经常"转换跑道"，这是一种委婉的说法，意思是最初的产品、市场策略等与预期不尽相同，需要调整策略，重新出发。有些转变可能是小幅调整，而有些则可能是整体方向的彻底改变。

有史以来最惊人的"跑道转换"案例，是由斯图尔特·巴特菲尔德（Stewart Butterfield）创造的。2010年，a16z投资了一家名为小斑点（Tiny Speck）的游戏公司，公司的经营者正是斯图尔特·巴特菲尔德。小斑点游戏公司开始构建并最终完成了斯派克（Speck）大型多人在线游戏。从很多方面来看，这都是一个很厉害的游戏，但是斯图尔特得出的结论却是这个游戏无法长期自我运转下去。

我们最初的投资金额只够维持几个月，就在这时，斯图尔特带着一个创意走进了董事会。原来，在开发斯派克的过程中，公司创建了一个处理内部沟通和工作流程的工具。他们发现，这款工具大大提高了工程开发效率。斯图尔特想知道其他公司是否也能从这个产品中获益，所以，他请求董事会批准，将资产负债表上剩余的资金"转向"这个业务。我很庆幸我们答应了斯图尔特的请求。如今这个核心产品名叫斯莱克（Slack），是一家市值数十亿美元的企业协作软件公司。

并不是所有的关键转折都会有这样的结果，但我之所以提到这个案例，主要是为了强调以下两点。

首先，风投们都明白，尽管目标是美好的，但大多数公司在发展过程中会经历一些转折点，要么是小幅调整，要么是从头再来。所以，当你推销项目的时候，没人指望你洞察一切，未卜先知，风投们也不指望你在推销时说的每句话都能成为现实。

其次，你确实需要向风投们证明自己有能力征服即将进入的这一领域，这一点非常重要，并且还要告诉他们，你已经认真思考了公司的每个细节，为此做好了充分的准备，信心十足。举个例子，如果你正在向一家风投公司推销产品，它却认为你的市场策略是完全错误的。那么，立刻放弃你的想法，才是此时错误的做法。在推介会上，风投们总共才花了一个小时的时间来了解这个项目，而你为此可能穷尽了毕生的智慧，要是你在会议上这么轻易就被他们说服了，这可能会引发他们对你工作能力的严重质疑。反而深思熟虑、积极地讨论，以及愿意倾听反馈意见，并恰当地融入自己的想法，才是更好的选择。这种应对方式比直接改变立场要好得多。

推销要点 5：下一轮融资规划

在你向风投公司推销项目的最后阶段，应该清楚地说明你打算用这轮融资实现的重要目标。请记住，风投公司可能会提前预测下一轮融资，用来评估它在这个阶段为你提供资金所需要承担的市场风险。你是否筹集了足够的资金来完成预设的目标，从而使下一个投资者愿意以比当前一轮高得多的估值投入新的资金？"更高的估值"非常依赖市场表现，但是在通常情况下，理想的估值大致是上一轮估值的两倍。这种发展势头对于公司当前的投资者和员工来说，都很容易接受。

如果在陈述公司未来的重要目标时，你或你的风险投资人觉得实现这些目标的风险太大，你们可能会讨论是否要在当前这轮融资中筹集更多资金，降低当前估值，或者寻找其他方法来增加预测进展的置信区间。

请记住，大多数风险投资人都是将公司作为基金的一部分构建投资组合，因此他们希望在多个投资项目中实现一定程度的多元化。这样一来，虽然他们可能会在你当前的这轮融资投入1000万美元，并保留一些额外的资金预留给后续几轮融资，但他们并没把自己当作唯一投资者来看。这就是风投们重点关注你所设定的重要目标的可行性的原因。在大多数情况下，他们不想成为或者无法担当下一轮融资中唯一的投资者。因此，他们需要预估你（和他们）在下一轮融资可能陷入困境的风险。

如果其他方法没有奏效，而且刚才讲过的重点内容你全都忘记了，那请只记得第一条原则：如何才能让风投公司相信你的公司会是一只能产生超额回报的潜力股，能让它以胜利者的姿态站在有限合伙人面前。

第 9 章

投资意向书详解 1：经济因素

现在，假设你的创业故事很有吸引力，风投公司最终给了你一份投资意向书。这对许多创业者来说，真是个激动人心的时刻，然而看了没一会儿，你就开始晕头转向了。这些条款都是什么意思？该如何评估各项条款？判断标准是什么？什么不能作为判断标准？什么样的协议才是好的交易？什么样的协议是不好的交易？

正如本书开头提到的，投资意向书就是风投公司和创始人之间信息不对称情况最严重的地方，而且往往以创始人的损失为代价。这是因为这个过程风投们已经经历过很多次了，并且谈判过几百份风投协议。相比之下，创业者一生中只有少数的几次机会。这很正常，但是创业者处于一个很不利的地位，对于这一点，我认为非常有必要纠正一下。我将在本章和下一章揭开投资意向书的秘密，便于创业者能够明确了解这份投资意向书对自己和公司究竟意味着什么。

诚然，投资意向书像一部鸿篇巨制，其中许多细节需要慢慢消化理解。在这里，我将之简化为两大部分：经济因素条款和控制因素条款。

本章主要讲述经济因素条款，其中包括投资规模、估值、反稀释条款、清算优先权、员工期权池的规模，以及股份兑现条款和创始人股份的归属问题。毫无疑问，这些条款在谈判中会占据双方的大部分精力，它们非常重要。当然，控制因素条款可能对公司的成功影响更大，也更长久。我将在第 10 章详细解释它们。

在深入研究风险投资协议之前，请注意在本书附录，我创建了一个风险投资协议的标准范例，仅供读者们参考。这是一个假设由风险基金 I（缩写 VCF1）主导的，为 XYZ 公司进行 A 轮融资的投资意向书。读者在阅读第 9 章和第 10 章的内容时可以参照这个协议范本。

现在，就像百老汇演出节目单的演员阵容介绍一样，我们也来逐条讨论一下交易中的各项条款，先从资本决策开始说起。

优先股

股份有限的公司的一个好处就是我们可以拥有不同类别的股东，他们拥有的权利也不同。VCF1 打算购买公司 A 轮融资时发行的优先股。这些股票不同于普通股（通常是由创始人和员工持有的），也不同于未来可能发行的一系列其他优先股（通常称为"B 轮""C 轮"，以此类推）。随着对投资意向书的进一步了解，你会发现，创建此类型股票的主要原因是赋予它相对于普通股股东"优先"享有其在经济上的权利和治理权利。

总收益

这条很容易理解。例如，投资意向书中写明，VCF1 向公司投资 1000 万美元，换取其 20% 的股份。本小节的第二部分旨在确保该公司任何与本次投资有关的债务，其票据全部转换为股权。风投公司会重点关注这一点，是因为在通常情况下，票据（或债券）优先于股权。也就是说，如果该公司破产了，那么这些票据将被率先偿还。风投公司在决定投资一家公司时，绝不希望自己的权益在被偿还之前先进行其他资本清算。因此，风投公司会强迫所有的票据都转换为股权，就是为了确保在退出时，所有人都享有相同的权益。（这种情况至少是在我们即将讨论的清算优先权之前是这样的。）

在本书的开头，我曾简单地介绍过债券，并提到许多初创公司在种子轮融资时，筹集的是可转换债券，也就是一开始是债券的形式，但可以根据某些事件的发生而转换为股权。某些事件，通常就是我们这里讨论的 A 轮融资。

可转债的其他事项

可转换债券有几种转换形式，其中最基本的形式是债券在转换时以 A 轮融资时的股票价格为准，也被称为"无上限"债券，意思就是不受限制。也因为如此，投资者在种子轮往往犹豫不决，就不难理解了。种子轮是整个公司生命周期中风险最大的阶段。在这个阶段，公司通常利用融资创建第一个产品，这使得投资者很难获得足够的回报，而付出的代价却与 A 轮投资者相同——可 A 轮投资者的风险明显要小于种子轮。

因此，大多数可转换债券都具有以下一个或两个特征。

第一个特征是，"上限票据"为债券转换为股权的最高价格设定了上限。例如，价值上限为 500 万美元的可转换债券，就意味着在任何情况下，该债券都不会以高于 500 万美元的价格转换为股权。如果 A 轮融资的估值低于这个上限，比如 400 万美元，那么债券持有人就能从较低的估值中获益。如果 A 轮融资的估值超过了这个上限，比如 1000 万美元，那么债券持有人的债券将以 500 万美元的上限估值转换成股权，在这种情况下，也就是对 A 轮融资的投资者享有 50% 的折价。

第二个特征是，不管有没有估值上限，都要有转股折扣。举个例子，可转换债券能够以 A 轮融资估值的 10% 的折扣进行转换。如果是有 10% 的折扣的无上限债券，名义转换价格将随 A 轮融资价格上下浮动，但是转换价格始终是该价格10%的折扣。如果将上限价格与10%的折扣结合起来看，那么转换价格将遵循与上述的附上限债券相同的原则：在出现更优惠的转换价格之前，债券持有人将会从这个转换折扣中获益。

为什么创业者选择在融资的种子阶段发行可转换债券，而不是发行传统的股权？在通常情况下，创业者这样做是出于对成本和简化筹集程序的考虑，标准的可转债文件非常简单，也不需要花太多时间咨询律师，还能节省律师费。可转换债券的另一个好处是，它让创业者和种子投资者避免了对公司发展早期阶段进行估值的问题。双方不会在种子期就定价问题进行大规模的探讨，而是把问题推迟到首轮融资的时候。然而，一旦你开始在可转换债券融资中引入了附上限的想法，你就不再需要推迟讨论估值问题了。实际上，你们是在就债券转换为股权的最高估值达成一致，这听起来基本等同于同意某个估值！

我们见过创业者经常犯的一个错误是，在公司成立之初就发行了太多的可转换债券，结果将公司的多数股份拱手让给了外部投资者。为什么会这样呢？有以下几个原因。

如前所述，与股权融资相比，可转换债券的主要特点是允许创业者可以快速筹集资金且律师费较低。这是因为可转换债券的法律文件非常简单，而且目的通常是让公司除了当前的投资以外，能够相对容易地筹集额外的资金。相比之下，股权融资通常需要审阅讨论大量的文件，并且对这些文件的修改通常需要现有股东的同意才能进行。

因此，可转换债券融资往往有多个滚动封闭期，而股权融资通常就有一个封闭期。虽然这一区别在理论上听起来微不足道，但是在实践中却产生了实实在在的后果。我们看到许多创业者决定以可转换债券的形式筹集100万美元，然后很快完成了融资。但通常情况下，其他一些投资者会在几个月后陆续出现，并明确表示他们也愿意参与融资。大多数创业者都对此表示默许，因为资金本就是多多益善。然后这个过程会重复几次，虽然每次增加的资金都相对较少，但随着时间的推移，创业者会发现他最后居然已经筹集到了 250 万~300 万美元，而且是以与他当初打算筹集 100 万美元时完全相同的融资条款。根据债券融资的相关条款规定，每一轮新的融资可能都要求投资者持有另外一种债券，但这是一个比较琐碎的过程，不会对滚动的封闭期造成干扰。

当创业者决定定期从风投公司那里筹集股权融资时，可转换债券的第二个特征就更加明显了。虽然这些债券可能有一个估值上限，或者规定这些债券将以某个固定的转股折扣转换为 A 轮融资的股权，因为实际的转化价格要等到各方对 A 轮融资价格达成一致时才能知晓（当然，这是未来某个时候 A 轮融资的投资者同意这笔交易时才会发生的事），但是债券对公司股权资本的实际影响也要等到进行 A 轮融资时才能确定。相比之下，当创业者定期进行股权融资，且新的股权必须发行给新的投资者时，交易的实际稀释效果在融资结束时就会显现出来。这时，创业者能准确地知晓他最终持有公司的多少股份。

因此，我们在 A 轮融资的时候经常会看到，创业者会惊讶地发现，通过一系列可转换债券卖出的股票比他预想的要多得多。这不仅会让创业者深感沮丧，也会给参与首轮融资的投资者带来问题。毕竟，新的投资者希望创业者能够以持有公司的大部分股权的形式保持高度的创业积极性，这样一来，在创业者获得财富的同时，风投公司也得到了丰厚的投资回报，难道还有比这更好的激励方式吗？但是，如果创业者在公司成立之初持有的股份过少，那么就可能导致他在未来几年工作积极性下降，或者风投们需要在今后授予他更多股权来维持经济上的权益。

那些授予创始人的额外股权并不是凭空产生的。相反，这样做的话需要公司增加股本总额，并向创始人发行这些新股。但是，这意味着没有获得额外股权的其他股东（包括其他员工和投资者）的所有权权益将被新发行的股票"稀释"或减少。因此，想要创造出合适的激励机制也是有代价的。

我们来看一个简单的例子。假设你是创始人，持有公司全部 100 股股票中的 70 股，即拥有公司 70% 的所有权权益。为了简便举例，我们假设其余的 30 股由公司的其他员工持有。由于债券转换为股权，假设必须向债券持有人增发 20 股股票，那么你在公司的所有权现在就减少了，即你仍然持有 70 股股票，但是股票总数已经增加到了 120 股。因此，你持有的 70% 的股权被稀释后变为约 58%（70÷120）。

如果 A 轮融资的投资者担心这种稀释会让你失去努力的动力，那么在没有把你的持股比例提高为假设的 65% 的情况下，他们可能不会参与 A 轮融资。他们是怎么做到的呢？同样的道理，他们让公司创造出额外的股票并发行给你。如果你计算一下，你将需要额外获得 23 股（这样让你总共持有 93 股），而这些股票的创建将使公司的总股份增加到 143 股，这样一来，93÷143 ≈ 65%。但是请注意一点，可怜的员工依然仅持有 30 股股票，而且眼睁睁地看着他们在公司的持股比例从 30% 下降到了近 21%（30÷143）。

这利益之间的博弈，一方面要恰到好处地激励创业者，另一方面要将对其他股东的股权稀释降至最低，就像是一支精心编排的舞蹈，在公司的整个生命周期内反复上演。所以，想要在早期就开始一段浪漫关系，是一件很困难的事情。

该如何缓解这种紧张关系？

一种做法是拖延时间。也就是说，在 A 轮融资时，投资者就只管投资，创业者拿到自己的所得股权，每个人都同意可能需要在未来某个时候再解决这个稀释问题。虽然我们已经看到过这种情况发生了很多次，但它并不是最佳的解决方案，与酒越陈越香的道理不同，大多数问题实际上并不是拖得越久越好解决。

另一种做法是提前解决问题。虽然直面困难是最好的解决之道，但是这个问题真的很难处理。为什么？因为参与 A 轮融资的新投资者要想解决这个问题，他们就需要让公司给创业者发行更多的股票，以抵消其在可转换债券发行时受到的稀释。持有这些债券的投资者当然不想这么做，因为股权稀释将主要来自他们所持有的股份。因此，舞蹈表演会继续进行，直到各方都妥协。

但是，只要留心，这个问题就很容易避免。你作为一名创业者，筹集资金时，需要不断地权衡其对你本人、其他员工和投资者的股权稀释问题。你从风投公司那里拿到的每一美元，都要仔细盘算这对你的现有团队意味着什么。

每股价格

关于风投公司愿意支付 1000 万美元的投资额，投资意向书范本中提到了一件重要的事情。

"投资后估值"为 5000 万美元。这是什么意思？和它的字面意思一样，即投资 1000 万美元后公司的估值。风投也会使用"投资前估值"这个词语，意思是投资前对公司的估值。因此，可以用数学等式来表示：投资前估值＋投资额＝投资后估值。由于 VCF1 投资了 1000 万美元，投资后估值为 5000 万美元，所以投资前估值为 4000 万美元。

VCF1 希望以 1000 万美元的投资持有公司 20% 的股份，即如果投入了 1000 万美元，投资后估值为 5000 万美元，那么应该持有公司 20% 的股份（1000 万美元的投资 ÷5000 万美元的投资后估值）。到目前为止，还算清楚吧。

请注意，投资后估值包括两个重要的因素。

首先，先前任何由可转换债券转换的股票都必须包括在这一估值中。回想一下之前对创业者使用可转换债券融资的讨论，特别是在公司融资的早期阶段。我当时提起过创业者的一个常见错误，就是由于可转换债券的滚动封闭期造成债券过于集中。创业者自食其果，因为这些债务现在正被计入风投公司愿意为之投资的估值中。当你全面了解了发行可转换债券所造成的稀释程度，是不是深感震惊？

其次，估值还包括员工期权池（这是预留的用于激励公司员工的股票）。这很重要，因为这意味着如果我们把所有股份加起来，它们的总额不能超过该公司的投资后估值，即 5000 万美元。我将随后详细讨论这一点。

风投公司可能会说（而公司的创始人更愿意这样做），它把钱投到公司后，公司的估值是 5000 万美元，但可转换债券的转换和员工期权池将会被叠加到公司的投资后估值中。然而，在这种情况下，当一切都尘埃落定的时候，风投公司真正意义上并未持有公司 20% 的股份，因为这些股份随即就被可转换债券转换的股票和员工期权池发行的额外股票稀释了。

这就是风投公司要在投资意向书里明确标出投资后估值为 5000 万美元的原因。风投公司希望能够明确，无论公司现有的资本结构是什么，无论创始人想要创建多大规模的员工期权池，风投公司的占股比例都不会被这些因素稀释。

那么风投公司是如何算出这个 5000 万美元的投资后估值呢？让我们暂时转移一下注意力，来更详细地探讨一下估值原理。如果你了解投资银行服务的相关背景，你就会很熟悉银行是如何评估公司的，二者有相似之处。

可比公司分析法

第 5 章简要介绍了可比公司分析法，但是该方法要求我们找到与所要估值的初创公司类似的其他上市公司（或者一些估值和财务指标为公众所熟知的公司），即所谓的可比公司。

举个简单的例子。这就像当你想买卖房子时，你会通过对比周围房子的价格，来确定自己所要购买或卖出的房子价格。再举个稍微高级点儿的例子。如果我们想在 2012 年年初对 Facebook 进行估值（当时 Facebook 还是个私有公司），我们可能会选择其他高速增长的互联网公司作为比较对象，例如雅虎、谷歌。接下来，看看这些公司是如何根据特定的财务指标来估值的。雅虎的估值可能是其收入的 5 倍，而谷歌的估值可能是其收入的 8 倍。然后我们将这些收益的倍数应用到 Facebook 的收入中，从而估算出公开市场对 Facebook 的估值。

计算挺简单，对比分析可就难了。与这些公司相比，也许 Facebook 有更高的增长率，也可能有更高的利润率，或者有更大的市场机会。或许，雅虎上个季度的表现没有达到华尔街的预期，因此有投资者抛售股份，导致估值被压低。或者，美国正处于世界第三次大战的边缘（我们都希望不是），因此，股票市场估值作为一个资产类别就处在本地的最低水平。虽然这些问题都不是无法克服的，但是它们确实触及了可比公司是否具有"可比性"的核心条件。

这种分析方法应用于初创公司则更加困难，因为初创公司就像其定义一样是独特的，预测收入的能力本质上不可预测。因此，即使我们的对比结果是正确的，谁又能确定我们的收入预测是正确的呢？这又应了"垃圾进，垃圾出"那句老话。

现金流折现分析法

金融领域相关理论认为，从长远来看，一个公司的价值等于其未来现金流折现到当前时点的价值。也就是说，无论一家公司未来每年能产生多少现金，如果我们将那些现金按当前时点的价值折现，投资者愿意支付的金额应当不超过未来现金流的当前价值。

在实践中，我们如何做到这一点呢？这种分析方法需要你为公司创建一个财务预测模型，用于估计公司未来一年将产生多少现金流。记住，现金流的意思就是"现金"。因此，我们不仅需要预估公司的会计收益，而且还要预估资本支出如何影响现金状况，以及向客户收取现金并向供应商和员工支付现金（也称为"流动资金"）的时间安排。把这些都弄清楚之后，就需要用所谓的"贴现率"将这些现金流折现为当前时点的价值。贴现率可以简单理解为公司进行投资的机会成本。所以，如果公司可以在其他备选投资上获得10%的收益，那么应该至少以这个利率贴现未来的现金流。

这种分析方法对于发展成熟的公司来说是有意义的，因为基于这些公司现有的财务业绩的往年记录，它们未来的财务表现就更具可预测性。但对于一家处于起步阶段的初创公司而言，做到这一点真的很难，对其预测可能还不如 Excel 表格来得有价值。风投们经常开玩笑说："我们可以让 Excel 显示出我们想要的任何结果。"

对初创公司来说，更重要的是熟悉现金流折现分析模型。初创公司在起步阶段会消耗大量现金，而公司发展到成熟阶段才会产生正向现金流。现金流折现分析模型的大部分价值，将在公司成长很多年以后才能显示出来，对那些遥远年份而言，预测的确定性就更遥不可及了。

除了上述这些挑战，可比公司分析法和现金流折现分析法还受到一个事实的影响，即它们没有充分考虑到未来进行融资会导致风投公司的股权稀释的问题。

风投公司投资一家初创公司时，希望这可能是该公司需要筹集的最后一笔资金，但是也清楚这是根本不可能的。大多数成功的公司最终都进行了多轮融资。实际上，考虑到公司保持私有的时间越来越长，它们更有可能通过好几轮融资筹集资金。

为了应对这一问题，风投公司在参与首轮融资时，会在 A 轮融资的基础上"预留"额外的资金，以便能够参与未来的几轮融资，并保持自己在公司持有的股权占比。

如何操作呢？回到投资意向书范本上来。如果 VCF1 对某公司投资了 1000 万美元，持有该公司 20% 的股份，而该公司后续经营良好，VCF1 想要维持这个股份的占比。但是，如果该公司再次融资，它就需要向下一轮融资的投资者发行更多的股票。结果就是公司的总股份数增加了，VCF1 持有的股份占比就会相应地减少。

为了弥补这一点，VCF1可能会在下一轮融资时投资更多的钱，用以维持其在公司20%的占比。这就是为什么VCF1会在最初投资1000万美元时，为随后的几轮融资预留额外资金，或留做他用。这只是一个虚构的计算，因为钱还没有投进去呢。但是VCF1暂时指定了这笔资金的用途，这样就不会再把它用于其他投资。

回想一下，第4章讨论了要了解你的风险投资公司，特别是要了解它用于投资你的公司的那只基金处在投资生命周期的什么阶段。对于预留资金的讨论有助于解释这一问题的重要性。如果风投公司的基金处于生命周期的早期阶段，那么它就能够预留额外的资金，用于参与公司的后续融资。如果是在基金生命的后期阶段，那么公司就会更多地考虑将现金返还给有限合伙人，也就不太可能预留出额外资金。

你当然不用关心风投公司是否能够通过参与随后的几轮融资来保持其完整的所有权，但是你确实应该关心风投公司是否有足够的现金来投资你的公司。为什么呢？因为在通常情况下，当你要进行新的一轮融资时，新加入的投资者希望看到之前的投资者依然对你充满信心，并且愿意通过增加额外的风险投资来证明这一点。如果该基金处于其生命周期的晚期，且储备不足，那么它就无法参与新一轮的融资，这可能会影响新投资者为你投资的意愿。同样，如果公司还没有筹集到（或者看起来不太可能筹集到）一只新基金，那么也就没有其他资金来源助力你的新一轮融资。

风险投资估值

风投公司是如何对初创公司的早期阶段进行估值的呢？确切地说，正确的表达应该是：为了证明这个估值，公司需要做些什么？平心而论，有些风投公司可能不同意我的观点，但以我的经验来看，这是真的。如果VCF1向XYZ公司投资1000万美元，并且持有该公司20%的股份。那么，如果该公司想要在未来 5~10 年的时间里成为该基金的重要回报者或者赢家，它需要做哪些事情？

假设"赢家"是指投资该公司能为 VCF1 带来 10 倍的回报（或 1 亿美元），那么，如果 VCF1 持有 20% 的股份（先忽略预留资金），则 XYZ 公司需要至少以 5 亿美元的价格出售或上市，才能使 VCF1 获得 1 亿美元（20%×5 亿美元）的投资收益。

借用可比公司分析法。假设成熟的可比公司的市盈率是 5 倍，为了达到风投公司对 XYZ 公司 5 亿美元的估值目标，它需要创造 1 亿美元的收入。那么，要想实现这个目标，公司需要做些什么？它们所追求的市场规模是否足以支撑这个收入？是什么导致了公司的失败？如何评估决策过程中每一个关键点的成败概率？实际上，这就是风投们的估值理念之谜。

需要说明的是，这里讨论的是非常早期的项目投资，没有任何实际的财务指标可以用来衡量这个公司的价值。随着初创公司越来越成熟，财务报表也越来越可靠，后期的风险投资交易将更多地采用传统估值指标。

现在，继续讨论投资意向书。

股权结构

请注意，公司的估值包括未分配的员工期权池——在本案例中为 15%。正如前面讨论过的，VCF1 想要确保它在公司最终获得 20% 的所有权权益，所以，它不希望创建期权池来稀释其股份。

VCF1 如何计算出 15% 的比例就是适合的期权池规模呢？坦白地说，这只是风投公司与公司首席执行官之间的谈判结果，但一个值得推崇的做法是，在下一轮融资之前，期权池的规模至少应该足以应付预期的员工招聘。因此，风投公司经常要求首席执行官为未来 12~18 个月制定一份员工招聘方案（可能的时间框架，直到公司开始下一轮融资），并估计出需要向这些计划招聘的员工发放多少股票。

公司的首席执行官希望期权池的规模保持在尽可能低的水平，因为在当前融资之前，增加期权池的规模会稀释他（以及其他现有普通股股东）的权益，而风投公司则希望其规模越大越好，因为投资后再扩大期权池的规模则会稀释它的权益。这就是二者之间的博弈。

股息

这一部分我不会花太多笔墨，因为没有太多实际意义，而且现实中的初创公司也担负不起向股东分配现金股利。

这一条款的全部内容是，如果公司董事会决定向股东发放股息（这可能永远不会发生），优先股股东（风投们）有权优先于普通股股东（公司创始人和员工）获得投资额 6% 的股息。这一条款存在的主要原因，在我个人看来，是为了防止创始人以牺牲优先股股东的利益为代价把钱分给自己。因此，如果创始人想要侵吞公司的资金，必须首先将资金分配给风投们。无须赘言。

清算优先权

这是一个重要的条款。清算优先权是在特定情况下，公司股东收回他们资金的一种特别说法。这些特定的情况指的就是"清算事件"，基本上意味着公司被出售或者被清盘。的确，在某些特殊情况下，公司可能只是改变了控制权（抛售超过 50% 的股票），这时并不涉及收购，但一般来说，我们讨论的是公司被出售的情形。

在投资意向书范本中，使用的具体的清算优先权类型，被称为"1倍不参与分配清算优先权"。这里的"1倍"是指 VCF1 仅收回原始投资额。清算优先权适用的倍数可以是 1.5 倍、2 倍或者公司和风投公司商定的任何倍数。在这种情况下，风投们将有权从全部的销售收入中获得原始投资确定倍数的回报。清算优先权大于1倍时，对初创公司来说可能是一个很大的挑战，因为根据与风投公司投入资金所约定回报的倍数，将使收购价格增加。因此，1倍是早期风险融资优先清算的主要形式。

然而，在这种情况下，在公司发展的后期阶段进行投资的风投公司可能需要多于1倍的清算优先权。为什么呢？因为风投公司是在较晚的阶段进行投资的，它会担心如果公司在临近下一次融资的时候被出售了，那么这笔投资就会面临上行空间不足的问题。

如果有更多投资者在更早的阶段以较低的估值投资了这家公司，这对处于后期阶段的投资者来说，尤其令人忧心。早期投资者的经济性激励机制，与较晚阶段的投资者可能有很大不同，而且相对于后期阶段的投资者的估值而言，早期投资者更愿意以增幅较小的估值出售公司。因此，大于1倍的清算优先权可以使那些早期投资者的利益和以相当高的估值参与投资的后期投资者的利益更紧密地结合起来。

"不参与分配"意味着风投们不会参与双重分配。相反，他们可以选择其一：要么行使他们的清算优先权（在其他任何人之前拿回自己的投资额），要么将他们持有的优先股转换成普通股之后，按其在公司持有的股权比例分配资金。而"参与分配"则恰好相反，风投们不仅会首先行使他们的清算优先权（率先拿回投资额），而且之后他们还可以将自己的股份转换成普通股，并同其他股东一起按持股比例分配公司剩下的钱。在标准的风险投资领域，参与双重分配并不常见。

我举个简单的例子来说明这种差异。

假设VCF1投资了1000万美元，持有该公司20%的股份，一年后，该公司以4000万美元的价格出售。如果是1倍不参与分配清算优先权，那么VCF1就必须在行使清算优先权和转换为普通股这二者之间做出选择。应该选哪一个？答案是：清算优先权。因为这样做，VCF1将能够获得1000万美元，而普通股股东从此次收购中获得3000万美元。如果VCF1选择转换成普通股，只能得到800万美元（20%×4000万美元）。不知道你是否能看出来，如果收益是5000万美元则无差别点，即行使清算优先权可以使VCF1获得1000万美元，而如果选择转换成普通股，也可以获得1000万美元（5000万美元的收购价格的20%）。

再举一个例子。如果VCF1以1倍参与分配清算优先权进行谈判，则会出现什么情况呢？在上述4000万美元的收购案中，VCF1将首先获得1000万美元的优先清算权，然后将所持股份转换成普通股，再作为普通股股东参与分配，额外获得600万美元（0.2×剩下的3000万美元收益）。因此，可以看出其对其他普通股股东的影响——他们只能分配VCF1双重分配后剩余的2400万美元，而不是1倍不参与分配清算优先权例子中的3000万美元。

由于上述例子主要针对的是首轮融资，所以清算优先权的另一个细微差别——享有清算优先权的各方行权顺序，并没有显现。回想一下，一家公司在整个生命周期内，经常会出现几轮融资，每一轮融资都会有新的优先股（B系列优先股、C系列优先股等）。那么，问题就变成：所有参与不同系列融资的优先股股东在清算优先权中所占的份额一样吗？还是说，有些人比其他人更有优先权？这种优先权被称为"优先级分配权"，意味着某些股东优先于其他优先权持有人，获得收购或者清算收益。与优先级分配权相对的是，以同等权利参与分配，这是一个俏皮的拉丁词语，意思是我们都享有同等的权利。通常，只有在融资的后期阶段，当至少有两类优先股想要争夺这一权利时，才会在投资意向书的谈判中引入优先级分配权。这也是目前的投资意向书中没有谈及优先级分配权的原因。

作为创业者，你的第一反应可能是："管他呢！如果我同意了所有人的清算优先权，我还会真的介意风投们是决定行使同等权利还是引入优先级分配权这一要素吗？"从一个方面来说，你是对的。你和其他的普通股股东（主要是你的员工）在公司被收购或清算后，获得的收益不会因优先级分配权的存在而改变，无论优先权会如何分配，最终流入风投们口袋里的资金是有限的。然而，在实践中，这项条款确实非常重要，因为它为不同的风险投资人创造了不同的激励机制，从而使他们对并购要约有不同的想法。

举个例子，假设你拥有总共 3000 万美元的清算优先权，且代表两家不同的风险投资公司的两种不同系列的优先股（A 类和 B 类）。再假设每个风投公司都在各自类别的优先股上投资了 1500 万美元。如果这时候你收到了一份 2500 万美元的并购要约，那么所有收益都将流向优先股股东，因为收购价格低于 3000 万美元的优先股。如果这种优先权是平等的，那么风投们就会平分这些收益，即他们各自都可以基于 1500 万美元的初始投资，分别获得 1250 万美元。但是，如果 B 类优先股优先于 A 类优先股，那么 B 类优先股股东可以收回全部的 1500 万美元，而 A 类优先股股东只能得到剩下的 1000 万美元。

在这两种情况下，普通股股东很可能什么都得不到，因为在满足清算优先权之后，根本就没有剩余的钱了。但是，投票支持或反对收购的决定，可能会受到高级优先权的影响。正如你所看到的，A 类优先股股东在交易中亏损就是因为高级优先权有利于 B 类优先股股东。因此，如果 A 类优先股股东认为将来有可能达成一项更好的协议，使他们能够保本，那么他们可能倾向于投票反对这项交易。虽然你和你的员工所持有的普通股在当前的交易中不会获得任何回报，但是你们可能会得到并购公司提供的工作机会，这样也很有吸引力。再者，你可能也会觉得，成为收购公司的一部分会是实现你最初的产品愿景的最佳途径。可是，如果你的风投公司之间存在一系列彼此不相容的激励机制，致使你无法得到这个机会，那结局就不太美好了。

股份回购

要是没有股份回购条款的话，这一节的内容甚至比股利条款的内容还要简短。想想看，把股份出售给风投公司的初衷是为了使这些钱能够一直留在公司，你就可以利用这笔钱来创建公司。如果你想按时还款，就势必要增加相应的债务。因此，股份回购条款在风投领域是极其不寻常的。但是，为了完整地呈现投资意向书的全貌，还是有必要解释一下股份回购条款。如果投资意向书中包含了股份回购条款，那么从根本上来说，它将允许VCF1将其持有的股份返回给XYZ公司，使投资的资本得以变现返还（有时还包括红利）。

如果存在股份回购权，那么它很可能就发生在公司经营最困难的时候。为什么一个善于玩"本垒打"的风投公司会想要行使它的股份回购权呢？除非它觉得被投资的公司发展到了"活死人"状态，即公司能够产生一定的收入，维持公司运营，但是无法成长到让其他公司有收购的兴趣，或是达到上市标准。这样的话，风投公司与其看着资金被慢慢消耗殆尽，不如变现退出。然而，恰恰是在这种时候，该公司不大可能有足够的现金来偿还这笔钱。如果这样做，会让公司陷入严重的财务困境。因此，美国大多数州的法律都对投资人行使股份回购权做出了限制。值得庆幸的是，大部分的风险投资交易都很简单，只是规定投资实际上是不可回购的。

转换权和自动转换权

我把这两项条款放在一起解释。

回想一下，与创始人和其他员工可能持有的股票（普通股）相比，VCF1投资了一种不同类别的股票（A系列优先股）。有时，VCF1希望将其持有的优先股转换为普通股，而其他时候，则是创始人（或者其他的后续融资的投资者）想要强迫VCF1将其股份转换为普通股。

既然优先股比普通股拥有更多的权利和特权，为什么风投公司还要坚持转换优先股呢？或者，为什么公司或其他人要强迫风投公司把优先股转换为普通股呢？

在前一种情况下，风投公司这样可能是为了公司上市做准备。如果想要公司上市，就需要清理公司的资本结构，让每位股东的股份都转换为普通股。一家上市公司，拥有多种类型的股份并非不可能。实际上，最近许多科技公司在首次公开募股时实行了"双重股权制"。在双重股权结构中，股份通常被划分为高、低两种投票权。举个例子，谷歌和Facebook都有双重投票权结构，快照公司（Snap）实际上有三重投票权结构。尽管如此，一般情况下，优先股还是需要在公司上市时退出。

在大多数情况下，公司上市是一件好事，而且大多数的风投公司都非常乐意在上市过程中将其持有的股份转换成普通股。但是，正如投资意向书里所阐明的，风险基金A想要确保公司上市时的规模足够大，这既是为了确保公司估值相对于初始投资时的估值更具有吸引力，也是为了确保公司将拥有较高的市值，使公司股票的交易有足够大的流动性。这样一来，未来某个时候VCF1可以在公开市场上顺利地抛售其股票。

在过去的20年里，上市公司的总数减少了，特别是资本规模较小的公司上市的数量下降了。其中一个原因，就是小盘股上市公司缺乏较大的交易流动性。这意味着任意一天的股票交易量都很小，使持有大量股票的股东很难在不降低股票价格的情况下卖出股票。为了解决这一问题，上市公司的股票转换条款中通常会有这样的规定：公司上市时的规模必须达到特定的最小规模，即公司的预期最低市值，避免公司陷入低交易量、小盘股的困境。

在投资意向书范本中，如果公司寻求上市，且公司上市获得的收益不低于5000万美元，那么VCF1就同意将其优先股转换，也称为"自动转换"。假设大多数公司在上市时会出售公司10%~20%的股份，那么这意味着公司的市值在2.5亿~5亿美元。然而，在目前的市场环境下，这将是一个规模非常小的上市公司，交易量可能很少。但是处在 A 轮融资的投资阶段，对于 VCF1 而言，想要大幅提高第一次公开上市的市值是非常困难的。据推测，就像后续其他融资一样，允许公司公开上市的最低门槛将会提高。

公司上市过程中股份自动转换的另一种形式是，设定一个特定的每股价格或者投资回报率的最低值，强制股份转换。举个例子，VCF1 可能会要求，当公司上市时，基于它 1000 万美元的投资回报率至少为 3 倍，它才会同意所持股份自动转换。有时，在后期的风险融资过程中，你也会见到这些基于投资回报率的相关条款。这是因为参与后期融资的投资者——其投入资本的时间越来越接近公司上市的时间——担心公司可能会在其投资获得足够高的增值之前过早上市。

在投资意向书中，规定将优先股转换为普通股的另一种机制是自愿转换。在这种情况下，投资意向书的表述是，优先股股东的多数投票将是决定优先股转换为普通股的另一种方式。

风投公司什么时候才会这么做呢？显然，通常在公司经营不尽如人意的时候。我稍后会谈到公司资本重组的问题。现在我们先着眼于当下。在初创公司的世界里，很多事情往往不能按计划进行。无论你是否愿意相信，实际上，这家公司会时不时地筹集大量资金。事实就是在多年以后，你需要重新启动这家公司。到那个时候，公司可能已经筹集了几轮不同的风险资本，因此就有不同的投资者以不同的金额和不同的估值参与了投资。结果就是公司可能会有 3000 万美元、5000 万美元或是更多的合并清算优先权。

通常，为了重启公司，你需要去除部分或全部清算优先权来清理公司的股本结构。这样做可能会使该公司对新投资者更具吸引力，使他们愿意为公司重启提供资金。对于新的投资者来说，公司拥有过多的清算优先权仅仅意味着为了让风投公司在公司被出售时赚到钱，公司在这笔交易中需要实现的估值可能会高得离谱。同时，还有助于再次激励员工，这些员工在他们持有的普通股赚到钱之前，想要清除他们的股份是很难的。回想一下，员工持有普通股，因此，在风投们的全部清算优先权得到满足之前，员工不能从公司被收购后获得任何收益。所以，如果员工认为在一项清除清算优先权的公司并购案中看不到未来的前景，那么他们就没有动力继续留在公司了。因此，如果风投们对该公司未来的前景有信心，他们可能会自愿放弃清算优先权，给公司一个重新开始的机会。

如果风投公司很在意这项清算优先权，那么它又该如何在维持自身利益的同时清除这项权利呢？准确地说，就是通过转换机制。请记住，清算优先权附属于风投公司所持有的特殊类型的股票——优先股。如果风投公司将其持有的优先股转换为了普通股，那么它作为优先股持有人所享有的其他权利就一并消失了。

这就引出了投资意向书中的一项非常机智的条款，之前我们一直在忽略它，但现在它开始发挥作用了。这里说的"机智"，不是"投机倒把"的小聪明，而是"富有智慧"的大聪明。那么，谁有权投票决定优先股是否转换为普通股，进而放弃清算优先权呢？

你可能已经注意到了，在涉及优先股条款的时候特别使用了大写字母"P"，所有的优先股股东作为一个整体必须获得多数投票，这是自愿股份转换机制的必要条件。

那么，哪些是优先股呢？回到前面讲的投资意向书中关于股利的部分，你会发现，"优先股"的定义是"任何融资前的优先股、A系列优先股以及将来所有的系列优先股"。也就是说，在公司的整个生命周期中可能存在多种不同类别的优先股，所有的优先股股东都将作为一个整体共同参与投票，来决定他们当中的大多数是否同意其优先股自愿转换为普通股。

这一点很重要，尤其是在该公司已经筹集了多轮融资后，经营状况开始急转直下的情况下。因为这一定义对应的另一种可能是，让每一类优先股的股东都有自己的多数投票权，在这种情况下，如果不同类别的优先股股东有任何一类拒绝股份转换，那么整个交易就会陷入停顿。

不幸的是，这不仅仅是理论上的风险，在实践中也会存在。在安德森·霍洛维茨基金不算长的历史中，我们已经看到过很多次了，它会产生真正的问题。比如我们有个投资组合公司，通过一系列不断上涨的估值，进行了大约七轮融资。但是，当该公司后来陷入困境，需要以比前几轮融资都要低得多的估值注入资本时，前几轮的融资条款开始跑回来作祟了。这是因为每一类优先股（前几轮融资的优先股）都有各自的转换投票权，且只针对其自身所属的股份类别。并没有多数优先投票权，而是每个系列的优先股都是独立的，仅有一个系列的个人投票权。这还不是最难缠的，更难对付的问题是，每个类别的优先股都由单独的风险投资公司控制着。

任何想在这个时候参与公司投资的新投资者，都不会愿意在没有将现有优先股的一部分（如果不能全都转换的话）转换成普通股的情况下，给公司投入新的资金。为什么呢？原因前面也说过，就是优先股的股东通常还有一项权利就是清算优先权，而清除清算优先权最简单的办法就是将优先股转换为普通股。该公司在经历了七轮融资之后，它的清算优先权已经相当高了。因此，在没有减少某些优先权的情况下，任何新投资者的投资回报预期都会受到重大影响。

当然，还有另一种选择可以帮助新投资者适应现有的优先权组合的规模，即允许新投资者拥有高级清算优先权，这意味着新的投资者将优先于其他优先股投资者率先拿回自己的钱。由此可以看出，即便新投资者与其他现有的优先股投资者享有同等权利（甚至是平等的），这项条款也明显更偏重对新投资者的保护。

但是，这会引出其他可能发生的复杂情况。在并购事件中，并购价格不会超过全部优先股的价值，这就会在不同类别的优先股投资者之间形成截然不同的经济上的激励机制。此外，作为普通股股东，你当然更希望减少清算资金的总额，期待在最终的收购要约中，增加你和员工获得一些收益的可能性。这位新投资者可能也希望如此，因为他想让员工保持干劲

/ 137 /

儿，使公司获得良好的经济效益，而不是每个人都觉得自己的工作没有实现经济回报的前景。

正如你所能想象的那样，这会使投资者难以放心签署风险投资意向书，还几乎扼杀了该公司的投资前景。随后加入的各类不同的投资者最终会解决这个问题，但是前前后后的各种协商就花了几个月的时间，而在此期间，由于没有维持公司业务发展所需现金的注入，导致该公司一直处于闲置状态。

有时候，发行不同类型的优先股也是有道理的。例如，你经常能看到随着公司成长得更加成熟，公司也能以更高的估值筹集更多的资金。但是，对于处在早期发展阶段的XYZ公司，是不推荐这么做的。因为你一旦开创了给一系列优先股独立投票权的先例，就很难回到从前了。所以说，对于XYZ公司A系列融资的投资意向书，使用大写字母"P"着重强调的优先投票权来决定股份自愿转换是一个更明智的选择。

反稀释条款

每当投资一家公司的时候，投资者都希望该公司的估值在后续的每一轮融资时都能保持增长。如果这种情况发生的话，那就没有必要担心反稀释保护条款了。但是"希望"二字并不能代替现实，所以小心驶得万年船！

如果该公司以低于投资时的估值筹集资金，那么反稀释保护条款会提供一些防护措施。我们称这类融资为"流血融资"（down round，也称"估值打折"或"降价融资"），因为这一轮融资的估值实际上低于上一轮。对风投公司或创始人和员工来说，这都不是件令人愉快的事情，因为启动流血融资可能会大大稀释所有人的持股比例。因为该公司每筹集1美元，都需要发行大量的股票，将这些股份加到公司的股本中，就意味着公司所有的现存股东持有的公司股份比例，将少于他们在流血融资前持有的。

当然，每一轮新融资都会对股份产生一定的稀释。在任何情况下，无论价格是高是低，公司都必须发行新股。但是，流血融资尤其令人痛心。原因有两点：第一点，较低的发行价格意味着与发行价格较高的情况相比，公司若要筹集一定数量的资金，就需要发行更多的股票。第二点，在"溢价融资"（up round）的情况下，尽管新股正在发行，但是由于公司的价值增加了，虽说稀释了股份，可每个人总体上还是高兴的。比如，尽管你持有的股份因为发行新股被稀释了10%，但是由于公司融资时的估值较高，所以，你的所有权权益的价值应该也会高得多。

为此，风投们设计出了一项被称为"傻瓜保险"的安全措施。假设在投资当天，公司的股票价值为每股5美元，但是，如果在未来的某一天，公司的股票价格变成了每股2美元，那么这项保险就会提供一种价格调整机制，使得以每股2美元融资形成的稀释效应降到最低。

价格调整的范围区间，取决于反稀释保护条款适用的确切的股份类型。

在VCF1的投资意向书中，使用的是广义加权平均反稀释保护条款。读起来有些拗口，我也没打算在这里详细列出公式（你可以自行搜索一下），而且这个公式同样令人望而生畏。简而言之，可以将广义加权平均视为一种反稀释保护权的中间过渡条件。VCF1做不到完全将其股份的初始购买价格重新置换为新的、更低的购买价格，但它确实能得到介于二者之间的一个混合平均价格，该价格由不同的几轮融资筹集的资本数额加权平均得出。

相比之下，投资协议中真正的保护条款反而为风投公司提供了完全的价格重置权利，被称为"完全棘轮条款"。我接着使用上面的每股5美元和每股2美元的例子分析，在完全棘轮条款中，风投公司基本上会忽略原来每股5美元的买入价格，并基于每股2美元的价格，重新算出股票持有量。通过简单的数学计算，可以得出基于风投公司对公司的最初购买的股票数量，它现在持有的股票数量大约增加了2.5倍（5÷2）。正如你所看到的，完全棘轮条款因此保护了风投公司所持有的股份不被这轮流血融资稀释。

但是，创始人和员工的股份呢？很不幸，他们持有的股份没有这样的机制。所以说，实际上他们是在贴补风险投资的反稀释保护，硬生生地承受了股份被稀释的后果。看到这里，先别激动。作为一个实际问题，很多风投公司在面临反稀释保护的情况时，可能会愿意通过增加期权池的规模和给予创始人与员工额外的期权来抵消对他们所持股份的稀释。当然，这也不能完全解决问题，但是会减少普通股股东所遭受的稀释。

如果你把这个问题想得极端一些，就会陷入不良循环的怪圈：风投们想要获得反稀释保护权利越多，普通股股东的股份承受的稀释就越多，因此风投们就倾向于增加期权池的规模，授予普通股股份更多的股份弥补其遭受的股份稀释，而反过来越来越多的股份又会使风投们的持股受到稀释。这个问题没有完美的解决方案，但有时候风投们会放弃或者修改他们的反稀释保护条款，以防止陷入这种恶性循环的旋涡。

我们前面讨论过，在一轮融资中，你的公司是否应该选择使用最高估值，而在流血融资的情况下，这个估值就成了关键所在。因为你不仅要应对员工缺乏工作积极性和情绪不满的问题，还要面临流血融资触发的反稀释保护给风投公司带来的实际经济后果。

如果你试着构建当前的融资结构，尽可能地提高下一轮融资成功的可能性，那么，这个问题在很大程度上是可以避免的。

投票权

这里有必要提一下，因为每一股（包括普通股和优先股）都各有一票。当一些初创公司上市时，发行的不同类别的股份，各自拥有不同的投票权。虽然当这些公司仍处于私有状态时，也听说过这样的情况，但是这相当不寻常。在投资意向书中，投票权仍遵循一人一票的一般惯例。

随着双重股权制在一些上市科技公司（例如Facebook、谷歌、快照公司）中开始激增，一些初创公司也一直在考虑是否将这种股权结构应用到私有公司中。

最近，我看到使用双重股权制的公司有两种类型。

第一类，是一些创始人希望拥有仅适用于他们所持股票的高投票权。除了可能控制董事会（我们将在下一章对此讨论），他们还想确保在任何时候，特别是当公司的事务需要股东投票时，他们手中都有足够的投票权来掌控公司的这些行动。举个例子，如果公司即将被收购，并且需要股东投票才能批准交易，而创始人的股票投票权是其他股东的10倍，那么他们很可能控制投票结果。但据我所知，这种投票结构在初创公司中还没有被实际实施过。

在极少数情况下，会有创始人要求某些投资者就他们的投资与他们达成所谓的"表决权代理"。这意味着投资者将其所持股份的表决权书面授予创始人，这样无论公司要采取任何需要投票表决的行动，创始人都能行使这项投票表决权进行支持。虽然这种做法也很不寻常，但是我们有时会在参与公司后期投资的被动投资者身上看到这种情况，因为他们只对融资中的投资机会感兴趣，却对参与公司的治理毫无兴趣。

第二类，是在公司上市之前实施所谓的"弹性双重股权结构"，比第一种情形更为常见（但仍然仅存在于少数交易中）。意思是说，在公司处于私有状态时，保留一人一票的股权结构，但在公司即将上市之前，再开始实行双重股权结构。通常的做法是，在临近上市之前，将所有的现存股票都转换为具有超级投票权的股份，包括普通股和优先股；然后在公司上市时，发行的股票又回到了一人一票的股权结构。这里运用的理论是，随着时间的推移，风险投资者将通过在公开市场上出售股票退出公司。当他们抛售股票时,这些股票相关的超级投票权也随之消失了。因此,很可能在公司上市后的头几年里,创始人就掌握了公司的重大治理控制权,因为他仍然持有那些具有超级投票权的股份,而普通公众只持有具有普通投票权的股份。

第 10 章

投资意向书详解 2：控制因素

现在，我们开始深入了解公司治理结构的核心。简单来说，就是谁对公司的各项事务有发言权。关注这类事情很有必要。举个例子，公司董事会的构成就很重要。毕竟，董事会有权雇用或解雇公司的首席执行官，并对公司的重大运营事务有表决权，例如筹集资金、出售公司等。保护性条款也非常重要，因为这些条款决定了优先股股东（风投公司）对公司的哪些行为有发言权。这些都是对首席执行官执行公司重大行动决策能力的考验。自动转换条款、强卖权条款（也称强制出售权）和表决权条款也都是这类控制因素条款的一部分。因此，虽然话题不那么吸引人，但如果你是一位创始人，就不要忽视这些条款。这些条款会影响公司后期发展阶段的每一天！

让我们一起努力，以免这种问题发生在你身上。

董事会席位

董事会最基本的职能就是任命（或解雇）公司的首席执行官。因此，鉴于风投公司时常迅速更换首席执行官的前车之鉴，许多创始人兼首席执行官也越来越关注董事会的构成。

在本书的投资意向书中，我们有一个由三人组成的董事会（虽然没有明确规定，但是很多人还是选择将董事会的席位设置为奇数，避免发生投票陷入僵局的情况）。A轮的优先股股东（也就是VCF1）会委派一人加入董事会。对于参与创业初期融资的主要投资者来说，在董事会占有一个席位是非常典型的做法。

我们简化了投资意向书范本，假设只有一位风险投资人参与了这轮融资。但在一般情况下，每轮融资都会有多个投资人参与进来。在这种情况下，通常会有一个"领投"投资人，负责推动与首席执行官就投资意向书进行谈判，因此，他的投资额通常至少占本轮融资总额的一半。鉴于他的领投地位，该投资人很可能成为这轮优先股投资者们的董事会代表。

董事会的第二个席位是留给普通股股东的，并且会任命其为公司的首席执行官。请注意一点，这个席位是预留给公司首席执行官的，而非公司创始人。这意味着无论是谁当了公司的首席执行官，他都有权获得董事会的这个席位。有时，公司的创始人兼首席执行官会要求将董事会席位直接留给他（而不是之后任命的首席执行官）。

起初，这似乎是一个善意的请求，因为他实际上就是公司的首席执行官。但是，如果创始人被免去了首席执行官的职务，或者他决定离开公司，又该怎么办呢？如果我们没有将董事会条款列入投资意向书，那很可能创始人会继续拥有那个董事会的席位。这种情况被称为"从坟墓中统治"（有时也称"永久管业限制"），但这两种情况对公司来说都不乐观。

对于一位已经离开公司的创始人来说，继续担任董事会成员确实没有多大意义。因此，如果创始人想要继续在董事会占有席位，那么风投们通常会坚持要求他承担一些作为董事会成员应有的工作职责。也就是说，只要他还是公司的首席执行官（或者其他高级管理人员），他就可以继续担任董事会成员。但当他不再担任公司的任何高层职位，他就会失去在董事会的席位。

董事会中的第三个席位是预留给独立董事的，也就是说，独立董事是不会因为身为业内投资人或管理人的身份而与公司有任何的利益关系。这里的遴选程序要求独立董事必须得到其他两名董事的批准。

退一步来说，这是一个十分公正的、不偏不倚的董事会结构：公司首席执行官代表着普通股股东，VCF1代表着优先股股东，还有一位表面上看起来中立且与公司没有任何经济利益的独立董事。大多数公司管理专家都会认为这是一个平衡的董事会。

但是，现实中的董事会并不总是这样的结构。最近，一些创始人坚持要建立一个所谓的"普通股股东控制"的董事会，即代表普通股股东的董事会成员多于代表其他类别股东的董事会成员。

其中的原因不难理解：如果普通股股东控制了董事会，那么风投们就不能解雇公司的创始人兼首席执行官了，因为他们可能票数不够。当然，他们需要说服至少一部分由普通股股东担任的董事同意其意见。但在大多数情况下，普通股股东在董事会的席位都由创始人控制（因为他们持有的股份最多，所以他们拥有的投票权也就最多）。因此，在这种情况下不难看出，撤换公司的首席执行官确实是件难事。有些人认为，这样的董事会结构，是近年来硅谷以首席执行官为核心的董事会涌现出治理难题的根本原因。

优步就是一个经典案例。在特拉维斯·卡兰尼克（Travis Kalanick，优步的创始人）担任首席执行官期间，优步已经成立了董事会，设置了多达11个席位，但当时仅有7名董事会成员（随着公司业务的发展，董事会席位出现空缺的情况并不罕见）。特拉维斯实际上控制了7个席位中的3个——他本人、他的合伙创始人以及一名创业初期的员工。他还有权自行决定其余4个未被分配的董事会席位。所以，当董事会试图迫使特拉维斯离职，且不再担任公司首席执行官的职务时，他原本可以迅速拿下其余4个空缺席位，然后在这次投票表决中获胜。最终，董事会对他施加了太多压力，其中一个董事会成员还对他提起诉讼，迫使特拉维斯辞职了。这样也避免了公司董事会进行正式表决。

需要考虑的另一个问题是，当 XYZ 公司进行后续融资时，公司的董事会结构会发生什么变化？答案是：完美的、平衡的董事会可能会被打乱。如果有一家新的风投公司领投下一轮，那么它可能会要求拥有一个董事会席位。在这种情况下，风投公司将拥有两个董事会席位，即一个普通董事席位和一个独立董事席位。

这个问题没有完美的解决方案，但有时，公司的创始人兼首席执行官会要求再增加一个独立董事席位，以与风投公司的两个席位保持平衡。或者要求增加第二个普通董事席位，与额外增加的风投董事会席位持平。任何董事会结构都是可以的，最终的结果主要取决于各方之间的谈判立场。

保护性条款

回想一下前面有关表决权条款的内容，当时我简单地说明了每一只股票（包括普通股和优先股）都有一票表决权。但是，我们真正关心的是，如果需要投票来表决通过公司的各种决议，都有谁参与投票，并且何种投票比例才能通过。

美国特拉华州法律规定了有关公司行为的默认投票原则（大多数美国的初创公司都是在特拉华州注册成立的，因为这个州在公司治理和股东权益方面拥有最完善的法律体系与最成熟的法律意见书）。它详细阐明了对公司各项事务投票的基本准则，即普通股股东和优先股股东是共同投票还是分开投票。

但是，这些保护性条款实际上是凌驾于特拉华州法律之上的。只要这些保护性条款不会削弱该州的法律效力，那么，交易双方就能够制定更严格的交易规则。在大多数的风险融资中，保护性条款都赋予了优先股股东（一般指风投们）在处理公司的各项事务时更多的发言权。

投资意向书特别指定，持有优先股的股东才有权对确切的公司行为进行表决。这种做法在预测公司后期阶段融资时有明智之处。一般来说，公司会尽量避免股东在公司拥有比其经济利益更大的治理控制权。要做到这一点，就需要将所有独立的优先股类别合并成单一的投票类别，而不是允许每类优先股股东都有各自的投票权。否则，每轮融资的优先股股东都可能会投票反对其他股东，这肯定不是你想看到的。

在一家公司的融资过程中，新投资者有时会要求将一部分公司行为从优先股股东的投票表决议程中划分出来，由单独的投票类别决定。这种做法也不失为一个权宜之计，但最好不要在公司成立之初就开这样的先例。

那么，什么阶段适合这种做法呢？我来说明一下。

后期参与融资的新投资者，可能投资了一大笔钱，但是仍然持有相对较少的所有权权益。这是因为，该公司的估值本来就会在不同的融资阶段有所上升，也就是说，以目前的估值水平投资1美元获得的回报，远低于A轮融资中投资1美元获得的回报。结果，新投资者的大量资金面临风险，然而投票权却远低于其他早期投资人，因为早期投资人投资时间更长。所以说，如果所有的保护性条款都取决于优先股投票权的多数投票，那么新的投资者会发现自己总是无力影响投票结果，而较早的投资者可能控制了超过50%的优先股，可以一锤定音。

而且，因为投资的资本额度不相同，拥有的经济上的所有权权益也可能非常不同。举个例子，可能有一些收购案会给早期的风投公司带来巨额回报，但对于新投资者来说，只是收回本金。新投资者会想方设法避免这种情况的发生。

你可以授予新投资者单独表决权。也就是说，任何公司决议都需要新投资者的单独投票来批准。但是这么做，显然问题多多，因为新投资者的经济利益可能与其他投资者的相去甚远，而你却授予了他与其经济利益不成比例的投票控制权。此时，更好的折中方法是，单独列出新投资者最关心的具体事项，针对这些事项，让新投资者单独行使表决权。

另一个方法是将投票门槛提高,而不是简单地由投票数量来决定。实际投票的标准应视具体情况而定,比如让其他各类投资者都投票表决,而不仅仅是早期风投公司控制的大部分优先股的投票权。

了解了哪些人参与投票,下一个问题则是要投票表决什么。附录的投资意向书,在保护性条款那里列出了一长串内容。这里不一一解释了,但有几条可以详细讨论一下。

■授权发行新的股票类别:这一点非常重要,它确保了优先股股东有机会对公司未来的融资进行投票。毕竟,为了在新的一轮融资中售出更多股票,该公司可能需要向新投资者发行一种新的股票类别。优先股股东针对赞成(或不赞成)创建新的股票类别进行全员投票。在本书的投资意向书范本中,VCF1与XYZ公司达成一致,只有当优先股股东的权限等于或大于当前类别的优先股股东时,他才有权对是否发行新股进行投票表决。举个例子,如果XYZ公司想发行一类新的优先股,这类优先股的清算优先权低于VCF1所持有股份的优先权,那么,公司就可以直接发行这种股票,而无须优先股股东同意。

■公司行为:这一点也相当重要。它允许优先股股东对公司的并购决策及出售其知识产权行使表决权。这很容易理解,因为VCF1之所以选择投资,部分原因可能就是基于公司的知识产权。因此,希望在出售该知识产权和出售公司本身(很可能也包括知识产权)等方面拥有发言权也就不足为奇了。

■清算或重组:如果XYZ公司将被关闭(清算)或进行资本重组(这意味着当前的资本结构将完全被打乱),优先股股东在这类问题上也有发言权。简单来说,这就是一个交易。通过这种交易,公司的所有权结构在很大程度上会被重置。举个例子,优先股股东会被强制转换为普通股股东(为了消除清算优先权),或者现有股东的所有权可能会因为所谓的"逆股票分割"而减少。这意味着一个股东持有的股票数量会成倍地减少。这样做的目的是减少这些特定股东的持股比例，使公司能够向新股东出售股票，这样新股东就可以持有公司的大部分股份。

■**扩大期权池规模计划**：前面提到过，初创公司通常使用股票期权来激励员工。随着公司的持续发展，期权池中的期权势必会慢慢用尽，因此就需要增发期权，扩大期权池的规模，以便向员工授予更多的股权。但这样做就会稀释公司现有股东的股份。毕竟任何时候，只要公司需要发行更多的股票，那么已发行的股票总量就会增加。如果VCF1在发行新股之前持有该公司20%的股份，那么发行用于增加期权池规模的新股之后，它实际持有的股份比例要比之前少。这样就不难理解，为什么优先股股东希望在决定增加期权池的规模时拥有发言权了。

从整体来看，保护性条款实际上就是为了保护优先股股东的经济利益。以上列举的所有条款，从本质上来说，都关乎投资带来的经济效益，如筹集更多资金（通过发行新股）、出售公司或其知识产权、清算或出售公司以及增加期权池规模。因此，保护性条款的实质含义恰如其名：当VCF1投资了1000万美元后，防止其投资应获得的经济利益受到损失。

登记权

本书中的投资意向书，在解释这一条款时略微简化，仅点明了VCF1获得"惯常的登记权"。幸好业内人士都能明白这个词条的含义。这部分内容没有太多需要讲解的地方，当然不是因为它不重要，而是当律师就投资意向书中的关键要素向客户提供咨询时，对这个条款往往都没有任何争议，不需要各方费时耗力地对此进行谈判。在公司准备好上市之前，这个条款无足轻重，而投资银行家基本上会明确告知公司和投资者这些条款需符合的市场条件。

深入来讲，这部分主要是为了应对公司上市或VCF1想要在公开市场出售其股票时通常会发生的情况。根据《美国证券法》，在通常情况下，股票必须在美国证券交易所注册登记后，才完全具备流动性。未经注册的股票只有在符合美国证券交易委员会规定的各种豁免登记条件的情况下才能出售，但在大多数情况下，股票的数量和出售这些股票的时间都会受到限制。登记权条款规定了在什么情况下VCF1可以要求XYZ公司登记其股份，或者与其他类别的股份"共同"登记。顾名思义，就是如果公司以其他方式登记其部分股份，那么，VCF1就能够随着这些股份一同登记它持有的股份。

按比例投资

我们前面讨论过，风投公司是如何在其参与首轮融资后，为公司的后续融资预留资金的。这样做的原因是，如果VCF1现在拥有XYZ公司20%的股份，并且该公司继续发展良好，那么VCF1会希望在随后的几轮融资中追加投资，以维持其在该公司的所有权占比。否则，新一轮的融资发行新股，VCF1持有的股份就会被后续融资稀释。

这项条款就赋予了VCF1在未来几轮融资中可以按比例购买股权的权利而非义务，以避免其股权被稀释。同时，该权利仅适用于"主要投资者"，即投资额在200万美元以上的投资人。

这样做就是为了图方便。假如你有很多小额投资者，询问他们意向并等待回复将是漫长又痛苦的过程。所以，限定于主要投资者就将这项权利留给了那些给公司投入大量资金的投资者。当然，这个门槛可以由公司与投资人协商一致后设定。

对现有投资者来说，按比例投资权条款似乎很公平，但它往往也会带来问题。比如一家公司的业绩非常好，而且这轮融资又被超额认购，即想要参与该公司融资的投资者的数量超过了公司原本要吸纳的投资人数量，那么按比例投资权就成了麻烦。

新投资者通常要获得一定比例的所有权。而限制风投基金规模的关键因素，就是掌握在普通合伙人手中的董事会席位数量。虽然没有明文规定，但是在一般情况下，会向普通合伙人提供 10~12 个董事会席位。这样，每增加一个新的董事会席位，投资决策就会产生相应的机会成本，因为这个新增席位消耗了投资者有限投资中的一项。

因此，为了进行更多的投资并扩大公司规模，风投们需要仔细考虑他们在董事会的席位数量，当他们决定承担董事会义务时，则希望拥有尽可能多的公司股份。风投们最怕选对了公司，却没有在该公司持有足够多的股份，这样一来，投资的回报对基金的总体回报就不会产生重大影响。没有人愿意犯这样的错误，因此风投们都希望在每一项投资中，都能实现该公司的所有权最大化。

当然，另一个压力来自公司本身。由于公司希望在特定的融资周期中筹集一定数额的资金，相应地，就会设定一个它能够承受的股权稀释上限。因此，如果该公司希望筹集的资金总额仅为 1500 万美元，并且以此出售公司 10% 的股份，新投资者可能会希望获得全部 1500 万美元的所有权权益。但是，如果现有的投资者都拥有按比例投资权，那么他们也有权参与投资这 1500 万美元中的一部分。从某种程度上来说，想要解决这个问题，要么该公司必须同意筹集更多资金（可能会因此遭受更大的股权稀释），要么新投资者和现有投资者之间必须达成某种协议。

股份转让限制

这一节涵盖的内容特别多，所以需要拆分内容，逐个解释。需要注意的是，该条款仅适用于公司的大股东，在这里指的就是那些持有至少 2% 公司股票的投资人。

我们先从优先购买权说起。优先购买权的含义是，如果我想卖出股票，可以在公司之外找一个受让人，让他给我报个价格。但是，在我被允许将股票出售给第三方之前，我需要先让公司（然后是公司的股东）优先以同样的价格购买我的股票。

你可以这样理解这个条款。

从最严格的意义来讲，这项条款的真实用意是给任何股东出售其股票的权限都附上一层寒蝉效应。毕竟，如果你是一个第三方潜在买家，并且知道自己必须先报个价，然后让公司及其投资人坐享其成，优先以这个价格受让股份，那你可能压根儿就不会出价了。

对优先购买权的一种比较平和的解读是，它允许公司及其投资人控制公司股票的最终归属。这一点对许多初创公司来说很重要，因为它们通常不希望有潜在的陌生投资者持有公司的大量股份，进而使他们能够通过其股份的表决权影响公司的决策。优先购买权给予了公司一个缓冲的机会，即在公司批准交易之前，确定公司是否对第三方满意。如果公司批准了交易，将会放弃优先购买权。如果公司不愿意将股份转让给第三方，那么可以自己凑钱买入这些股份。

共同出售权条款（也称跟售权）与优先购买权条款含义恰恰相反。共同出售权是指如果向第三方（或是任何人）出售股票，那么其他投资者也有权以同样的价格将他们的股票出售给同一个买家。换句话说，我要用尽一切办法使我的股票顺利出售，同时还冒着可出售股票被减少的风险，因为其他股东可能会跟随出售其股票，使这次交易中的股票总量剧增。举个例子，如果我想出售10%的股票，我需要寻觅一个愿意受让这些股票的买家。如果买方同意，那么，拥有共同出售权的公司其他股东都有权在此次交易中出售其相应份额的股票。由于买家可能既没有大量资金，同时也没有持续不断地买入股票的巨大需求，所以，我最终能够卖出的股票数量将大大减少。

你可能会问，为什么在一开始要设置这两项条款呢？其实，总的来说，这两项条款存在的目的，就是让普通股股东，尤其是创始人更难出售他们的股票。那么，风投们为什么要这么做呢？这是因为投资的就是公司的创始人，他们希望能与公司创始人时刻步调一致，共同致力于增加公司的股权价值。所以，通过限制创始人出售其股票的能力来向所有人表明，我们大家是在同一条船上：一荣俱荣，一损俱损。但是在一般情况下，也没人会过早地退出公司。

现在，这种原本让双方团结一心而设的条款似乎正在面临崩溃。该条款规定，除非得到与之无利害关系的董事会成员的正式批准，否则所有人（优先股股东除外）的股份转让都将受到严格的限制。用法律语言阐述，就是该条款规定，除非由非普通股股东担任的董事会成员的同意，否则普通股股东绝对不能出售其股份。但优先股股东不受这一条款的限制，他们可以在未经批准的情况下，自由抛售其股份。这似乎有失公允，但事实就是如此。在通常情况下，你会看到更完整、更全面的协议条款，每个人都会受到相同的股份转让限制条款的约束——我们都被拴在同一根绳子上——共存亡。

强卖权

强卖权条款旨在防止少数投资者为了给自己争取更好的交易而抵制某个交易。因此，它的含义是，如果公司的每个董事会成员、大部分的普通股股东以及大多数的优先股股东都投票支持公司被并购，那么其他任何在公司持股 2% 的股东（这正是前面讲过的关于主要投资者的定义）就会被强制要求支持该交易。这里假设的前提是，如果其他人都认为收购对公司是件好事，那么小股东们就没有理由阻止这项交易的进行。在强卖权被激活之后，少数人的反对无效。

需要注意的是，为了保护这些持股 2% 的股东的利益，需要满足以下三个单独的投票表决：（1）需要董事会的投票批准；（2）需要普通股股东作为一个单独的类别投票批准；（3）需要优先股股东作为一个单独的类别投票批准。因此，也会列入一些保护条款，确保这笔交易对公司来说是值得进行的。

另一项需要注意的事情是，强卖权不适用于那些在公司的持股比例低于 2% 的股东。这是为什么呢？首先，在实际操作中，收购方有时会在没有获得全部股东同意的情况下完成收购，前提是获得大约超过 90% 的股东以及所有大股东的同意。其次，你也无须担心少数股东的反对，在这种情况下，他们能够破坏交易或者坚持要求选择更好交易的可能性很小。所以，在某种程度上，只要这个民主决策不会影响结果，那么，我们是容得下民主决策的！

D&O 责任保险

这是投资意向书中一项次要的、没有什么争议的部分，但也应当在此简单提一下，因为本书的后半部分会更多地讨论责任问题。在前面讨论普通合伙人股权合伙人协议时，我提到了赔偿条款，目的是使基金能够保护每个普通合伙人，使他们不必为因其自身职务可能引发的诉讼而自掏腰包。这是真实存在的——风投公司会购买自己的 D&O（董事及高级管理人员责任保险），来帮助支付这些可能发生的费用。

未雨绸缪总是好的——双重保险，更能确保万无一失。因此，这个投资组合公司自身也会购买一份 D&O 责任保险，保护其董事会成员及高级管理人员在发生诉讼时免于承担法律责任。

在 XYZ 公司担任公司董事的 VCF1 公司，其普通合伙人现在拥有了双重保护伞：先是 XYZ 公司的 D&O 政策保护，然后是 VCF1 的政策保护作为后备方案。就如 VCF1 会赔偿其普通合伙人一样，XYZ 公司也将会赔偿其董事会成员及高级管理人员。这就使他们成为 D&O 责任保险的受益人。

股份兑现

投资意向书为公司员工和创始人的股份兑现设定了规则。关于员工的股份兑现部分：员工可以在公司入职满 1 年时，兑现其 25% 的股份（通常被称为"第一年阶梯兑现期"），剩下 75% 的股份在接下来的 3 年里按月等比例兑现。这是比较标准的规则。一共有 4 年的股份兑现期，但前提是必须先熬过完完整整的第一年，员工才能兑现最初 25% 的股份。

员工期权部分也讲过，员工离职后有 90 天的行权期限，就是说如果员工离开公司（无论是不是自愿的），他需要在 3 个月内行使他的期权，否则视为放弃。这是大多数期权协议中的标准条款，但是越来越多的公司开始重新审视它，因为公司保持私有的时间更长了，远远超过了 4 年。正如之前提到的，认为公司从成立到上市只需要大约 4 年的时间的观点，就是一个时代的错误，现在情况完全不同了——从成立之初到挂牌上市的平均年限超过了 10 年。

如果员工选择在 4 年后（或在任何时候）离开公司，他们只有 90 天的行权期限（行权窗口期）。而行使期权需要资金，员工可能没有这笔钱。大多数初创公司的员工会接受较低的工资，以换取股票期权可能产生的高额回报，因此现金往往处于溢价状态。如果公司在员工行使期权时已经上市，这个问题就会得到缓解，因为员工可以在市场上出售其部分股票，并利用这些收益支付剩余期权的行使费用。此外，许多公司会提供所谓的"无现金行使期权"，这意味着员工可以将自己的部分股份转让给公司，而不必自掏腰包支付行权价格。

但是，员工不仅要拿出现金来支付每份股票的行权价格，而且对于其所持有的期权类型，美国国税局还会根据授予日股票市价与行权价格之间的差额向员工征税。不幸的是，员工不能为所要纳的税款选择无现金支付，因为美国国税局只接受美元现金付款。

对于股票价格大幅上涨的公司，员工自付金额就相对巨大，这对于许多员工来说无疑是极其高昂的。在某种意义上，这是一个"成功的灾难"，也就是说，员工会在为公司创造巨大价值之后反而处于不利地位（员工在行权窗口期内无力行使期权）。这打破了创业公司收益与分享的平衡。

因此，一些初创公司开始给予员工比 90 天更长的行权期限，让他们在此期间决定是否要行使这些期权,有的行权期限甚至长达 10 年。这是完全合法的,但是它确实也会给员工造成纳税方面的负担。

前面我们讨论过激励性股票期权和非法定股票期权。除前面讨论过的区别之外,两者的不同之处还在于,何时对股票行权价格与公开市场价格之间的差额征税。对于非法定股票期权而言,是在行使该期权时征收的;而对于激励性股票期权,则是在最终股票售出时征收。然而,激励性股票期权的一个关键要素是,员工必须在离开公司 90 天内执行该期权。因此,尽管公司决定延长员工的期权行使期对员工来说是有利的,因为它推迟了期权的行使成本,但是它将员工的激励性股票期权转换为了非法定股票期权,这样就触发了员工的纳税义务。

有利的一面是,作为美国国会在 2017 年通过的税收改革法案的一部分,股权期权的税收待遇现在变得更加优惠。还有许多细节问题有待解决,但是新的规定允许员工延迟交税,在股份完全兑现后的 5 年内交税即可。当然,考虑到公司上市所需的时间跨度较长,5 年的延迟交税期可能并不能解决所有人的问题,但这肯定会对很多人有所帮助。

接下来,我们开始讨论有关创始人股份兑现条款的内容。本书中的投资意向书的阐述是自创始人开始在公司任职之日起,创始人的股份可在今后 4 年内按比例兑现。

令人惊讶的是,在风投公司和创始人的谈判中,这一条款经常会成为争论的焦点。从创始人的角度来看,他一直在为这家公司工作,他希望兑现全部股份的想法也不无道理。但是,从风投公司的角度来看,风投公司主要就是因为创始人的卓越才能而进行投资,并希望创始人受到经济上激励(形式就是分期兑现其股份),且时间越长越好(防止创始人中途从公司离职)。对于这场争论,没有什么新奇的答案,但是只要未来还能有持续的股份兑现,风投公司通常就会觉得心安了。

本节条款中的另一项规定是关于公司被收购时创始人持有的股份该如何处理。创始人会希望在公司被收购时兑现他的全部股份(这被称为"加速兑现"），因为他已经完成了自己的使命，成功创办了这家有价值的公司。而风投公司却担心，如果他持有的所有股份都自动兑现了，那么收购方可能就没有太多理由继续完成这笔交易了。毕竟，在多数情况下，收购方的目的是在收购公司持续经营权的同时收揽人才，但如果创始人兑现了全部股份，创始人可以随时辞职，离开公司。

本书的投资意向书中采用的是所谓的"双激发加速兑现"方式，这是加速兑现条款中应用得比较普遍的处理方式。双激发加速兑现的含义是：创始人要想加速兑现其股份需要满足两个条件。第一个条件是公司被并购；第二个条件是创始人被收购方无理由或无正当理由开除（这里正当理由的定义是指有重大过失，一般是指涉及创始人自身的犯罪行为）。这样一来，如果收购方想留住创始人，那么就可以保留那些期权，而不必担心创始人的股份会自动兑现。并且，如果收购方不想留他，同时由于工作合约的解除使他不能按正常的行权期限兑现其股份，那么这时候他加速兑现股份，似乎也很公平。

保密协议

之前谈论公司的创办时，我提到过由于一个公司大部分的初创价值在于其某项专利技术，公司也试图将其进行商业化运营，所以风投们想要确定公司实际上是完全拥有这项技术，并且能够保护它。投资意向书中的这一部分就是为了说明如何达到上述目的。这一条款的内容是：公司同意让所有员工（及顾问）签署保密协议，并将他们在公司任职期间创造的所有技术转让给公司。这部分通常是十分简单并且没有什么争议的条款。但是，维摩公司的案例表明，如果创始人或员工在创业公司中开发他们以前可能在上一家公司从事过的技术，那么情况就可能会变得很复杂。

限制出售

现在我们已经成功地协商了所有条款，交易也接近尾声。但是投资意向书和实际投资是有区别的。只要你能找到一个律师，准备好相关材料，并且完成尽职调查，那么交割就能随之尽快完成。但实际上，从签署投资意向书到交割完成通常需要两周到一个月的时间，而一旦双方签署了所有协议，风投公司就会为公司注入资金。投资意向书本身并不具有约束力，也就是说，任何一方最终都可以决定终止交易。这样的话，我们又回到了原点。

因此，为了使交易尽可能达成，VCF1 要求该交易有 30 天（也可能短一些或更长一些，但是 30 天是比较常规的期限）的锁定期，意思是在这段时间内将与 XYZ 公司的交易锁定。锁定的方式是在此期间禁止 XYZ 公司向其他各方披露本投资意向书，或寻求与其他人达成交易。毕竟，VCF1 最不想看到的就是 XYZ 公司将这份投资意向书出售给其他公司，看看是否还有别的公司愿意给出更好的交易条件。从理论上来说，双方在这一点上都应该更加忠实。因此，要是想向其他人出售，也该在双方开始谈判投资意向书之前。

远见思维

太好了！我们现在已经掌握了投资意向书的精华，或者，至少是弄懂了其中比较重要的条款。

谈判投资意向书时最重要的是目光长远，因为这些条款可能会对后续融资产生影响。一般来说，简单一些更好。你作为创始人，即使有谈判的筹码，可以谈成一些对自身非常有利的条款，但作为早期融资的一部分，使用这些优势也不一定总是对你有利的，它最终可能会让你付出代价。这句话也同样适用于风投公司。

第11章

交易困境

现在,让我们假设有一家初创公司——快乐宠物,面对以下两种不同的融资,哪一种更有利?

目前,假设我们已选择通过风投公司筹集资金,且与风投公司的会面也很成功,幸运地获得了两份投资意向书:一份来自俳句资本,另一份来自靛蓝资本(见表11-1)。结合前面两章中讨论过的经济因素条款和控制因素条款,来看一下应如何选择。先从经济因素条款开始。

表11-1 两份投资意向书

经济因素条款	俳句资本	靛蓝资本
投资额	200万美元	400万美元
投资前估值	800万美元	800万美元
投资后估值	1000万美元	1200万美元
期权池	投资后期权池比例20%	投资后期权池比例15%
清算优先权	1倍,参与分配	1倍,不可参与分配
反稀释条款	广义加权平均条款	完全棘轮条款

这个时候,上述哪一项交易对我们更有利?

创建股权结构表

让我们先做一个股权结构表,以帮助我们理解通常在融资结束之后各方会拥有什么。对于创始人、投资者、员工和其他股份持有人来说,随着时间的推移,股权结构表是划分各方持股比例的一种简便方法。

假如我们选择与俳句资本交易,那么股权结构见表11-2:

表 11-2　股权结构表

股东	持有股份数	持股比例
创始人	4,000,000	60.0%
俳句资本	1,333,333	20.0%
期权池	1,333,333	20.0%
总计	6,666,666	100.0%

而选择与靛蓝资本交易,则股权结构见表11-3:

表 11-3　股权结构表

股东	持有股份数	持股比例
创始人	4,000,000	51.7%
靛蓝资本	2,580,645	33.3%
期权池	1,161,290	15.0%
总计	7,741,935	100.0%

那么,你更喜欢哪一笔交易呢?

当我们看到创始人的所有权这一部分时,会发现两种交易之间大约有8个百分点的差异。与靛蓝资本的交易稀释得更多(这意味着在这一交易中创始人的持股比例要低于与俳句资本的交易)。这在一定程度上是由两家公司的资本投资金额差异造成的。靛蓝资本的投资额是400万美元,这是好事，但相对于俳句资本投资的 200 万美元，这将使靛蓝资本拥有额外约 13 个百分点的所有权。

另一个不同之处在于期权池的规模。俳句资本交易中多出的 5%，直接来自创始人的口袋。没有这一项的话，与俳句资本的交易对创始人经济上的吸引力会更大。

那么，该怎么做呢？首先考虑一下，与俳句资本投入的 200 万美元相比，你能否有效使用靛蓝资本投入的 400 万美元？你真的需要这额外的 200 万美元吗？

a16z 经常建议公司，当前融资的最佳额度是你认为能实现预期目标的资金，并为公司的下一轮融资做准备，一般是在 12~24 个月之后。换句话来说，你需要在当前这一轮融资中，给自己准备好公司发展所需的适量资金，以优化下一轮融资。显然，更多的钱通常就意味着更多的稀释，因此，需要维持在一个平衡状态。

如果你有了这额外的 200 万美元，是否会降低你为实现这轮融资所设定的发展目标的风险？也许你可以雇用更多的工程师来确保开发计划能按时完成，也许你可以提前雇用一个销售团队，而不用往后拖延，这将有助于提高你对实现销售目标的信心。

考虑额外资金的另一种方式是，不在于它是否降低了你实现目标的风险，而在于它是否能让你实现比这轮融资的最初预期更好的目标。换句话说，如果你能让公司实现一个更好的发展目标，那么下一轮融资的投资者，可能会考虑愿意在融资投入资金的估值方面给予你更多的信任。

归根结底，这是在当前已知的稀释水平与基于不同阶段的公司发展成果，对下一轮可能引发的股权稀释的最好预测之间的权衡。回顾我们在第 7 章中讨论过的关于公司的发展势头以及对发展势头的感知，这在创业公司激烈竞争的世界中确实很重要。所以，你要考虑的是获得多少融资才能拥有最大的信心，让你能够在一轮又一轮的融资中保持公司继续增长的能力。

所以，我要再问一次：你该怎么做？实际上，这个问题有陷阱！因为你肯定不知道啊！我们还没有开始讨论其他的经济因素条款，也没研究相应的控制因素条款，所以并不清楚这两个公司之间是否有实质性的区别。

以清算优先权为例，俳句资本是 1 倍参与分配清算优先权，而靛蓝资本是不可参与分配清算优先权。回想一下这两项条款的含义：俳句资本拥有双重分配权，在清算时，不仅会优先拿到其 200 万美元的投资本金，而且会像普通股股东一样参与分配公司的任何额外收益。

评估上述条款的一种方法是研究这两个报价的支付矩阵（也称"赢得矩阵""报酬矩阵"）。从支付矩阵可以看出，不同的潜在的退出价格点，退出收益如何在普通股股东和优先股股东之间进行分配。

俳句资本不仅能收回其 200 万美元的投资本金，而且能参与分配获得剩余收益的 20%。相比之下，在 1200 万美元的退出价格上，靛蓝资本将会选择将其持有的优先股转换为普通股，并且仅能获得相当于其在公司的经济所有权比例 33.3% 的收益。这取决于你如何看待公司可能选择的退出方案，你可能会认为与靛蓝资本的交易中有更多的股权稀释是值得的，这样可以避免在与俳句资本的交易中，参与分配超出其清算优先权的更高的出售价格。

图 11-1 是俳句资本的支付矩阵：

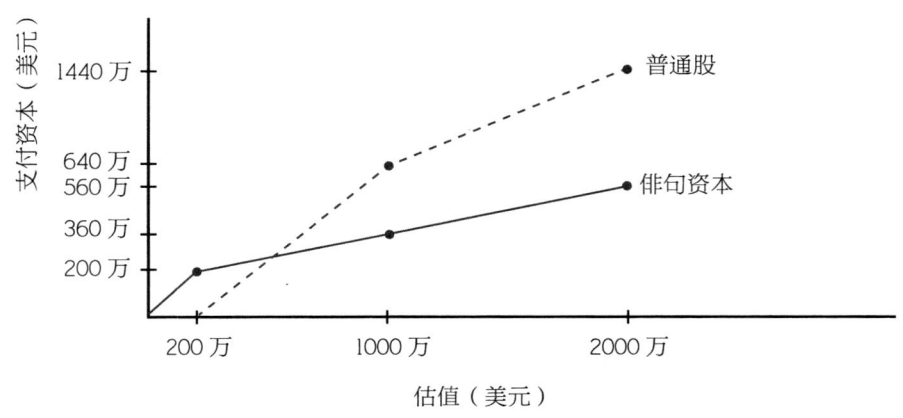

图 11-1　俳句资本的支付矩阵

图11-2是靛蓝资本的支付矩阵：

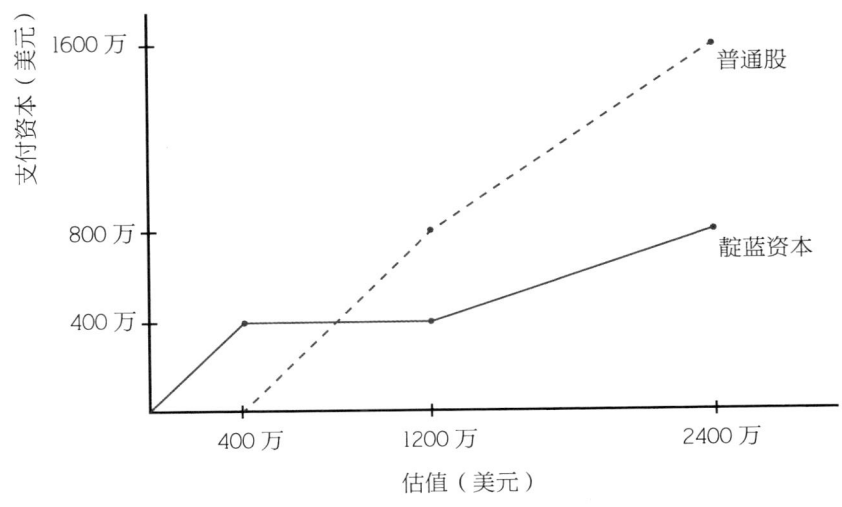

图11-2 靛蓝资本的支付矩阵

需要考虑的最后一条经济因素条款是反稀释保护条款。如果后续融资的价格低于当前这轮融资的价格，反稀释保护条款就开始发挥作用了。在这种情况下，风投公司有权对其原始股票进行一定的价格调整，具体金额取决于是否存在广义加权平均条款或完全棘轮条款。在本例中，俳句资本的投资意向书使用的是前者，而靛蓝资本采用的是后者，即完全棘轮条款。前面说过，加权平均公式对普通股股东更有利，因为它基于新一轮融资的相对规模，通过对加权价格调整，抑制了一轮低价融资的负面效应。相比之下，完全棘轮条款对普通股股东的稀释作用最大，因为它实际上是通过将上一轮投资者的买入价格调整至当前这轮融资的指定价格。

为了详细解释反稀释条款的作用，我们假设发生了以下情形：虽然你已经尽了最大努力，但是事情的进展并不顺利，你在这里傻坐了18个月，资金也用完了，却没有取得必要的进展。你仍然对公司有信心（和你最初的风险投资人一样），但未按计划完成的公司发展成果将反映在公司的估值上。结果就是冲力资本愿意向该公司再投资200万美元，但是投资前估值仅为600万美元。

此时要考虑的第一个问题是，现有的反稀释条款在这种情况下是否适用？答案是肯定的——因为所提议的估值低于俳句资本或靛蓝资本的投资意向书中的估值。简单计算一下你就会发现，冲力资本提出的每股初始价大约是90美分（选择俳句资本的交易）和78美分（选择靛蓝资本的交易）。估值当然是一样的，但每股价格是不同的。因为我们在这两笔风险交易中已发行的股票总数不同（计算每股价格的方法是用投资前估值的600万美元除以已发行的股票总数）。

但这还不是全部。这里的每股价格不会是冲力资本最终向公司投资时使用的价格。为什么呢？因为冲力资本投资的同时希望持有公司25%的股份（200万美元除以投资后估值800万美元）。然而，当我们仔细盘算俳句资本和靛蓝资本在各自的交易中获得的反稀释保护时，公司就需要向它们发行更多的股票，这反过来又稀释了冲力资本在公司的所有权。因此，我们会发现自己处于一个循环模式中——向俳句资本或靛蓝资本发行的额外股票降低了冲力资本的持股比例，这就需要我们将每股的实际价格降低到与冲力资本一致，然后就得向它们发行新股，而这样会降低每股的实际价格，就要求我们重新计算反稀释保护，循环往复。

最终，我们将电子表格中的计算模型重复了无数次，直到得出一个正确答案，但这显然不是一项能简单完成的任务。而最令人头痛的部分是：根据向俳句资本和靛蓝资本发行的额外股票，不同的反稀释保护条款的成本又是多少呢？这需要看一下冲力资本参与交易时的股权结构表。

如果选择与俳句资本签订投资意向书，之后接受冲力资本的交易，则此时的股权结构见表11-4：

表 11-4 股权结构表

股东	所持股份数	新交易中发行股份数	交易后股份数	所有权占比
创始人	4,000,000	—	4,000,000	44.0%
俳句资本	1,333,333	156,863	1,490,196	16.4%
期权池	1,333,333	—	1,333,333	14.6%
冲力资本	—	2,274,510	2,274,510	25.00%
总计	6,666,666	2,431,373	9,098,039	100.0%

如果选择与靛蓝资本签订投资意向书，之后接受冲力资本的交易，则此时的股权结构见表 11-5：

表 11-5 股权结构表

股东	所持股份数	新交易中发行股份数	交易后股份数	所有权占比
创始人	4,000,000	—	4,000,000	19.4%
靛蓝资本	2,580,645	7,741,935	10,322,580	50.0%
期权池	1,161,290	—	1,161,290	5.6%
冲力资本	—	5,160,290	5,161,290	25.0%
总计	7,741,935	12,902,225	20,645,160	100.0%

这里的确存在很大的区别：在这两种选择中，创始人的所有权占比相差超过两倍。实际上，冲力资本是否最终交易，还取决于俳句资本或靛蓝资本是否会放弃其反稀释保护条款，或至少将这一条款修改为广义加权平均条款。除此之外，为了减少这轮融资对创始人和员工的稀释影响，冲力资本可能会坚持让现有的投资者增加期权池的规模（期权池同时也遭受了相应的稀释），以便能够向其他的团队成员授予额外的期权。毕竟，如果剩下的团队成员没有足够的动力留在公司，并帮助公司持续增长，冲力资

本也不太愿意为公司注入资金。

无论如何，你要尽力避免让自己陷入这种困境。反稀释条款在风险投资交易中非常常见。所以，如果没有这样的条款，你根本不可能筹集到风险资本。然而，正如你所看到的，加权平均稀释条款与完全棘轮条款之间的差异是非常巨大的。因此，无论你对自己的创业多么有自信，你都应该仔细关注投资意向书中的全部经济因素条款。

评估控制因素条款

接下来，我们来对比分析一下控制因素条款。

表 11-6　控制因素条款

控制因素条款	俳句资本	靛蓝资本
自动转换条款	5000 万美元首次公开募股，或者大多数优先股股东投票表决	1 亿美元首次公开募股，或者大多数 A 轮优先股股东投票表决
保护性条款	大多数优先股股东投票表决	大多数 A 轮优先股股东投票表决
领售权	激发条件：绝大多数的董事会成员投票 + 普通股股东投票 + 优先股股东投票	激发条件：绝大多数的董事会成员投票 + 普通股股东投票 + A 轮优先股股东投票
董事会构成	2 名普通股股东 + 1 名优先股股东	1 名普通股股东 + 2 名优先股股东

仔细分析这两份投资意向书中的巨大差异，我们就会发现，俳句资本的投票阈值使用的是优先股股东投票数，而靛蓝资本则仅使用了 A 轮优先股股东投票数。一般来说，相比于在公司的生命周期设置一个特定于某轮融资的投票，特别指定 A 轮优先股作为早期阶段的基准先例是更加简单的一种方式。这当然不会对冲力资本参与的那轮融资有影响，因为这些条款

设置得比较早（俳句资本和靛蓝资本可以控制各自的投票），但是这些控制因素条款可能会影响冲力资本参与投资所要求的条件。举个例子，如果冲力资本遵循靛蓝资本的投资意向书的规定，那么它可能还要求有单独的一套自动转换和保护性条款，且仅由它自己进行投票表决（B轮）。

需要澄清的是，没有任何规则表明，所有后来的投资者都能像之前的投资者一样从相同的条款中获益，但是根据以往的经验，这常常是激烈争论的开始：如果这个条款对之前投资者来说足够好，那为什么要损失我这个新投资者的利益呢？毫无疑问，最佳反驳是："这次情况不同了。"

举个例子，也许该公司在上一轮融资中陷入了困境，因此不得不以更为苛刻的条款来吸引投资者。而现在，该公司正处在全速前进的上升期，因此能够获得更多有利于公司的融资条款。所有这些都是合理的论据，如果你发现自己也恰好处在这种情况下，那么你应该这么做，但是不要低估了先例的作用。这个先例确立了你下一步谈判的起点，不管你认为这么做是否公平，它通常都是这些谈判进行的方式。在你处理当下的事务时，为将来可能发生的事情做一些小小的计划，会大有裨益。

同样重要的是两家风险投资公司提出的董事会构成。俳句资本提出的是由普通股股东控制的董事会，也就是说，董事会的大多数席位由普通股股东担任。这样做最大的影响是俳句资本本身无法任命或解雇公司首席执行官，也无法控制任何需要董事会批准的公司行为。相比之下，靛蓝资本在这方面对创始人就不那么友好了，它提出自身占有两个董事会席位，而仅分配一个席位给普通股股东。这意味着靛蓝资本控制着董事会，对所有重大的公司行为都会有实质性的影响。

因此，分析完所有经济因素条款和控制因素条款，又该如何判断哪一个投资意向书更好呢？

抱歉，这又是一个刁钻的问题。上述全部的分析过程仅是为了指出每一笔交易都是有利有弊的，而且通常没有确定的正确答案。有些决策取决于你对公司的未来有多大自信（以及对自己作为首席执行官的信心）；你现在真正需要多少资金来实现发展目标；为了今后更多的利益，在公司发展不利的时候你愿意赌注多少。

其中的大部分情况都取决于在早期阶段中难以预测的偶然事件。因此，在许多情况下，简单行事可能是更好的做法。但是，你可是一个创业者啊，所以也许有时闷头赌一把是最好的选择！

但重要的是，正如我们在上述讨论中想要阐明的那样，你需要考虑的不仅仅是估值问题，还要全面考虑经济因素条款和控制因素条款的综合影响。

决策时，比如融资和并购，董事会成员之间的互动关系仍会带来意想不到的挑战。

双重受托人

在处理私有初创公司董事会和公司决策时，需要记住：风险投资人是双重受托人。这是什么意思呢？

作为董事会成员，风险投资人对公司的普通股股东负有诚实义务。更多内容将在第13章中讲到，但在这一章需要记住，他的投票可以帮助普通股股东所持股票的长期价值最大化。

而作为一家风险投资公司的普通合伙人，他也是有限合伙人的受托人。有限合伙人把钱交给他，是为了实现投资价值最大化。普通合伙人作为拥有不同权利和特权的优先股股东，其经济利益有时可能与普通股股东的经济利益背道而驰，这就是问题所在。

董事会职责

这一节，我们来更具体地讨论一下董事会的作用。虽然前面已经或多或少地分析过董事会的一些职责，但最好还是再更深入讨论一些细节。

称职的董事会一般会承担以下大部分职责。

职责1：任命或解雇首席执行官

董事会的一个基本职责就是任命负责公司日常运营的人。首席执行官会让公司里的所有高管都向他汇报工作（因此，他有权任命或解雇其中任何一位高管），而首席执行官则最终向董事会汇报工作。运作良好的董事会能够认识到并尊重其中的差别，给首席执行官以适度自由，但同时也给予其约束，即他最终要为公司的业绩负责。尽管这很有吸引力，尤其是对规模较小的初创公司，但风投公司在董事会中的成员会与首席执行官的高管们有更紧密的接触，这可能会在不经意间削弱首席执行官的权威，给初创公司带来管理上的挑战。

任何一个曾在初创公司工作过的人都知道，由于董事会成员不是每日坐班，也不会参与公司的日常运营工作，所以，董事会成员和首席执行官以及其他执行团队成员之间存在着巨大的认知鸿沟。他们不了解哪些员工有哪些工作能力，不知道对消费者来说哪些产品特性更重要，或者无法全身心地投入公司的运营中，因此他们不能有效地推动公司业务的发展。

尽管如此，这也无法阻止风投们越俎代庖。毕竟，许多风险投资人也曾经担任过首席执行官，因此会忍不住想要参与公司事务，而且通常也是出于好意。他们的目的是想帮助公司取得成功，尽管有时候会适得其反。当首席执行官发现风投们对公司日常运营插手过多时，他应该与风投公司在董事会的成员及时沟通，了解原因。风险投资人也可能根本没意识到他正在这么做，或者他可能对你的能力不信任，导致他更加深入地参与公司的运营。你作为首席执行官，如果能发现其中之一或者二者都存在，这对你来说是一件好事。

正如第10章中讨论的，在投资意向书的谈判中，董事会的组成经常是一个被双方激烈争论的问题，主要原因就在于董事会的职责问题。如果普通股股东拥有了较多的董事会席位，并且以此控制了董事会，那么这实际上就会削弱风投们解雇创始人兼首席执行官的能力。而如果风投们控制了董事会，那么创始人兼首席执行官可能就会担心，风投们是否会随意并且过早地让他从公司离职。

职责2：指导公司长期发展的战略方向

与上述观点不谋而合的是，需要给予首席执行官适当的自由（及需要其承担的责任）来推动公司战略的执行。在这一点上，董事会至少要在提供指导意见和审查战略方面发挥应有的作用。

举个例子，要执行首席执行官的发展战略，公司可能需要做出一定的预算（或者是需要筹集额外资金）：董事会在这些事务中发表意见是预料之中的，也是应当的。毕竟，特别是在需要额外融资的情况下，董事会需要投票批准，而保护性条款很可能也会赋予风投们单独投票的权利。因此，如果仅仅是为了达成共识，优秀的首席执行官会在正式投票之前就把这些事项提交到董事会，征求他们的意见。

除了一些最终需要董事会正式投票批准的项目，初创公司的董事会也是寻求公司战略领域建议的好地方，因为经验丰富的风险投资人往往有更大的潜力为其提供指导。在很多情况下，一个初创公司的首席执行官可能是第一次担任这样的职务，而一名资深风险投资人可能在他的职业生涯中担任过10次（或更多）董事会成员，因此可能经历过更多类似的事件，也更有经验为其提供建议。需要强调的是，这并不是说风投们就应该为首席执行官制定公司发展战略，但他们通常可以分享以往的经验和教训，这对首席执行官来说是很有帮助的。

职责3：批准各项公司行动

初创公司的董事会在批准公司行动方面也发挥着重要作用。除了之前提到的对公司融资的批准，公司的重大收购或者资产剥离事件也需要得到董事会的批准。

具体到员工的薪酬问题，董事会也需要批准一系列重要事项。

首先，为了向员工发行股票期权，董事会必须首先确定公平市价。根据美国税法，如果公司向员工发行股票期权，而该期权的行权价格低于当时股票的公平市场价格，则该员工在被授予该期权时，应当为行权价格与公平市场价格之间的差额纳税。没人愿意这样做，董事会也不想让美国国税局在日后质疑，从而给员工造成税务纠纷。

为了防止这种情况发生，公司通常会聘请外部公司提供所谓的409A估值（来自美国国内税务局409A条款）。这是公司进行的一项财务分析，计算出普通股的公平市价，董事会可以据此批准将该价格作为期权的行权价格。只要公司在这段时间内没有发生实质性的变化，每一次409A估值的有效期通常是12个月。例如，进行新一轮的融资或者公司的财务业绩发生了重大变化。因此，这个估值作为一个必要条件，董事会一般会赶巧在新一轮融资的时候更新409A估值，或至少每12个月更新一次。对于那些已经加入初创公司的人来说，这就是为什么你收到的录用邮件中可能会写明你获得多少期权，但是不会告诉你行权价格。只有在董事会批准了公平市价并且批准授予该期权的公司行为之后，你才会确切地知道自己期权的行权价格。

董事会另一项与薪酬有关的职能，是根据实际需要调整期权池的规模，使公司能够为新员工发放期权，或为现有员工授予额外的期权。在第9章里我们讨论过，我们的目标是融资时设置的期权池规模能够在后续融资之前满足公司对招聘需求的预期。不过，即使是最好的计划，也不总是能按部就班地实施，董事会经常会被要求在下一轮融资之前扩大期权池的规模。希望在大多数情况下，这样做的原因是该公司发展得特别好，已经加快了招聘步伐，所以需要更多的期权来关照新员工。不过，大多数情况是因为最初对招聘需求的预测不太准确。

优秀的董事会还应该每一两年，针对首席执行官和公司大部分高管的薪酬进行审查。在讨论股份兑现问题时，我们发现，风投们总是密切关注创始人（及其团队的其他重要成员）已经兑现和尚未兑现的股票数量。这是因为风投们想要确保那些对公司的成功至关重要的人能够受到足够的经济上的激励，能够长期为公司做出贡献。而未兑现的股份恰巧将这种经济上的回报与其在公司的长期任职挂钩，从而提供了这种经济上的激励机制。

因此，优秀的董事会应该定期评估首席执行官的表现，并且在适当的情况下，确保能够为公司做出贡献的关键人物拥有更多的未兑现股权，激励其继续为公司奋斗。正如我们在前面所提到的，发放股票期权并非没有成本，因为期权池的规模可能需要扩大来应对这个成本问题，而期权池的扩大稀释了风投们在公司的所有权。所以，风投们就会希望能够确保任何此类扩张都增加公司的价值，来抵消他们在短期内遭受的股权稀释。

职责 4：确保公司遵纪守法并运营良好

我之前提到过，在通常情况下，公司的董事会成员和高级管理人员是如何保护自己免于为公司的任何法律事故承担个人责任的。但前提是要求董事会的运作符合其法定职责，并且保持良好的公司治理状态。所以，董事会要定期召开会议，让董事会成员了解公司，认真履行职责——提高普通股股东的长期持股价值，特别是在这些价值还没有实现的情况下，保护自己免于承担个人责任。

律师可能会说，这样做是为了防止公司的秘密被公之于众。这其实是一种推脱的说法，实际上，董事会成员想要确保他们能从公司架构规定的有限责任中获益。而要实现这一目标，则需要董事会履行对公司及其股东负有的各种法定责任，即定期召开董事会会议，表明董事会对公司经营状况的关注，并确保董事会成员不会过多地插手公司的日常运营事务。

职责 5：明确风投们的具体职责

来自风投公司的董事会成员，还经常担任一些非法定或与公司治理无关的职务，目的是帮助公司改善发展前景。在很多时候，这些成员的职责类似于公司首席执行官的"岗上教练"。需要强调的是，这些风险投资人通常都亲身经历过许多初创公司的运作过程，或者有的风险投资人就曾是公司创始人，所以，在成为公司首席执行官的良师益友或教练方面，他们确实名副其实。首席执行官要向董事会汇报工作，而且可能会被董事会免职，所以，他们在汇报时经常不可避免地有所保留，而不是畅所欲言。尽管如此，风投们确实可以为其提供相应的帮助。

来自风投公司的董事会成员，其另一个非正式职责是与公司首席执行官共享人脉。有时是为了帮助公司引进高级管理人员或者外部顾问，有时是为了给公司介绍潜在的企业客户或者合作伙伴。有些风险投资人已经将这种做法公司制度化，即除了他作为董事会成员这么做以外，风投公司的其他团队成员也会来帮助展开这一活动。

职责6：非董事会履行的职责

非董事会履行的职责和需要董事会履行的职责一样重要。最明显的是，董事会的职责不是经营公司或制定公司发展战略，尤其是产品战略，因为这些是公司首席执行官的职责所在。董事会成员不可能深入了解公司的具体优势，从而对产品战略产生有意义的影响，这与他们和首席执行官的熟识程度无关。只有首席执行官知道团队能做成什么事，以及如何做。优秀的董事会能了解差别，量力而行；而糟糕的董事会则会不自量力，越俎代庖。

确实，有些董事会越界了，管得太宽。董事会"经营"公司的机制，指的是评估首席执行官的能力并对其加以引导，甚至在不认同公司运营方式的情况下，最终开除他。这样既不妨碍公司首席执行官发挥其管理团队的能力，也不过度插手公司经营制定具体的产品策略。

如果首席执行官发现董事会存在越权管理的行为，应该直接与董事会成员开诚布公地讨论。有时，董事会成员可能缺乏经验，只是提醒一下即可。而比较严重的情况是，董事会对首席执行官继续经营公司的能力失去了信心。不管怎样，作为公司首席执行官，你都应该对此了然于心。

其实，公司首席执行官的工作很大一部分职责就是管理董事会。这么说可能有点儿奇怪，因为管理通常只适用于你的直接下属——你可以雇用或解雇他们——而你为董事会服务。尽管如此，你可以利用董事会做以下几件事，有助于你间接地管理董事会成员。

首先，从一开始就为董事会成员设定合适的预期职责范围。许多公司首席执行官喜欢定期与董事会成员进行一对一的会谈，和他们在董事会会议之外分享信息，获得他们的反馈意见。除此之外，是否需要董事会成员帮助你引荐高管人员，面试高管候选人，或者开拓潜在客户？这是不言而喻的，但应该在最初设定好预期。比如，你是否期望董事会成员事先阅读会议议程，并进行开放性讨论？

其次，与董事会成员们就其提供反馈意见的方式达成一致。有些董事会要求单个成员整理其他成员的反馈意见，并一一交给首席执行官。其他人可能会在每次会议结束时，仅与董事会和首席执行官举行行政会议，提供小组反馈意见。无论是哪一种方式，你都应该明确表示听取反馈意见的意愿，并且就反馈方式达成一致。

再次，确认你和董事会都同意团队其他管理人员可以与董事会成员们在董事会会议之外进行接触。优秀的董事会成员肯定会让你知晓是否有其他管理人员主动与他们会面，并且在提出重要的问题时，向你这个首席执行官提供适当的反馈；而糟糕的董事会成员则可能会插手你和下属的关系，并让他们对你这个首席执行官的业务能力感到担忧。

最后，你需要对董事会会议及其议程做好精心安排。这并不意味着不分享坏消息，或有选择性地向董事会披露重要信息，这样做的目的是明确会议议题，而不是把时间浪费在你应当处理好的日常琐事上。最好在一开始就先征求他们对董事会议程的意见，这是避免在董事会会议上漏掉重要议程的好办法。

第 13 章

塔多思案件的启示

之前曾多次强调过,在履行董事会成员的职责时,董事通常有权受到保护,免于承担责任,但前提是他们履行对公司普通股股东的重要法律义务。现在,就让我们看看这些法律义务具体指的是什么,以及董事们如何保证他们从中获益。

先说一句题外话,我相信一些人可能想直接跳过这一章,因为我们要讨论的是法律问题,而之前已经十分详尽地讨论过有关董事会成员的问题了。你现在可能有其他更令人兴奋的事情要做(比如好好研究你的创业计划书),但是,请允许我帮助大家普及法律上的相关知识。

创业失败只是一方面,毫无疑问,这滋味肯定不好受,但你至少尽了最大努力,没有在这个过程中赔光全部家当(至少我希望是这样)。但是如果你失败的同时还陷入了一场长达数年的法律诉讼,那就是另外一回事了。除此之外,你还得为自己做出的(或还未做出的)许多决策辩护,而这些决策现在正被你的股东们事后批评。

尽管你没有因为公司的倒闭而破产,但是你极有可能会因为诉讼产生的费用而破产。而即使公司成功了,赚了一大笔钱,但是损失了早期股东的利益也不是什么好事。在这场官司中,败诉可能意味着原本你以为自己已经获得的一些收益，最后会被诉讼费或支付赔偿金消耗殆尽了。

不过，无论你是公司的创始人兼首席执行官，还是风投公司在董事会的成员，都不想让这两种情况发生。因此，如果你肯花时间仔细阅读这部分，会学到常识性的方法，帮助你避免陷入此类麻烦。

当然，我不是你的律师，无法在这里为你提供正规的法律建议。所以，当你创办公司时发现自己陷入了法律困境，一定要雇用一名真正的律师帮助你渡过难关。当然，这个办法是老生常谈了。现在，让我们回顾一下董事会成员需要履行的义务。

注意义务

注意义务是董事会成员的一项基本义务。从根本上来说，注意义务的含义是，你需要了解公司的情况，然后才能履行为普通股股东实现价值最大化的基本义务。具体来说，你需要时刻保持理性，以便能够评估公司的发展前景。

这并不要求你有先见之明，能预测某个来自斯坦福大学的聪明学生如何吃掉你公司的午餐。你需要做的就是获取信息，即阅读董事会发布的资料，出席会议，而不是一直坐在那儿玩手机，和朋友聊一些毫无意义的事。有个笑话是这样说的：在董事会会议上没有睡着，就是在履行注意义务了。我不确定是否有人真的这样试过，但你要避免这种情况发生。

忠实义务

忠实义务要求董事会成员不能私下交易或自牟私利。做事的出发点应该完全是为了公司及其普通股股东的最大利益。

虽然听起来很简单，但是实际上履行忠诚义务却非常困难，尤其是在风险投资的初创公司中。因为其中存在双重信托义务的问题，我在前面讲到过这一点。如果风投公司在董事会的成员对公司的义务与对有限合伙人负有的义务之间存在冲突，他该如何平衡？在针对风险投资公司的法律案件发生时（这类案件总数并不多），人们都会率先关注这个基本问题。

保密义务

保密义务，顾名思义，就是董事会成员需要对在任职期间了解到的任何有关公司的信息保密。

我在前面讲过风险投资的机会成本，也就是风险投资人只能在有限几个董事会中任职，选择加入任何一个董事会，都必然会减少他投资其他公司的机会。另外，机会成本也来自投资上的冲突，所以风投公司不能同时投资两家竞争公司。投资Facebook就不能投资朋友网，或是投资来福车就不能投资优步。投资一家公司的决定，意味着风投公司与其他具有直接竞争力的公司之间存在冲突。需要说明的是，这并不是明文规定，但是商业上的惯例很难允许风投公司违规。

公司何时转换跑道，也是"保密义务"前提下需要问的问题。在刚开始投资的时候，风投公司很容易知道投资的公司是否与其他公司有直接竞争关系。因此，在投资之初处理好这些潜在冲突是可以做到的。但是，初创公司会转换跑道。有些可能只是小的调整，但有些会进入全新的业务领域，而结果就是与风投公司已有的另一项投资发生冲突。

a16z早期就处理过这种问题。2010年，我们参与了混合媒体实验室（Mixed Media Labs）的种子轮融资。这家公司由道尔顿·考德威尔（Dalton Caldwell）创办，是一款手机照片共享应用程序。在之前我提到过，a16z那时还参与了波旁酒公司的种子轮融资，这家公司当时正在开发一个基于移动位置共享的应用程序。因此，在我们最初参与投资的时候，这两家公司之间并没有冲突。但波旁酒后来转向照片共享领域[1]，最终成长为非常成功的照片墙公司，并于2012年被Facebook以10亿美元收购。

后来，当波旁酒公司和混合媒体实验室都决定筹集 A 轮融资的时候，两家公司的冲突就很明显了。我们并没有在这两家公司的董事会中占有席位，因此，并没有产生任何有关履行忠实义务的问题，但它确实引起了我们一直在讨论的广义上的冲突问题。我们最终参与了对混合媒体实验室的 A 轮融资的投资（另一家风投公司继续领投波旁酒公司的 A 轮融资），并且认为，向冲突致敬的最佳方式，就是与在该领域最早起步的公司合作，而不是后来转向这一领域的公司。鉴于我们对两家公司的尊重，这并不是一个容易的决定，而且需要明确的是，并没有正式的投资限制条款来约束我们的投资行为，但这是我们最终选择的解决冲突的方式。

然而，当风投公司拥有了该公司现存的投资机会和董事会席位，并且最终转向另一项现有投资时，情况就会变得更加复杂。这时，董事会成员的保密义务就开始发挥作用了，要求公司采取各种措施，确保董事会成员能够履行其法律义务。

处理这种情况最常见的办法，是在这些相互竞争的董事会成员之间创建一堵所谓的"防火墙"，以在形式上限制内幕信息在各方之间的流动。在这种情况下，一名普通合伙人将不会与另一名普通合伙人分享在他任职的董事会中所获悉的任何重要信息。通过阻挡信息的流动，由个人担任的普通合伙人通常能够履行他们的保密义务。

在一个普通合伙人同时拥有两个董事会席位的情况下，他也有几种履行保密义务的选择。如果普通合伙人希望保留他的两个董事会席位（且两家公司都同意的话），那么披露冲突和回避则是应对这种情况的主要机制。因此，在出现重大冲突的董事会会议上，普通合伙人要确保董事会的其他成员了解潜在的冲突，而他则往往会回避这一部分会议内容。

公司之间的直接竞争越激烈，就越难处理好这一点，因为董事会会议涉及的内容中有越来越多的方面可能会引发潜在的冲突。因此，在这种情况下，最终可能需要普通合伙人将这个董事会席位重新分配给公司的其他合伙人，使他们能够利用"防火墙"机制来确保对机密信息的保护。

诚实义务

诚实义务要求董事会成员向股东们披露有关公司重要行动的所有必要信息。比如公司正在进行一项收购，诚实义务将要求董事会向股东们提供有关这笔交易的所有相关信息，包括交易是如何达成的，董事会认为这笔交易符合股东的最佳利益的理由是什么，投资意向书中的经济因素条款是什么，等等。

当你在董事会任职时会发现，经常发挥作用的注意义务和忠实义务才是诚实义务的核心。这并不是说另外两个义务不重要，而是说当公司的董事会陷入困境时，在大多数情况下，需要更仔细考虑的诚实义务指的就是注意义务和忠实义务。

普通股与优先股

如果你看得够仔细，可能会注意到，在上述讨论董事会成员的职责时，我只提到了普通股。也就是说，前面提过的董事会成员的首要诚实义务，是优化普通股股东的长期利益。但在典型的由风投支持的初创公司中，所有优先股股东的利益又该如何维护呢？

事实证明，董事会成员并不对优先股股东负有诚实义务。相反，法院早就表示过，优先权利在本质上纯粹是契约性的。也就是说，它们是在募集资金时，由签署融资协议的各当事方谈判达成的。并且，最重要的是，这些协议是由精明的当事方进行谈判的，他们肯定会维护好自身的利益。毕竟，没有人需要担心保护那些表现不佳的风投公司。

因此，如果优先股股东觉得已经谈判好的合同权利受到了侵犯，他实际上可以提起诉讼，比如他拥有一项保护性条款的投票权，但该公司在采取行动时忽视了这一投票等。但是他不能指控董事们违反了诚实义务，因为实际上董事会对他不负有任何义务。或者更准确地说，他可以起诉，但肯定会败诉。

这正是董事会差异对待普通股股东和优先股股东的根本原因。这里基本的假设前提是，优先股股东可以维护好自身的利益，但普通股股东却没有办法实现这一点。因此，我们需要对董事会成员强加这些诚实义务，保护那些小股东，即普通股股东。如果你发现自己面临一个棘手的情况，并且试图找到权衡利弊的方法，那么你可能会想要履行优先股股东拥有的合同权利，但前提是确保普通股股东的最大利益。确实是说起来容易，做起来难啊！

商业判断规则

既然已经熟知了董事会成员的义务，那么如何确定我们是否履行了这些义务，从而使自身远离麻烦呢？这里要介绍一下商业判断规则。

从整体政策性来看，加入董事会是必要的。因为作为一个团体，如果人们愿意花时间和精力在董事会任职，就会更有助于提高普通股股东实现长期价值最大化。如果每次董事会成员做决定时都担心自己可能要承担个人责任，那么就不会有人再愿意加入董事会了。而且，法院很难对董事会的决策进行事后判断，因为法院很难充分了解董事会在决策过程中考虑的所有因素。

因此，在一般情况下，董事们通常有资格使用一个相当宽松的审查标准，即所谓的商业判断规则。简单来说，商业判断规则的含义是，只要公司董事在做决策时是基于充足的信息，诚实且有正当理由相信所采取的行动符合公司及普通股股东的最佳利益，那么法院就不会对董事会的决策进行事后评判。

重要的是，决策结果最终不一定是正确的。相反，法院会设法评估决策过程，确保整个过程履行了注意义务：董事们有没有获得事实依据，有没有阅读董事会的材料，有没有在董事会会议上花时间讨论过这个问题？从本质上来说，是否有明确的会议记录？如果董事都做到了，那么即使最后做出了错误的决策，他仍然可以免于承担法律责任。

实际上，这对董事会成员来说甚至更有利。从法律上来讲，董事会成员被认为做了这些事情，这意味着原告（质疑董事会决定的人）必须证明他们没有做这些事情。原告负有举证的责任，使法院相信在这一决策过程中存在错误，因此导致了最终的错误决策。这是一件相当难办到的事情，也是董事会寻求商业判断规则庇护的原因——这个原则的确是一把很好的"保护伞"。

该如何做到这一点呢？

在实际操作中每个环节都要做好。但另一个关键因素是，要确保做好会议记录，以表明在会议上的审议频率和水准。这并不是说你要记录会议上说过的每一句话（优秀的律师知道如何处理这类事情），但这确实意味着你要有足够详细的会议记录，这样的话，如果有一天，你不得不为自己面临的有关诚实义务的指控进行辩护时，这些记录将会证明你实行了良好的决策程序。

这就是为什么你需要在下次董事会会议开始之前，先核准上一次的会议记录。这是你的一个机会，确保会议记录是准确的，并且能够向法庭证明你遵循了良好的决策过程，通过讨论问题、记录问题，并最终核准会议记录，准确地反映实际发生的情况。

完全公平标准

鉴于商业判断规则对董事会成员的保护，我们还需要关注有关诚实义务的事情吗？毕竟，只要董事会成员没有在会议上睡大觉，那么看起来，让他们承担个人责任的可能性就不太大。

这时，就是忠实义务的用武之地了。事实证明，有一种方法可以摆脱商业判断规则的束缚，证明董事会成员违反了忠实义务，将自身利益凌驾于普通股股东的利益之上。该如何做到这一点呢？

其中，最直接的方式就是证明其实际上存在欺诈或恶劣的自我交易行为。然而，虽然这种行为是存在的，但是非常罕见，而且在通常情况下也很难证明。

更简单的方法是证明大多数董事会成员在某种意义上存在冲突（例如，负有双重信托义务），而且这种冲突导致他们从交易（例如并购或融资）中获得了不能与普通股股东平等分配的经济利益。

我随后会通过一个鲜活的例子来更详细地解释其中的细微之处，但从本质上，这改变了案件的举证责任，让法院有更多的权限来调查商业交易中的细节。如果你读过这方面的法律案例，就会发现，如果法院认为董事会中的决策者确实没有公正、称职地代表普通股股东的利益，那么他们就可能用自己的判断来代替董事会的判断。这样一来，法院就放弃了商业判断规则，转而采用一种名为"完全公平标准"的新规则。

完全公平标准的内容包含以下两个重要方面：

首先，如前所述，举证责任发生了变化。在商业判断规则中，董事会成员会被认为是在良好的决策程序下行事，原告有责任推翻这一推定。与之不同的是，在使用完全公平标准的情况下，对董事会成员不会有任何这样的推定。实际上，董事们有责任证明他们的行为符合公司的最大利益。虽然看起来没什么大不了的，但是当你需要在法庭上为自己辩护时，证明自己的案件比证明假定交易公平的案件要困难得多。

其次，法院将会更深入地研究决策过程，并且分析交易的两个具体方面。他们先将检验决策过程本身的公平性，在商业判断规则下询问有关董事会审议的所有问题，但这一次，董事会成员们必须亲自向法院提供确凿的证据，证明他们的决策过程没有问题。法院接下来将会验证董事会达成的交易价格是否公平（在风险投资案例中，通常指的是收购或融资的价格）。因此，实行完全公平标准意味着董事会成员需要证明两件事：（1）决策过程是公平的；（2）交易价格是公平的（这实际上是为了明确普通股股东从这笔交易中得到了什么）。

最后，我前面提到过，违反注意义务和违反忠实义务的重大差别在于，若违反了忠实义务，董事会成员不能免于承担责任。所以说，如果你输掉了有关注意义务的官司，那当然很扫兴，但至少你不必为最终损失承担个人责任。而对于违反了忠实义务的案件，若输了，可能就意味着你要自掏腰包，用实实在在的钱支付赔偿。

塔多思案件

为了了解以上情况在实践中的具体应用，让我们来看看美国特拉华州的一个开创性案例，它涵盖了在收购的情况下有关履行诚实义务的话题。前面我提到过的有关风险投资公司的案例并不多，所以这个案例尤为重要。

与大多数的风投故事一样，塔多思也是从一家前景光明的初创公司起步的。塔多思公司成功地从享有盛誉的风投公司中筹集了多轮融资。实际上，塔多思公司在其整个生命周期内共筹集了5790万美元[2]，并且在一段时间内取得了良好的发展。不幸的是，在公司成立了大约5年后，发展开始停滞不前。于是，董事会决定出售公司，最终接受了一项6000万美元的收购报价。

就塔多思多年来筹集的风险资本而言，它累积的清算优先权相当于5790万美元。清算优先权是1倍不参与分配，这意味着投资者可以选择清除他们的清算优先权或者转换为普通股，并接受相当于其所有权比例的金额，但不能两者都要。在6000万美元的并购报价中，所有的风险投资人都选了1倍清算优先权。

如果事情就此打住，那么这个案例就不存在了。风投公司本可以获得5790万美元的清算优先权，然后将剩下的210万美元分配给普通股股东。

/ 187 /

这对普通股股东来说肯定不是一个好结果，但聊胜于无。实际上，普通股股东很难找到愿意接手他们这类案子的律师，因为获胜的可能性非常小。

管理层激励计划

我还需要补充一个重要的事实。一旦董事会决定出售公司，就会制订管理层激励计划。管理层激励计划本质上是收购收益的一部分，旨在激励管理团队为收购案而努力工作。在这种情况下，并且在大多数情况下，制订管理层激励计划是因为董事会可能早就盘算好了，这个收购的报价吸引力不足，无法偿还清算优先权并且给普通股股东（尤其是公司的员工，董事会想鼓动他们同意出售公司）剩下的也不多。因此，董事会制订了管理层激励计划，确切金额是根据交易中的某个比例而定，并随着收购价格的不同而变动。在 6000 万美元的并购报价中，管理层激励计划向指定员工支付了 780 万美元，主要是少数的高级管理人员。

风投们同意从他们的清算优先权中提取部分资金作为管理层激励计划的一部分，因此这 6000 万美元的收购收益最终分配如下：5220 万美元给风投们（低于他们根据清算优先权有权获得的 5790 万美元），780 万美元分给参与管理层激励计划的员工，其余普通股股东获得的收益为零。

一位在公司持 5% 普通股的股东得知自己所持有的股份现在一文不值之后深感失望，就起诉了该公司和董事会，声称这笔交易不公平。毕竟，董事会对普通股股东负有诚实义务，而且在本案中，原告声称普通股股东没有从这笔交易中得到任何好处，而管理层激励计划中的投资者和参与者却从这 6000 万美元中获益了。事实确实如此，交易确实可疑。

冲突的董事会

法院在塔多思案件中必须解决的第一个问题是采取哪种审查标准——商业判断规则,还是完全公平标准?它决定了哪个当事人负有举证责任:如果适用商业判断规则,原告必须证明决策过程不公平,但是如果采用完全公平标准,则被告(在这个案件中,指的是风投公司和公司的高级管理人员)负有举证责任。

为了确定董事会是否面临实际冲突,导致其没能公正和独立地做出决策,法院清点了董事会成员的人数。而实际上,法院是为了逐个询问每个董事会成员,来确定他们每个人是不是独立的。如果董事会的大多数成员都不公正,那么董事会本身就会发生冲突,这样就能适用完全公平标准进行判断。在塔多思案件中,董事会有7名董事,因此,如果至少有4名董事不是独立的,那么问题就解决了。现在,让我们深入地了解一下,因为这对有风险资本支持的公司的任何董事会成员来说,是至关重要的。

首先,在风投公司方面,发现有3名董事代表的风投公司拥有这5790万美元清算优先权的一部分。这一点也不奇怪,因为该公司已经经历了数轮融资。因此,在每轮融资中,领投的投资者都会要求获得一个董事会席位,这种情况并不罕见。但法院对风投们的判决却相当严厉。法院表示,判定他们存在冲突,是基于以下两个原因。

第一个原因是风投们拥有清算优先权,他们的现金流量权(最终控制人参与企业现金流分配的权利,是所有权的直接体现)导致他们与普通股股东产生分歧。但是法院明确表示:对风投们而言,与由于清算优先权而导致公司价值减少相比,风投们从公司价值增长中获得的收益更少。这是第二个原因。

这能说得过去吗?如果收购方支付了4500万美元(低于6000万美元),那么收购价格每下降1美元,优先股股东就会损失1美元的收益,风投们对此深有体会。但是,如果收购方以7500万美元(高于6000万美元）的价格收购了这家公司，由于目前估值远低于他们最初投资时的估值，那么，他们就不会将所持股份转换为普通股，也就是说，仍然只会获得他们的清算优先权。所以，他们不太愿意为了稍微高一点儿的价格与收购方争论，因为这也不会给他们带来任何经济上的利益。

然而，对普通股股东来说，情况并非如此。收购价格每增加1美元，普通股股东获得的回报就会相应增加1美元。这是因为，如果风投们选择接受他们作为优先股股东不参与分配的清算优先权，那么他们就不会参与分配任何额外的收益。所有这些收益都会流入普通股股东的口袋。

法院还发现，所谓的风险投资机会成本模型造成了风投公司之间的利益冲突。也就是说，法院认为，风投们不喜欢把时间花在亏损的公司上（源于本书早些时候提到的对经济效益的权衡），而更愿意把时间花在那些能给他们的基金带来真正潜在经济增长的公司上（从而提高他们每个本垒打的平均成功率）。因此，像塔多思这样的案例，风投们的动机是尽快且尽可能多地收回清算优先权，而不是花更多时间推高价格。这样做对他们没有多大好处，而且将时间花在没有回报潜力的公司身上，也是很大的机会成本。

不幸的是，对于这个案例中的风投公司来说，其中一家风投公司提供的记录中有一些不太恰当的引用，使得法院更容易发现风投公司之间的利益冲突。甚至有个风投公司除了出席与并购案相关的董事会会议之外，不再花时间与该公司打交道，而且催促首席执行官尽快完成收购交易，并明确表示，宁愿把时间花在其他有潜在优势的公司上。这些都不足为奇，但请提醒你自己：当你试图在法庭上为自己辩护时，并不希望这种事情会被记录在案。

好了，让我们消化一下这些内容。

数不清的律师和法律从业者都试图弄清楚这一切意味着什么，但我认为，对本案保守的解读是这样的，即如果你是一名拥有清算优先权的风险投资公司指派的董事会成员（也就是说，基本上是每个风险投资人），而你以一个根本不赚钱的价格出售了这家公司（也就是说，你不打算转换成普通股，而是选择清算优先权），你可能应该能推定其中是有冲突的。你可以用一堆论据来证明自己的观点，但你不希望是在交易完成后的法庭上这么做。相反，你应该确保自己在担任董事期间做了所有正确的事情，尽可能证明你的清白。

但是，这个开局不是很好，因为董事会的成员是3：3，一开始就有冲突。

先看看代表普通股股东的两个人——公司首席执行官和董事长。公司首席执行官从管理层激励计划中获得230万美元，董事长获得了100万美元。因此，法院认为，乍看起来，他们可能存在冲突，因为他们从收购案中获得了好处，而其他普通股股东无法获得这些。但是，法院表示，真正的问题并不是是否单独获得收益，而应该看这些收益是不是巨额的。

那么，我们又该如何界定什么是巨额收益？法院做了一个简单的经济分析。对这位公司首席执行官来说，管理层激励计划给他的酬劳约占其净资产的20%~50%，并且是他任首席执行官的薪酬的10倍。这些足以认定他们的收益是巨额的。对于董事长来说，管理层激励计划支付的酬劳在他的净资产中占据的百分比大约与首席执行官的相同，此外，他在处理公司被收购的工作中还担任要职。因此，法院有理由认为，他之所以支持这笔交易，可能受到了这些巨额利益的影响。

现在的情况是5：5了。法院本可以就此打住（因为我们只需要4个人就能成为多数派），但是当你玩得正起劲儿的时候，为什么要停下来呢？现在我们来看看两名独立董事。

有哪些因素会使独立董事不具备独立性？我们发现，这位独立董事与风投公司在董事会的成员保持长期联系，而且还是风投公司基金（包括一家有塔多思公司基金的投资组合公司）的投资人，同时担任风投公司的两家投资组合公司的首席执行官。这位独立董事还通过收购另一家公司获得了塔多思的股份，他是这家公司的投资人，这自然也是一家存在冲突的风投公司。法院研究了所有这些资料后得出结论，所有这些关系都给这家风险投资公司带来了一种归属感，这种归属感可能会损害独立董事的独立性。顺便说一下，原告并没有质疑第二名独立董事的独立性，所以我们实际上仅有 1/7 的董事是真正独立的。

我们已经讨论了关于风投公司在董事会的成员的一些重要事宜，但依据这个案例，还有很多事情需要梳理。

第一，如果在董事会有代表普通股股东的高管，并且他们从这笔交易得到了巨款利益（例如，占他们的净资产的某个比例），却不与其他普通股股东共同分配，这就可能是他们有冲突的一个推定。

第二，名义上是独立董事并不意味着他们就是独立的。让一名将自己的职业生涯和幸福都托付给你，同时又作为投资人、投资组合公司的首席执行官或者连任董事会成员的朋友加入董事会，可能会引起冲突。当然，所有这些都是非常具体的事实，但是你现在了解到，在掛酌一项交易时，你需要进行事实分析，以此确保你的董事会是一个没有冲突的董事会。

完全公平标准的应用

由于法院的结论是董事会确实存在实际上的冲突，所以，商业判断规则已不再适用。法院用完全公平标准来审查这个案件，该标准包含两个要素：（1）程序公平；（2）价格公平。

在程序公平方面，法院基本上会给董事会最严厉的惩罚。对于董事会成员有太多的事情需要一一查清，但这里有几点，法院会特别注意。

首先，风投们太想套现退出了，而不是试图在其资本套现与维护普通股股东的利益之间寻求平衡。法院引用的例子包括：（1）风投们在任命和管理参与交易的银行家方面干涉过多；（2）为了使公司被收购的可能性最大化，他们在公司的经营决策方面严格控制着公司董事长行使权力；（3）他们拒绝了公司首席执行官的融资建议，并声称让他加入进来仅仅是为了出售公司。

其次，法院也反对对管理层激励计划的处置方式。法院表示，管理层激励计划的存在本身就会拿走原本属于普通股股东的钱，这时候董事会需要非常谨慎。在这个案例中，如果没有管理层激励计划，普通股股东将会获得210万美元——虽然不多，但也比什么都没有要好得多。但是，由于管理层激励计划实质上使普通股股东本来可以获得的利益变成了零，所以，法院很激动。实际上，法院指出，普通股股东是将其收益的100%（210万美元）贡献出来资助管理层激励计划，而优先股股东只贡献了其收益的近10%（从5790万美元减少到5250美元）。法院没有给我们一个明确的判定规则，但它表示，董事会本应考虑是否有一个更公平的方式来资助管理层激励计划。

最后，法庭表示，这一程序中还有很多其他已被证实的因素缺乏公平交易。比如，董事会成员的证词表明，他们从未真正考虑过普通股股东的利益，而在董事会的正式会议记录中，没有任何内容可以反驳这一说法。法院还反对投票过程中的一些因素，比如法院特别注意到，在交易谈判过程中，董事长参与分配管理层激励计划的比例有所增加（从收益的12%增加到14%），这一增幅似乎影响了他投票支持该交易的主观意愿。也许这不是一个纯粹的交换条件，但它表面上看起来似乎没什么问题。

因此，我们来看看这最后一部分——拯救被告的唯一方法，就是法院认定普通股股东收到的价格是公平的。换句话说，普通股的实际价值是否大于零？

冒着被这个笑话破功的风险，我得说，案件的这一部分是令许多人感到意外的地方。如果你真的读完了整篇法律意见书，并且读到了法院开始审查价格是否公平的时候，你可能会觉得被告99%会败诉。案子到了这个节骨眼上，所有的事情都让人觉得，尤其是对风投们而言，他们将不得不自掏腰包，把他们的部分收益返还给普通股股东。

然而，最终，对风投们来说，云开雾散，阳光再次洒满大地。我们

/ 193 /

不再进行全面的分析，但是法院审查了大量的专家证词（当然，每一方都有自己的专家为公司的价值做证），并且最终得出结论，普通股股东确实得到了他们应得的。也就是说，在被收购之前，这家公司的价值确实几乎为零，所以普通股股东得到了公司应付给他们的，就是零。理由如下：塔多思公司无法获得任何额外的资金（法院重申了一般的主张，即如果风投们不愿意这样做的话，他们就没有义务把有用的钱往烂公司里砸）。因此，公司就没有机会执行它的商业计划。在无法执行该计划的情况下，塔多思公司"没有产生足够回报的现实机会[3]，无法逃脱巨额清算优先权的吸引力……"

最后关头得救了！对法院的前面绝大部分的意见进行了激烈的抨击之后，被告们最终取得了胜利。

现在，在你开始庆祝之前（这得看看你同情哪一方），在这个案件的法律费用上，每个人都花费了大量的时间和金钱，所以这是真正的代价，尽管对被告来说有点儿得不偿失。作为一名创业者或风险投资人，你绝对不希望只能指望对公平价格部分的分析——如果真的到了那个地步，任何一个法庭在任何时候都可能会得出不同的结论。

相关启示

你应该从塔多思案中学到什么呢？

■大多数风投公司支持的初创公司都没有独立的董事会，这可能是一个很好的假设前提。风险投资公司（优先股股东）可能由于其清算优先权而产生冲突，如果普通股股东担任的董事会成员在管理层激励计划中有实质性参与，他们也可能产生冲突，甚至独立董事实际上也不一定是独立的。

■如果你发现自己处于这种情况下，那么，最好假设你的情况适用完全公平标准。如果是这样的话，你需要认真地证明这是一个公平的程序和一个公平的价格。实行公平的程序，可能比依靠公平的价格更容易实现。

■考虑到这一点，你如何确保一个良好的程序？下面是一长串需要考虑的事情，虽然并不是所有事情都和你的情况有关，但是你能理解的越多越好。

在通常情况下，聘请一位银行家是很好的方式，可以对从多方面进行一个全面招标，当然还要明白，有时这样做在经济上并不奏效。如果你做不到这一点，至少要确保公司在被收购的过程中能够直接接触到多个收购方。银行家的另一个作用（更倾向于测试公平价格）是让其发表公平的意见。银行家在交易时会向董事会提交财务分析报告，认为交易的财务条款在合理价格范围内。利用第三方来做这件事（而不是董事会本身）对董事会来说是一个重要的保护伞。

管理层激励计划通常是激励管理的好工具，所以我们不应该舍弃。但是，如果你确实实行了管理层激励计划，请注意在对其进行修改时，时间上不要太接近未决交易的投票时间。在塔多思案中，为了投票支持这项交易，董事长参与分配管理层激励计划的比例可能有所增加，这一事实引起了法院的许多关注。另一件要考虑的事情是，普通股股东与优先股股东对于创建管理层激励计划的相应资助比例。再次回顾一下在塔多思案中，法院不看好这样的事实，即普通股股东将其收益的100%投入了管理层激励计划，而风投们仅提供了10%的资金。对这些数据如何划分没有特定的标准，但若有一个更好的分配比例（特别是在会议的几分钟内对此进行讨论），将非常有助于让整个决策程序看起来更完美。如果风投们从他们的收益中额外拿出200万美元（这笔钱本来是普通股股东应该得到的，却投给了管理层激励计划）分配给普通股股东，我猜想这个案子可能会更容易做出对他们有利的判决。

有时，董事会试图设立特别委员会来隔离有冲突的董事会成员，并特别考虑普通股股东的利益。从实际情况来看，由于许多董事会成员本身就可能存在冲突，所以，许多风投公司支持的公司董事会很难做到这一点。但如果你有能力做到这一点，特别委员会可以为你提供强有力的保护，使你免受自我交易的指控。

另一个保护董事会的程序机制是由无利害关系的普通股股东单独投票的。在大多数情况下，普通股股东的多数票和优先股股东的单独投票往往更有利于批准某一项交易。但是，自愿增加一组完全没有投票权的股东（无利害关系的普通股股东）的单独投票，是保证他们对交易感到满意的好方法。同样，这在实践中有时很难实现，但仍然值得考虑。

尽管这听起来可能有点儿不合常理，但在通常情况下，你还是需要谨慎行事，不要让董事会成员在参与公司的收购过程时过分干预。如果你还记得在塔多思案中，有一家风投公司选择的这位银行家，据说他对董事长的控制很严厉，以确保他是在单方面寻求收购方案。虽然这可能有助于实现最终结果，但法院可能会认为，太多的纠葛使董事会成员未能考虑到公司面临的所有可能的机会。

最重要的是——实际上也是最简单的，你需要证明董事会了解潜在的冲突，正在花时间讨论这些冲突及其对普通股股东的影响，并寻找缓解冲突的方法。最简单的方法是让公司的律师来参加董事会，让董事会履行其诚实义务（或者你也可以直接让所有的董事会成员都来读读这本书）。如果你这样做了，把它写入会议记录中，这样它就会被永久记录下来。当你召开董事会时，确保你也谈论了普通股股东，以及你正在做些什么来帮助他们。至少你需要表现出对潜在的冲突并非一无所知，即使你无法找到让自己完全满意的解决办法。

| 第 14 章 |

融资难题

在第13章，我们花了很多时间讨论董事会的角色，以及在面临并购时董事会的诚实义务。虽然我们希望所有初创企业都能以更高的估值筹集资金，但遗憾的是，情况并非总是如此。很抱歉，在这一章，我们还要继续探讨这个令人扫兴的话题——如何处理融资难题。事实证明，收购背景下的诚实义务原则，同样适用于可怕的流血融资。

流血融资是指一家公司以低于上一轮估值的价格筹集资金。流血融资有许多种类。有时是一位新投资者领投，除了估值低于上一轮之外，其他都正常。而有时，流血融资是由公司现有的投资者主导的——这引出了很多有关诚实义务的核心问题。除此之外，还有可能出现第三种情况——对公司进行资本重组。资本重组不仅包括远低于该公司此前融资时的估值，还可能包括降低清算优先权，甚至进行股票反向分割，以减少现有投资者的股权。

事已至此，需要改变

困难往往是创业过程的一部分。因此，创业者经常努力保持微笑，为公司寻找其他融资方式。在a16z，这种情况相当常见。不过，当形势变得艰难时，没有人会以提议资本重组作为开场白。相反，创业者或董事会通常会首先考虑过渡性融资。一般来说，这意味着现有投资者以可转换债券的形式注入现金，或作为最后一轮融资的延期（基本上，只要重启最后一轮融资，让现有投资者按照这些条款投资即可）。

虽然上述每一种方法看起来都比较简单，但它们往往是错误的做法，因为它们并没有从根本上解决问题，出于种种原因，公司压根儿就没有按照董事会和创始人最初的计划前进。

也许是市场的发展比预期的要慢，也许是最初的产品没有达到预期的目标，从而导致产品上市时间推迟。也许是销售没跟上，或者管理团队花了太多时间在员工招聘和运营上。不管是哪一种原因，明智的做法是认真审视现实，然后说："事已至此，该做些改变了。"

在几乎所有这些情况下，公司的开支很可能已经超出了现阶段的合理水平，这是可以理解的，比如招聘计划比最初设想的还要遥远。但是，仅仅拖延时间是行不通的。公司必须采取强硬措施，包括解决当前的成本结构问题，优化资本结构，等等。

如果执行得当，流血融资或资本重组可以帮助公司重新定位，踏上通往成功的旅程。毫无疑问，这对公司和现有的投资者来说，都是一个痛苦的过程，但如果每个人仍然坚信公司的使命，那么这就是最有可能成功的道路。

如果不这样做，该公司可能会继续向前发展，但在寻求下一轮融资时，则会面临另一个挑战。因为当需要筹集额外的资金时，新的下游投资者可能会觉得，公司估值和已有的清算优先权的金额都超出了公司的实际经营。对一个公司来说，刚刚开始恢复一些元气后就不得不再次重新调整发展策略，没有什么比这更具破坏性了。

从一轮流血融资中起死回生、成功逆袭是完全可能的，但拼尽全力后依然失败也同样可能。有时，剩下的唯一途径就是关闭这家公司。但是我们先不在此做深入讨论，先看看其他可选择的路。请记住，有时候"东山再起"是正确的答案。

降低清算优先权

我们先谈谈减少或取消清算优先权的问题。

我们之前讨论过投资意向书中的自动转换条款。这一条款规定了优先股可以自愿或自动转换为普通股的情况。在自愿转换的情况下，投资意向书通常为优先股设置了某种程度的投票门槛。这样做的主要原因是为了消除现有优先股累积的清算优先权。

风投们会自愿这么做似乎有些奇怪，但是也可以理解。比如他们对公司的发展前景有信心，却发现过剩的清算优先权可能会削弱员工的士气，或使新投资者不愿意加入，或他们所持股票的上涨潜力促使他们放弃当前的优先权利，等等。这时，风投们将通过提供一种称为"抬升"的激励机制，鼓励其他现有投资者参与公司的资本重组。抬升的方式有很多种，最基本的做法是通过允许风投公司抬升其以前的部分清算优先权计入不断增加的总市值，作为其为公司投入新资金的奖励。换句话来说，风投们可以将部分清算优先权进行结转，作为新一轮融资的投资诱因，而不是清除其全部清算优先权。

而在真正困难的情况下，风投们也可能会同意对他们现有的股票进行反向分割（也称并股）。也就是说，他们将现有的优先股转换为普通股，然后通过将现有股票反向分割（可能高达10∶1），将他们在公司的持股比例降低到一小部分。为什么要这么做？原因与清算优先权的情况类似，风投们可能想要既吸引外部资本进入公司，又帮助员工避免新资本注入后所面临的稀释问题，从而给公司（及其员工）一个新的开始。当然，这是一种极端的做法，并不常见。

但是，在这些情况下，通常很难引入新的外部资金。因此，如果出现了降价融资或资本重组，往往是由公司现有的风投们牵头的。这引发了许多诚实义务问题，这些问题我们曾在陷入困境的企业并购中遇到过。情况一般是这样的：公司陷入了困境，没有外部投资者想要注入资金，现有的风投们决定再给公司一次机会，但希望以反映公司真实状况的低估值参与投资。5年后，这家公司获得了巨大的成功，然后风投们（以及董事会的其他成员）发现，他们成了一宗诉讼案的被告，这个案子是由一位无投票权且所持股份遭到了严重稀释的普通股股东发起的，他想要质疑公司原始资本重组的有效性。真是好心没好报啊！

"侦探猎犬案"的教训

为了证明上述情形不是我瞎编的，我们来看一个典型案例——卡萨那罗·v.侦探猎犬科技公司案（简称"侦探猎犬案"）。

本案的原告是一家医疗保健公司的创始人和早期员工，该公司经历了多轮融资，其中一些融资是由当时已有的风险投资人领投的。与那些寻常公司的情况一样，该公司也有一段多灾多难的发展历程，但现有的投资者仍继续为该公司提供资金，让该公司渡过难关，并最终以8250万美元的价格被出售了。

乍一看，这似乎是一个不错的结果，但对其进行深入了解之后，你会发现，原告从此次收购中仅获得了3.6万美元（所有普通股股东获得的收益加起来不到10万美元）。其余的资金主要流进优先股股东的口袋以满足其清算优先权，以及规模为1500万美元的管理层激励计划。不出所料，原告起诉了该公司和董事会，声称在此过程发生的各种稀释性融资，违反了董事会对普通股股东负有的诚实义务。

与审理塔多思案件的法庭一样，为了确定大多数董事会成员是否存在冲突或者不公正，侦探猎犬案的法庭研究分析了各个董事会成员。正如我们之前了解过的那样，风投公司在公司董事会的成员同样参与了许多内部融资，这被认为是存在冲突的。在两笔内部融资中，时任首席执行官在融资的同时获得了一笔数量可观的期权。

一方面,这种做法似乎并不太过火:首席执行官的股份将被一轮融资严重稀释,因此风投们想要通过授予首席执行官更多的期权来激励首席执行官,这种做法并不罕见。另一方面,授予期权的时间太接近批准一轮融资的时间,这就引出了有关首席执行官作为董事会成员的独立性的问题,而这正是法院所担心的。至少有迹象表明,董事会成员的投票实质上是以授予期权作为交换条件买来的。这可不是个好兆头。

在得出多数董事会成员之间存在冲突的结论后,审理侦探猎犬案的法庭接着根据完全公平标准的两个要素——公平的程序和公平的价格——对交易进行了评估。法院对这一程序的评估并不满意。其中,法院引用的内容包括:

■董事会未能进行市场调查,这意味着董事会在没有真正征求外部投资者的意见并确定他们是否有兴趣竞购这笔交易的情况下,就对内幕融资的条款达成了一致。

■董事会需要获得多数普通股股东的同意,才能批准这些融资,但为了蒙混过关,董事会耍了花招。其中有一项内容是,董事会没有向主要普通股股东提供交易的全部信息,没有向其他普通股股东完整披露交易的某些内容。

■由于公司财务状况的改善,董事会未能更新融资交易条款,以及这些条款未能获得大多数公正的董事会成员的批准。

由于侦探猎犬案关系到董事会在流血融资或资本重组的情况下应当使用的适当程序,我们应该从中吸取哪些教训呢?下面是一些需要记住的事项:

■做市场调查并与外部投资者沟通是非常重要的。你可能认为,鉴于公司迄今的业绩，没有人会碰这笔融资，实际情况可能并非如此，还是要谨慎起见。在进行一轮由内部领投的融资之前，从许多潜在投资者那里得到否定意见是一件好事。这表明你并没有只想着自己，而是真的进行了市场调查，只是市场缺乏兴趣而已。如果你能雇一个银行家来管理这个过程，那就更好了。

■ 不要将授予员工新期权与内部融资联系得过于紧密。想要重振团队成员的士气是合理的，但要在融资结束后（而不是之前）进行，并聘请薪酬顾问来评估授予期权的适当规模，这将有助于消除嫌疑。

■ 给其他投资者（尤其是主要普通股股东）参与交易的机会。我们称其为配股发行（也称附权发行或购股权发行）。其基本概念是，在同等条件下，让股权结构表上的每个人都有权按比例参与交易。在实践中你会发现，大多数人会拒绝这项权利。但实际上，给他们发行配股，能够有效预防将来发生的诉讼事件。

■ 在内幕融资时实行竞购条款。记得我们在第10章中讨论过限制出售条款。限制出售条款规定，禁止该公司带走你的投资意向书并将它拿给其他人看，引诱他们以更好的条款出价。竞购条款则恰恰相反。它明确允许公司可以向其他潜在投资者推荐你的投资意向书，并经常用于内幕投资者领投的融资。这是主动进行市场调查的行为。公司列出相应的条款，看看是否有外部投资者愿意接受这些条款或者提供更加优越的条款。

■ 与并购案中面临的情况一样，只要你能得到大多数无利害关系的董事的批准，或者你能得到无投票权的普通股股东的批准，都将非常有帮助。但有时董事会的组成或股东间的微妙关系，会让这些都难以实现。

最后，确保董事会的会议记录反映出董事会对内幕融资中潜在冲突的认可，并表明董事会尝试过考虑普通股股东的利益。让公司的律师再次对董事会成员进行有关诚实义务的培训，并在董事会的正式会议记录中反映讨论情况。

流血融资后的成功

虽然流血融资毫无疑问很有挑战性，但这并不是世界末日！假如你确实筹集了新资本，那么有很多方法可以让公司走向成功。毕竟，如果你打算承受流血融资或资本重组过程中的所有痛苦，却没有一个明确的计划，才是真正的耻辱。

当然，需要重点考虑的一个问题应该是，该如何恰如其分地激励你和你的团队，继续为实现公司价值的最大化而努力？有几种方法可以做到这一点。

第一，跟前面提到的一样，希望现有的风投们已经考虑了会以某种形式减少清算优先权。对他们来说，放弃全部的清算优先权是不现实的，但许多有远见的风险投资人能够认识到，为了使管理层与基层员工的激励措施保持适当一致，确实需要进行一些削减。对于具体减多少并没有标准答案，但是你应该与现有的风投们讨论一下公司可能的合理估值范围，并适当调整剩余的清算优先权的规模，使普通股股东至少有机会从他们持有的股份中获得一些回报。

第二，由于以较低的价格发行新股将稀释现有管理层和员工的股份，你可能会考虑增加期权池规模，并为剩余员工授予新的期权。在通常情况下，在进行资本重组时，公司不得不裁员（因为公司可能需要根据公司的经营状况合理精简规模，以此实现低现金消耗的目标）。因此，可能会有一些员工带着股票期权从公司离职，这些期权是价外期权，意味着这些期权的行权价格远远超过了当前的股票价值。因此，大多数离职员工不会选择行使这些期权，至少在那个时候不会。如果你的期权允许员工在离职后的几年内行使，那么，它们很可能在这段时间内仍然有效。然而，如果这些离职的员工选择不行使他们的期权，那么这些期权将回到期权池，公司可以重新授予给那些为公司发展做出贡献的员工。虽然讨论这些实质上被已离职员工带走的期权没什么意思，但实际上，这种情况经常发生。

尽管如此，董事会通常有理由依靠自身扩大期权池的规模，为公司创造更大的能力，用新授予的期权激励剩余的员工。回想一下，增加期权池也是有代价的。这意味着每个人的股份都会随着期权池规模的增长而受到相应的稀释。但通过将新期权分配给剩余员工，公司可以通过授予额外的股票来抵消这种稀释效应。因此，投资者将首先受到股权稀释的冲击，但同样，如果他们对公司的发展计划有信心，通常情况下他们也会同意将此作为合理调整经济激励机制的一种手段。

在这种情况下，可以考虑的最后一个机制是实施管理层激励计划。公司通常会在资本重组或进行流血融资时实施管理层激励计划，但务必要注意其中的法律因素。

创建管理层激励计划的方法有很多，但本质上，可以将管理层激励计划当作一种机制，使具有清算优先权的投资者们同意在获得清算优先权之前，先将一定数量的收购收益分配给公司中的特定员工。一般来说，管理层激励计划的资金数额占收购价格的8%~12%不等，管理层激励计划的受益人由董事会商定。这些受益者通常是那些对完成收购事宜至关重要的员工。

在管理层激励计划中另一个常见的构成要素是禁止参与双重分配。这意味着如果收购价格高于预期，而普通股股东确实参与了收购收益的分配，那么管理层激励计划的收益就会等额减少。这样做的理由是，实施管理层激励计划的目的本身是激励原本因存在清算优先权而无法获得任何收购收益的员工，如果事实并非如此，我们就不再需要实行管理层激励计划了。

在实际操作中，管理层激励计划的支付与收购收益的支付相同。举个例子，如果所有的收购收益在交易完成后立即支付给投资者，那么管理层激励计划的收益也将在那时支付。然而，如果部分收益被保留到将来的某个日期，那么管理层激励计划的支付也会延后至同样的日期。支付的形式是员工有两周带薪年假的政策。员工在一年的工作中累积（或挣得）了这个假期——举个例子，如果现在是过了一年的一半，那么员工将累积有一周的假期。这个应计休假给公司带来的经济成本等于员工一周的工资，而这一周的工资原本就是应该支付给员工的。一旦获得了这个假期，那么它就属于员工，现在就是公司的责任。举个例子，这就是为什么说如果你辞职了，除了最终工资，你的老板通常会再付一笔相当于你应计休假的额外的钱。

因此，在公司关闭的情况下，应计休假就是另一项可能由公司高管和董事们承担的个人责任。如果你不留意的话，这个数字可能会越变越大。比如，有些公司允许员工将他们在某一年没有使用过的应计休假时间从当年转到下一年。因此，长期任职的员工如果没有把每年的假期都用完，公司的账目上就会有一笔巨额的应计假期费用。为了避免这种情况的发生，许多公司都有一个"要么使用，要么放弃"的休假政策，在每年年底将应计休假费用从公司的账面上清零，这样在任何一年都不会有超过两周的应记休假费用。

由于这些潜在的责任，初创公司发现自己可能逐渐要倒闭，希望定期与董事会讨论这些问题，并确保不是意外发现公司在面临解散以及前员工为了雇用相关的费用寻求个人责任。这是另一种需要认真做好董事会会议记录的情形，确保这份记录能真实反映董事会的勤恳和努力，这样做是极其有利的。

如果公司还需承担其他的费用，但没有钱支付，该怎么办？举个例子，那些为公司研发产品的制造商的费用或为公司服务的其他外部承包商的费用，怎么办？好消息是，至少对公司高管和董事们来说，在公司倒闭的情况下，这些实体通常被视为无担保交易债权人。这说明他们想追回欠款基本上是没戏了。他们需要和其他被这家公司欠钱的人一起排队要钱，看看这个已经倒闭的公司里是否还有剩余的钱可以还给他们。

唯一的例外情形，就是当公司对这些债权人不守信用时。举个例子，如果你明知道公司倒闭是在所难免的，但你仍然选择与供应商签订一份新合同，而且也明明知道没有办法付钱给他们，那么，供应商会提出索赔要求，声称你是恶意签订合同，因此提起诉讼要求你承担责任。他们的索赔请求最终很难获胜，但是，正如我们前面在塔多思案中谈到过的，你既不想冒这个险，也不想在公司倒闭后花大量时间和金钱处理法律诉讼。

除了利用股份筹集资金，如今许多初创企业还筹集了一些债券形式的资本。我们这里讨论的不是种子期融资阶段最常用的可转换债券，而是来自商业银行或专业的债券公司发售的债券。大多数债券都比股票便宜，主要是因为它不涉及发行更多的股票（我们都希望在初创公司的股票最后能值更多钱）。因此，许多初创公司选择用银行债务来辅助股权融资。

因此，在公司即将倒闭的情况下，我们还需要考虑债权人，这与我们考虑股东权益的情形不同。这是因为股东们知道一旦公司倒闭，他们在公司债务人名单上的位置是排在最后的。他们通常什么也得不到，而且他们明白这是当初购买股权时所做交易的一部分。然而，债权人的地位更高，因此他们通常是第一个拿到公司剩余资金的人。他们不仅排在股东们前面，而且领先于我们前面提到的无担保交易债权人（他们也领先于股东们）。

不过，重要的是，董事会并不对债权人负有诚实义务。因此，即使当公司面临可能会倒闭的情况时，董事会负有的诚实义务也只针对公司股东们。但实际上，在这些情况下，董事会会格外小心，与债券持有人保持持续沟通，并尽一切努力偿还部分债务。

第 15 章

完美落幕

读完第 14 章,你可能需要呼吸一下新鲜空气,重新自我激励一番。本章的内容极为重要,经验也非常珍贵,讨论的是企业成功后的生命周期阶段。让我们快进一下,设想你的初创公司成功了,现在是时候退出了。这一次,我们讨论的退出是有意义的退出,而不是前几章那种令人提不起劲儿的、无路可走的并购之路。

在通常情况下,风投支持的公司要么被另一家公司收购,要么上市。"退出"二字是有些委婉的说法,在首次公开募股时,公司本身并没有从任何事情上退出(实际上,作为一家上市公司,它正在迈入成长的新篇章),退出的是风投们在公司的股东身份。风投们已经实现了自己的目标:在一家公司的早期阶段进行投资,增加他们投资的股本价值,使他们能够将资本返还给有限合伙人。这就是风投公司的退出之路。

我们将在本章详细讨论公司上市或被另一家公司收购(更常见的退出方式)的情况。

"渐渐认识你"

在深入讨论之前，我们先回顾一下前面的内容。对所有初创公司来说，无论你是打算保持独立，还是寻求被收购，都要花时间了解谁可能会收购你的公司，并找到与他们接触的途径。对于许多实力雄厚的创业者来说，这个观点似乎有些违反常理。他们会想知道：我为什么要积极主动地与潜在的竞争对手或收购方接触，并向他们透露我正在做的事呢？

当然，你不需要向这些人透露公司的核心知识产权、商业机密或详细发展规划。相反，你可以有选择性地向对方透露任何自认为合适的信息。即使你对收购不感兴趣，但不妨碍你与这些公司建立良好的关系，将它们发展成良好的商业伙伴，毕竟，它们或许有现成的销售渠道呢。有些良好的收购案也往往源于双方的良好关系，而这种关系是从双方建立商业发展伙伴关系开始的。

最重要的是，要知道，公司是被收购的，而不是被出售的。也就是说，当你在某天一觉醒来后决定要卖掉公司，可没那么容易。更好的策略是，让潜在的收购方主动询问你是否有被收购的兴趣。当潜在收购方决定开始并购时，你应该出现在候选名单上。这有点儿像高中舞会，即使你最终决定不去，你也希望自己被邀请（而且希望有不止一个追求者）；若没有收到邀请，则会很痛苦。

收购及主要条款

我们首先讨论的是收购，因为这是主要的退出方式。在历史上的头二三十年，公司在被收购与首次公开募股两种方式上数量基本持平。但从20世纪90年代末开始（1999年和2000年的互联网泡沫除外），上市公司的数量开始大幅下降。因此，现如今，超过80%的风投公司是通过收购退出的，这与早先各占一半的现象相去甚远。现在，我们来讨论一下董事会在评估收购要约时通常考虑的重要条款。

价格因素通常是第一位的，这一点不足为奇。但价格并不是唯一需要考虑的因素。在通常情况下，思考方式会影响董事会对价格的看法。举个例子，如果收购方打算用自己的股份交换被收购公司的股份，那么董事会将会对收购方的股票进行估价分析，看看这些股票的价格是否被高估或低估了。

从宣布交易到最终完成交割通常会需要一段时间。为了应对这一实际情况，董事会可能会要求价格保护，以防收购方的股票价格在这段时间内出现较大的波动。有很多种方法，常见的做法是设定"利率上下限"——你设定一个合理的股票价格浮动区间，只要股票在这个范围内浮动，价格就不会改变，但任何超出这一范围的价格都要加以说明。这就类似于保险单的定价政策，也就是说价格可以向上下限的极端浮动。

在股票收购时要考虑的另一个因素是，被收购公司收到的股票是否可以自由交易。假设收购方是一家上市公司，那么，被收购公司会希望立即卖掉得到的股票锁定收益。但是，如果股票数量很大，收购方可能会要求其股票的下家暂时持有一段时间。显然，这给被收购公司的股东带来了市场风险。

而对被收购公司的员工来说，员工的期权会受到怎样的影响？如果你只兑现了两年的期权，而公司决定被他人收购，怎么办？你会面临多种可能，现在我们逐个分析。

■情况1，你尚未兑现的期权将由收购方负责。这意味着如果你有机会留在收购方那里继续工作，并且你也选择这么做，那么你可以继续按照同样的节奏兑现期权。除非你不想为新老板工作，选择辞职。在这种情况下，你将丧失兑现剩余两年期权的机会。

■情况2，你尚未兑现的期权会被收购方清零，并得到一份附有新条款的新期权（前提仍然是你决定继续为收购方工作）。收购方希望继续激励可能加入公司的新员工，或者让新员工在公司享受同样的薪酬标准。这似乎也很合理，但与你最初同意加入时的安排不同。

■情况3，你尚未兑现的期权被加速兑现，这意味着它会被自动兑现，就好像你已经完成了在公司剩下两年的工作一样。我们早些时候在风险投资协议条款的股份兑现条款部分讨论过这一点，并指出，授予公司高管们的期权中通常附有单激发或双激发加速条款。毫无疑问，收购方不会使用单激发加速条款，因为他们希望可以留住优秀人才，而且不必授予他们全新的期权。双激发加速条款通过给收购方一个留住优秀人才的机会，有效地解决了对于单激发加速条款（这种情况很少见）的担忧。不过，对于大多数员工来说，拥有上述任意一种形式的加速条款都是很不寻常的。这些条款通常是为高级管理人员准备的，而在被收购的情况下，他们很可能不会或不能在收购方那里得到工作。比如，在一家公司不可能同时有两名首席财务官，因此，他们甚至没有机会兑现剩余的股份。

关于员工问题，还有更深层次需要考虑的事情，即被收购公司中的哪些员工对公司未来的业务发展至关重要。在通常情况下，你会让收购方列出一份想要留住的核心员工名单（通常作为核心员工福利的一部分，收购方会以股权的形式向这些员工提供一些经济上的丰厚激励），以及收购方要求保留多少员工比例也会作为交易的一部分。

不难想象，这有时会产生潜在的"钉子户"问题，也就是说，如果我知道自己在名单上，那么我可能会提一些额外的要求以作为加入收购方的条件。因此，被收购公司希望收购方保留的员工比例越低越好，而收购方则希望留住的核心员工越多越好。

为了达到预期目标，收购方将会设置一项交割条件（这意味着在条件满足之前，收购方没有义务完成收购），要求核心员工中必须有一定比例的人接受收购方的聘用邀请。对于这个特定比例没有标准答案，这完全取决于收购的主要原因——是为了获得人才，还是只看中正在进行中的一项业务。

关于成交条件，在大多数交易中，还有一个重要的条件，即卖方需要获得的投票批准。我们之前讨论过保护性条款，以及达成协议实际上需要哪些投票。虽然大多数公司只要求大多数的普通股股东和优先股股东（作为单独的类别投票，这意味着每一类的大多数人都需要投票批准交易）投赞成票，但收购方往往会设置更高的门槛，这也是强卖权条款发挥作用的时刻。这是一种比较容易操作的机制，可以迫使一部分投资规模较大的投资人投票支持一项交易，即使他们对该交易没什么兴致。收购方希望看到至少90%的股东投票赞成交易，目的是最终减少可能反对这笔交易并可能寻求法律赔偿的潜在股东的比例。

在大多数收购案例中，买方一般不会预先支付全部收购款。相反，他将收购款的一部分存入由第三方管理的账户托管，避免交易完成后可能发生的意外情况。代管的资金规模各不相同，但往往占买入价格的10%~15%。托管账户的期限也各不相同，但通常在交割完成后12~18个月。第三方托管涵盖的意外事件类型通常包括：（1）公司的基本陈述（比如其股份计算是准确的）；（2）因该公司在交易完成前的相关行为，导致在交易完成后发生的任何诉讼事件；（3）知识产权的所有权，以及任何针对知识产权的潜在索赔事件。

还有大量的琐碎事件适用于托管服务。举个例子，收购方有时会就某个最低金额门槛达成一致，如果低于这个门槛，将承担成本，进而无法适用托管服务。其他时候，如果超过了这个最低金额门槛，收购方将保留索赔的全部金额，或者只保留超过最低金额门槛的款项。有时，代管资金是收购方对其违约行为唯一的补救办法，其他时候，收购方可以起诉该公司，要求其弥补超过托管金额的款项。最后，索赔时效可能因索赔类型的不同而不同。举个例子，对于在12~18个月的托管期之后出现的一些索赔则完全与之无关，而其他索赔（有时是关于知识产权的索赔）可能在托管期满之后继续有效。

另一个非常重要的经济因素涉及我们最热衷的话题：赔偿。一般来说，买方希望被收购公司负责其在交易完成后可能出现的任何索赔事件引发的赔偿。当然，第三方托管是此类索赔的第一道防线，但买家往往会寻求更多的保障。

这方面的重大谈判往往集中在以下几个方面。

首先，超出托管账户的哪些索赔可以获得赔偿？也就是说，如果第三方提出了一项针对知识产权的重大索赔，而且经济损失超出了第三方托管资本，那么收购方能否从卖方那里收回超出托管资金的钱？其次，如果这个赔偿额度有限制，那么这个上限是由收购的买入价格决定，还是由卖方承担的更高金额决定呢？最后，如果卖方的其他成员无力支付或者拒绝支付赔偿，那么卖方的个人成员是否需要负责承担这些债务？换句话说，某个卖方成员是否有可能被迫支付超过其按持股比例承担的损害赔偿金？还是说，他仅承担按其持股比例应负有的责任？

现在，我们来谈谈排他性期限。第10章曾谈到限制出售条款，这实质上是为了防止初创公司在某个合理时限内（通常是15~30天）将投资意向书出售给其他潜在投资者，目的是给意向投资者预留出完成尽职调查和准备法律文件的时间。

收购案中也有同样的概念——"排他期"。这个期限从签署投资意向书开始一直到交易完成。在这段时间内，卖方和买方之间是有约定的。这种约定形式通常意味着他们不能向其他买家出售投资意向书，也不能引起其他潜在买家对该交易的兴趣。毫无疑问，买家希望这段时间越长越好，但对于许多初创公司的交易来说，这个期限实际上应该由剩余的尽职调查时间和所需法律文件的准备时间来衡量。因此，30~60天往往是此类收购的合理排他性期限范围。

收购时董事会的责任

董事会在考虑收购要约时必须做哪些事情？

我们在前面讨论过将"商业判断规则"作为默认审查形式，以及在董事会存在冲突的情况下，使用"完全公平标准"进行判断。但在正常的收购交易中，有一个介于二者之间的法律判断标准。为了清晰地阐释这一点，请注意我们在这里讨论的情况：这是一个没有冲突的董事会，而且是在考虑良好的收购交易。

在这种情况下，董事会的职责通常被称为"露华浓职责"，以露华浓的法律案件命名。该案件确立了与收购相关活动的审查标准。在露华浓案之后又发生了一起名为"派拉蒙"的案件，进一步明确了董事会的职责。不过，大多数人仍然把"露华浓"作为董事会收购职责的代名词。简单来说，露华浓案表明，虽然董事会没有义务出售公司，但如果董事会决定出售公司，那么它必须采取措施使普通股价值最大化。这意味着董事会必须诚心实意地行事，以获得合理可行的最优价格（并寻找更多合理潜在收购方的报价，以获得最佳收购价）。法院在判断董事会是否履行露华浓职责时，有权限对董事会的行事程序和价格的合理性进行回顾性审查。

大多数的收购情形都适用这些职责。也就是说，这是普通股股东获得其所持股份经济价值的最后一次机会，董事会应竭尽所能获得合理可行的最佳收购价。因此，董事会长期以来的目标从最大化普通股股东的长期价值，转变为通过交易实现短期价值的最大化。这通常被认为是介于商业判断规则和我们之前应用过的完全公平标准之间的审查规则。

正如我在前几节中所述，重要的是履行职责的过程。为了履行露华浓职责，董事会应当做到如下几点：（1）如果可能的话，要在银行家的帮助下深入接触多家潜在收购方；（2）考虑其他可能的发展途径（例如，公司是否有其他融资途径，可以让公司继续保持独立实体地位，从而实现股东价值的最大化？）；（3）考虑将竞购条款写入收购方的收购要约中，允许其他竞争性报价参与；（4）将这个严格的审查过程记录下来，表明董事会考虑了实现股东价值最大化的所有可能。

董事会没有义务在所有情况下都接受最高的收购价，它只需要合理地实现股东价值最大化即可。因此，如果董事会认为收购要约更有可能完成，或者对价形式（用股票而非现金）更有利，那么它可以接受略低的报价。最后，只要价格在合理范围内，那么，与买方谈判和评估各种备选方案的过程可能就是有效的。

在收购的过程中，还有更多的内容需要讲，这也是为什么并购协议常常长达数百页，但我们已经讨论了其中一些非常重要的因素。显而易见的是，收购可以很好地验证你作为一个创业者多年来不知疲倦地一手创办的公司究竟如何。有时候，这是一个不断创建和实现产品愿景的机会，虽说是与一群新股东和同事一起。其他时候，这可能是一个人生阶段的结束，是好好休息一下或重新开始创业旅程的机会。

在这桩振奋人心的交易中，作为公司首席执行官，你应该如何看待这笔并购交易？

首先，考虑你的员工。如上所述，收购方会要求你确定哪些员工将继续为公司的发展效力，而哪些员工需要离职。对于那些留下来的员工来说，你的部分工作职责将包括：确保他们能够享有恰当的经济激励机制、有条不紊地帮助收购方实现在这笔收购交易中的任何目标。这方面的关键问题在于理解——并潜在地影响——收购方重点关注的收购完成后的公司组织结构：你的团队能完整地融入收购方的公司中吗？团队成员能否分散到公司各个不同的部门中任职，或者公司将作为一个独立的实体继续运营（你是否会继续担任公司领导）？收购方不仅希望你能帮助员工各就其位、各司其职，还希望你能确保员工都士气满满，并做好执行公司发展计划的准备。

对于那些可能没有机会继续工作的员工，你要对他们的成就表示无比尊重和感激，就像当初怀着同样的心情欢迎他们加入团队时一样。就像前面说过的，这些员工应至少能够享受到公司被收购后带来的经济利益，然后踏上新的征程。不管怎样，初创公司的圈子很小，很多人都是这个生态系统中的老面孔了，所以，你如何对待离职的员工将决定你在这个圈子的声誉。

所有这些问题都解决之后，是时候考虑一下自己了。如果你在收购完成后还是公司里的关键人物，那么应该花时间和收购方好好聊聊收购后的相关事宜。当然，虽然在交易之前你已经与收购方进行了多次沟通，但艰难的整合工作依然迫在眉睫。

公司上市综述

现在，来了解另一种退出方式：上市。上市曾是风投支持的初创公司最狂热的追求。1980—2015 年，寻求上市的平均时间约为 7 年，然而自 2010 年以来，这一数字已经增长到了 10 年以上。其中有很多原因。

■**筹集资金**。这个理由很明显，但有趣的是，作为寻求公司上市的主要动机，融资的重要性近年来有所下降。过去，公司需要上市，是因为当你想要考虑筹集超过 1 亿美元的融资时，私人市场很快就被消耗殆尽了。现在，这 1 亿多美元根本不算什么，一些公司动辄就在私人市场上筹集了数十亿美元，例如优步、来福车、爱彼迎和拼趣等。是因为初创公司推迟上市，使得大规模的金融机构开始在私人市场投资，还是因为初创公司可以在私人市场筹集巨额资金，所以推迟上市？目前这仍是先有鸡还是先有蛋的问题。不过不管怎样，都无非再次强调了公共市场作为大规模融资的重要来源，其吸引力明显减弱了。

■**品牌推广**。曾经，初创公司并不是所有新闻媒体的头版头条，也没有专业记者关注。因此，对许多公司而言，首次公开募股是一项重要的品牌推广活动——这是它们面向客户和金融界讲述公司成长历程的机会，有助于推动新业务的发展。如今，谁没有在爱彼迎订过房？没用来福车叫过车？或是没在拼趣上选过图？即使你不住在硅谷，没有亲自做过这些事情，那你肯定也在大众媒体上看到过它们。因此，反对上市的第二个理由是，品牌推广活动的价值已经不像以前那么重要了。

■流动性。局部清查有助于实现流动性。即便是拥有股票期权且热爱公司的员工（当然还有投资者），最终也会希望能够将自己获得增值的投资转化为现金。我在前面讲到过，如果你要出售股票，要么必须进行登记（这是公司寻求上市过程中重要的第一步），要么必须有一些其他股份登记豁免权。而现在，相比于在嘉信理财上点击"卖出"按钮便捷地出售股票，在私人市场出售股票更具挑战性。在大多数情况下，如果你想出售你的私人股票，需要找一个第三方买家（他有足够的经验来合法购买你的股票），并促成这笔交易。然而，有时候作为员工，你甚至可能无权出售股票。比如，你的股票附有全面转让限制条款。即便是在没有这个转让限制条款约束的情况下，你也可能会受到优先购买权的约束——这一条款可能会阻止买家参与交易，因为他们知道，公司最终可能通过自己购买股票进而夺走他们购买的权利。在当今的一些初创公司中，公司通过股权收购要约的形式为员工提供部分流动性。这通常是由公司安排的一种有组织的销售行为，在这种情况下，员工可以将自己的部分股份定期（可能是每年一次）出售给一些经过公司批准的买家。它有助于为员工减轻经济上的压力，但并不能作为大范围股票抛售的流通市场。因此，公司上市在实现流动性目标方面仍然具有实际价值。

■客户信誉。这一点对于那些向其他公司出售关键技术的公司尤为重要（例如B2B）。在某些情况下，可能正在考虑购买网络安全设备的潜在客户想要确定的是，初创公司将会继续长久存在，而不是第二天就破产，让客户陷入困境。因此，作为一家上市公司，为客户提供透明的财务报表，有时能为公司消除销售过程中的某些障碍。当然，私人公司也可以与潜在客户共享自己的财务状况（即便是上市公司，也并不意味着不会破产），但上市公司的财务纪律和透明度通常会对B2B销售有所帮助。

■并购货币。科技公司制造产品。而这些产品都有产品周期，科技公司希望产品能较长时间维持较好的增长势头。然而，正如所有事物一样，发展到一定程度后往往会开始走下坡路，产品也不例外。因此，为了保持增长，科技公司要么制造新产品，要么收购新产品，尽快赶上另一个产品周期的浪潮。对于科技公司来说，收购往往是这类发展策略的一个重要组成部分，虽然公司可以在私有的情况下进行收购，但如果你拥有一种公共货币，那么收购就更容易了。为什么呢？因为这样的话，股票市场会给你一张每日行情卡，列出你的股票价格；如果收购方打算用你的股票作为收购货币，那么这张卡就能告诉卖家你的股票到底值多少钱。在私有公司领域，由于私人融资的间断性，关于如何评估股票在任何一天的价值，总会有一场有意义的争论。

公司上市全过程

假设一家初创公司决定上市，那么这个过程将是一个考验满满、精心策划的过程。

首先要挑选投资银行，也就是通常所说的承销商。这个过程通常被委婉地称为"选美比赛"或"烘烤大赛"，因为不同银行的银行家要向这家初创公司推销他们的产品。

在选择银行时，初创公司可能会考虑几个重要因素。首先，是在该行业领域的专业知识，包括研究分析师是谁，谁有可能在公司上市后发表研究报告。（研究分析师通常为投资银行工作，并经常与可能买卖上市公司股票的机构投资者打交道。其中一些交流是以发表的研究报告的形式出现的，这些报告阐述了他们对这只股票的看法，包括这只股票为股东带来财务回报的潜力。对于一家新上市的公司来说，研究分析师甚至更为重要，因为他们能帮助培训机构投资者，尤其是在公司上市后的初期，那时公司还不太知名。）其次，他们与可能成为首次公开募股的买家的机构投资者的关系（在某些情况下，还有与散户投资者的关系）。再次，银行销售部门和股票交易部门的优势，这不仅有助于在公司首次公开发行股票时向机构投资者推介股票，还有助于创造一个有序的交易环境，尤其是在公司上市后的前几周。最后,他们在公司上市后提供并购咨询、后续融资、债券发行和解决其他资本市场问题方面服务的能力。当然,人际关系也很重要。许多银行家之所以被选中,是因为他们在参加"烘烤大赛"之前就与董事会和首席执行官建立了长期的关系。

选定了银行之后(顺便说一下,在整个团队中往往会有一位主承销商和几位联合承销商),公司通常会与银行举行启动大会。启动大会的目的,顾名思义,就是通过介绍公司的产品、发展战略、市场机会和财务信息来启动上市程序。这样做是帮助银行家了解业务的细微差别,这样他们既可以为公司提供咨询,也可以开始考虑如何在首次公开募股期间向外界推销公司。

首次公开募股过程中最耗时费力的一环往往是招股说明书的起草过程。这是一份高度形式主义的法律文件,主要目的是为潜在的投资者披露所需的所有相关信息。它包含该公司的概况介绍,但大部分内容都是有关财务状况的详细披露,以及如果投资者选择购买这只股票,他们所要承担的所有风险的冗长叙述。它并不是一份营销文件,而是旨在披露信息和风险,在公司上市后出现问题时,为公司及其董事会提供法律保护。在这种情况下,你最好希望招股说明书突出强调了最终落在公司头上的风险。如果没有,那么公司有可能会成为依据招股说明书购买该股票的投资者集体诉讼的被告。

2012 年,美国国会通过了《就业法案》,试图简化招股说明书的信息要求和上市过程中的其他程序。根据这一法案[1],一家公司要有资格申请上市,就必须是一家"新兴成长型公司"。新兴成长型公司是指最近一个财政年度的收益低于 10 亿美元的公司。因此,大多数风投支持的初创公司都有资格成为新兴成长型公司。成为新兴成长型公司有诸多好处。

■ **市场测试**(也称试水)。它允许新兴成长型公司与潜在投资者会面(只要投资者满足一定的资产规模要求),形成一种获得反馈的机制,并在上市前与之建立关系。这样做很有实际价值，因为如果不这样做，公司通常只能在围绕首次公开募股本身召开的销售会议期间，与机构投资者短短相处一个小时的时间。一系列与上市相关的销售会议被称为路演，因为它通常需要在美国各地（有时是欧洲）与投资者举行为期7~10天的会议。进行市场测试有助于双方有更多的时间来评估这个市场机会，并减轻一些路演会议中的压力。

■**保密申请**。允许新兴成长型公司向美国证券交易委员会秘密递交其初始招股说明书，而过去的做法是将文件公开。这一点之所以重要，是因为一家公司向美国证券交易委员会递交招股说明书之后，美国证券交易委员会需要时间对其进行审查并提供意见，而在此期间，该公司的一些外部沟通就会受到限制。若违反了这些限制规定——称为"偷步操作"，可能会导致美国证券交易委员会推迟该公司的上市进程，直到市场对该公司的热切关注冷却下来。最终，美国证券交易委员会担心的是，一些公司试图在上市前大肆宣传自己的股票，从而可能导致投资者在没有充分考虑所有风险的情况下做出投资决定。在没有实行保密申请时，沟通限制意味着该公司的所有财务信息都是公开的，供竞争对手和记者解读，但该公司没有能力做出有意义的回应。因此，这保密申请确保了该公司在美国证券交易委员会完成审查期间不会坐以待毙。顺便说一下，保密申请最初仅限于新兴成长型公司递交，但到了2017年年底，美国证券交易委员会改变了这项递交规定，将保密申请的递交特权扩展到所有公司的首次公开募股，即使该公司不是新兴成长型公司。

■**财务及监管披露**。无论是在招股说明书中还是在上市后，新兴成长型公司都享有更宽松的监管和披露要求。举个例子，新兴成长型公司只需要在招股说明书中提供两年的历史财务数据，而且不受审计人员就公司的内部控制发表意见这一规定的约束。实际上，《就业法案》降低了对上市公司的监管成本。

新兴成长型公司在基本完成了与美国证券交易委员会关于招股说明书的反复沟通之后，它将会公开发布招股说明书（扯掉保密申请的面纱）并开始交易。在这个时候，承销商也将提供交易的初始申请价格范围和发行规模。他们的想法是，在营销过程中，这些数字可能会根据投资者的反馈上下浮动。如上所述，这个营销过程被称为路演，而路演的实质就是在广泛范围内，向机构投资者进行无数次时长为一小时的推介会议。

在路演期间，承销商会进行所谓的"询价圈购"。也就是说，他们正在与各种机构投资者进行谈判，试图了解以不同价格（相对于承销商设定的初始申请价格区间而言）首次公开发行的股份有多少需求。营销阶段结束之后，承销商和公司将评估所询价格的影响力，并决定最终出售多少股，以什么价格出售。美国证券交易委员会还会做最后一次评估，宣布招股说明书有效，允许承销商向投资者发行股票，并开始公开交易。

首次公开募股的定价是这一过程中富有挑战性的方面，无疑会让至少一方不满意。面临的挑战包括，承销商是公司上市过程中的老手了（购买首次公开发行股票的机构投资者也是如此），而这家公司只能上市一次。因此，承销商的动机是为公司上市做出合适的定价，使其在发行后市场（或二级市场）上交易良好。正如我在本书里多次提到过的，在很多事情稳步向前发展时，世界会变得更加美好，股票价格也不例外。该公司上市的动机当然是为了实现股票长期良好的上升轨迹，但也要在尽可能少的稀释的情况下筹集尽可能多的资金。毕竟，该公司通过出售首次公开发行的股票获得收益，但随着股价的上涨，它并不会直接从资产负债表的数字中获益。

然而，想要估计出股票的适合发行价，与其说是一门科学，不如说是一门艺术。如果承销商定价过高，那么该股在首日交易中就有跌破这一价格的风险。这被称为"跌破发行价"，对一家公司来说是一种非常糟糕的状况，部分原因在于股票交易在很大程度上是基于市场情绪，而负面情绪可能成为自证预言。

回想一下Facebook上市后的头几天发生了什么。由于承销商决定将发行价定在每股38美元,导致纳斯达克市场当天的交易出现故障,我们的确永远无法从此次故障造成的影响中解脱出来,但这两个因素都可能导致了该股的抛售。Facebook的股价一路下跌至每股14美元,后来终于回升,目前股价接近其首次公开募股发行价的4倍。[2]

另外,如果承销商把初始发行价定得太低,而股票在发行后市场上的交易价格却一路飙升,机构投资者可能会因为股票升值而感到高兴,但公司会感觉巨大的优势白白流失了,或遭受了不必要的稀释。有趣的是,当我在互联网泡沫时期担任瑞士信贷第一波士顿银行的银行家时,我们保持了股票价格单日涨幅最大的纪录。该公司是VA操作系统公司,其股票在首次公开发行时的定价为每股30美元,成交价(在开盘交易时)立即涨至每股300美元,然后在首个交易日以每股242.38美元收盘,一天之内涨了8倍。当时,我们庆祝并不断宣传这是我们领导公司上市的卓越之处,但现在回想起来,这其实表明我们完全错误地判断了股票的实际市场价格!

经历了首次公开募股后30天内初始发行价的波动之后,承销商将被允许稳定股票的交易价格。他们主要通过所谓的"绿鞋期权"(也称绿鞋机制,得名于第一家采用这种机制的公司——绿鞋制造公司)。

绿鞋期权允许承销商在首次公开募股时向市场多发15%(一般不超过15%)的股份。实质上,承销商超额出售了首次公开发行的股票,但保留了在30天内以首次公开募股的发行价从该公司回购这些股票的权利。因此,如果股票价格上涨,那么承销商就会行使"绿鞋期权"回购股票,并将其分配给超额配售股票的机构投资者。如果股票价格低于原始销售价格,承销商可以进入市场,以较低的市场价格买回股票,这样他们就不会行使"绿鞋期权"。

流动性是公司上市的原因之一,但到目前为止,我还没有谈到流动性。对投资者来说,获得流动性仍有很长的路要走,因为他们通常需要签署一项锁定期协议，限制他们在上市后 6 个月内出售股票的能力。这么做是为了稳定股票价格：我们担心如果风投们（或拥有大量股票的创始人和高管）立即抛售所有股票，可能对交易价格产生重大影响。即使锁定期满，风投们仍然可能受到限制，这取决于他们是否继续留在董事会（并且可能受到公司股份交易政策的限制，该政策限制了高级管理人员和董事进行交易的时间间隔），或者他们持有多少股票（有时会限制大股东的股票持有量）。员工和高管通常也要遵守锁定期协议。但锁定期满后，除了高管可能会受到公司交易政策的限制之外，员工通常可以自由交易自己的股票。

最后，从初创公司成立到获得流动性的漫长征程，终于接近尾声。但是，最终风投们如何使他们的有限合伙人获得流动性呢？他们何时决定寻求流动性呢？寻求流动性的决定因公司而异，所以你作为创业者与你的风投公司进行这种讨论是很重要的，但前提是你得足够幸运，能够使公司进行首次公开募股。

回想一下，我在谈到有限合伙人和耶鲁捐赠基金时，提到过风险投资只是大多数机构投资者配置资本的一个资产类别——公共股票、房地产、债券等，属于其他类别。因此，大多数风投公司的有限合伙人都认为，一旦一家投资组合公司上市，默认的做法应该是风投公司将现金或股票返还给有限合伙人，从而退出其在股票中的头寸。这背后的原因是，有限合伙人付钱给风投公司，让其投资并管理私人公司的风险敞口，但他们通常有独立的基金经理来管理公共股票。如果一个有限合伙人想要拥有 Facebook 的股份，那么他会有一个擅长该领域的公共股票经理人，而不需要他的风险投资人帮他做这些。

这并不意味着风投们必须立即退出公开发行的股票。记住，有限合伙人的一个职责是听命于普通合伙人的决定。但在实践中，许多风险投资人认为，他们将在投资组合的公司接近上市的时候寻求退出公开发行的股票，除非他们认为该股仍有巨大的上涨空间。对于"巨大的"的定义因风险投资人而异，但大多数人可能会一致同意如果股票能以与整体市场相同的一般速度上涨，那就不符合条件。因此，要想在更长时间内继续持有这类股票，通常需要对这类股票的剩余上涨空间有更强的信心。

退出的决定也可能受到以下因素的影响：风投公司在投资组合的公司上市后是否继续留在董事会，或是否仍是公司的大股东（一般是指在公司持股超过10%的股东）。这两种情况都可以通过限制风投公司退出股票的窗口期（比如根据该公司的内幕交易政策，董事会成员通常会被禁止在封闭的窗口期内退出，这种情况通常发生在收益发布后的特定时间内），来限制它退出股票的能力或它在任何给定时间内可能会出售的股票数量。

一旦风投公司决定全部或部分退出其头寸，那么它可以在公开市场上出售股票并将现金收益返还给有限合伙人，也可以直接将股份分销给有限合伙人。与普通合伙人和有限合伙人之间关系的其他方面一样，这是仅限于由普通合伙人做的决定。在这个决定中有很多因素需要考虑，包括股票的整体交易流动性，以及风投公司对大规模抛售或分销股票是否会大幅压低股价的看法，以及是否希望触发有限合伙人和普通合伙人的纳税义务（抛售股票变现之后是需要纳税的，而股票分销则能够缓缴税款，直至受让人决定抛售股份为止）。

你作为创业者，应该留意风投公司对股票出售或分销的考虑意见，因为这些行为可能会对股票产生影响。特别是如果一只股票交易量很小（指该股票的常规交易量很小），大量出售或分销可能导致股价大幅下跌。同样地，大规模的风投公司单独退出该股，可能会对该股票交易的市场情绪产生影响。

因此，该公司董事会有时会试图通过组织所谓的二次发行股票来减轻风投公司退出的潜在负面影响。与首次公开募股时一样，这是一次由公司及其承销商协调组织的股票发行，该公司试图策划向现有机构投资者出售股票，这些机构投资者往往希望增持股票。然而，与首次公开募股不同的是，这次发行的股票是二级的，这意味着它们是由其他人持有的，而不是由该公司新发行的。这些股票通常是那些高管或风险投资人所持有的，他们可能还没有退出所持股份。因此，这种股票销售的收益并不属于公司，而是属于向市场出售股票的股东。这样做的主要好处是让风投公司有机会将股票交到友好的机构投资者手中，从而将股票的价格下行压力降至最低，而不是让风投公司直截了当地将股票独自分配给有限合伙人或自行出售。

不管是如何完成的，风投公司通过出售或分销股票完成了一个通常需要长达 10 年或更长时间的运作周期，即投资一家初创公司，然后自己成功退出。而参与其中的风投公司的投资生命周期又开始了：寻找下一个有上市潜力的公司。

虽然公司上市意味着风投们的退出，并为你和你的员工提供更大的流动性，但它也预示着你作为首席执行官的新篇章。现在，你在公司里有了一群新的共同所有人，也就是说，公共机构能够每天以股票价格的形式给你的业绩打分。当然，还有一套新的治理规则。

然而，最重要的是，你还需要考虑如何让你的核心员工专注于实现你在路演期间向投资者概述的所有承诺。这是一个真正的挑战，尤其是考虑到许多早期员工通过公司上市将获得的流动性，这可能会改变敦促他们继续前进的经济激励机制。此外，每天提醒人们象征着表面上的成功（或失败）的股票价格，可能会分散人们对执行产品计划进而获得长期回报的注意力。

当然，这些问题都是头等大事，因为你已经取得了仅有极少数的风投支持的创业者才能取得成就：让你的公司从成立到成功上市。于是，新的一天开始了。

| 结语 |

世界是平的

终于读完了，恭喜你！我真心希望，本书能帮助你以一个更好的视角来理解风险投资行业是如何运作的，以及初创公司如何在与风投公司的互动中把握最佳航向。

正如我在一开始就说过的，这本书并不打算成为风投界的《圣经》。但我希望你从中得到《哈利·波特》的魔咒——"阿拉霍洞开"，帮助你打开一扇扇沉重无比、难以捉摸的门，窥见门后风投公司内部运作、激励机制和决策过程的秘密。简而言之，我想让大家了解风投的动力、风投的投资生命周期，以及为什么了解这些对创业者、员工或合伙人来说极为重要。从风险投资公司筹集资金是一个重大的决定，而我个人的座右铭是：知己知彼，百战不殆。

风投的演变

当马克·安德森和本·霍洛维茨创办 a16z 时，我们希望这是一个与现有市场上其他风投公司完全不同的公司。具体来说，我们决定聘用大量非投资行业、非金融行业出身的从业人员，让他们与我们投资的初创公司紧密合作，帮助这些公司实现大规模且运转良好的目标。现今，a16z 雇用了大约 150 名员工，其中 2/3 的员工专注于投资组合公司的投后管理工作。时至今日，我们仍然认为，这是风投行业整体发展历程的一部分。在风投行业，单靠资金这一项，绝不会构成竞争差异化的主要根源。

在这个行业的头三四十年里，资金一直是稀缺资源，风投们因为控制了资金的获取渠道，所以拥有特权。但在最近的 10 年左右，资金不再是稀缺商品，有很多风投公司拥有大量资金，还有更多的非风投公司为风险投资生态系统注入了大量资本（特别是后期所需的资本）。因此，资金之外的东西将成为市场竞争差异化的源泉。对 a16z 来说，拥有良好的投后管理团队是区别于其他风投公司的有效优势。当然，毫无疑问，还有其他方法可以实现差异化竞争，新的竞争模式将继续涌现。

为什么资本不再是稀缺资源？这本书的引言简要地讨论过这一点，以及这个过程中发生的一些事情。

从 21 世纪初开始，创办新公司所需的成本急剧下降。随着云计算腾飞，所有硬件和软件的单位成本开始下降。摩尔定律的变种正在席卷技术领域的每一个角落。与此同时，软件开发系统也在不断进步，工程效率也相应提高。今天，开发人员可以使用亚马逊云服务系统或供应商的产品，按需租用，提供增量定价，同时大幅降低投入成本。创办公司的成本大幅下降，从而使初创公司在早期阶段所需筹集的资金也相应减少。总的来说，这是一件好事，因为这意味着许多新公司的试运营可以在只有少量实际资本处于风险的情况下进行。这也就是为什么越来越多的早期公司获得了投资。

伴随着成本下降，一种早期融资的新形式应运而生。2005 年之前，天使投资人还只是持有少量资金的个人投资者。然而，随着创业成本的下降，机构种子市场开始发展起来。在过去的 10 年里，可能已经有超过 500 家新种子公司成立，其中大多数公司的基金规模小于 1 亿美元，还有许多公司的基金规模低于 5000 万美元。但与早先自掏腰包的天使投资人不同，这些公司中的大多数都是由同样类型的机构有限合伙人提供资金的，而这些机构有限合伙人为规模更大的风险投资公司提供资金。这些公司的激增，也促进了依靠种子基金支持的创业公司数量的增加。

具有讽刺意味的是，创办一家公司的成本更加低廉的同时，公司获取成功的代价却更大了。那是因为世界比以前更平了。大约20年前，美国曾主导风险投资领域，为全球90%的风险投资提供了资金。而今天，全球其他地区的份额与美国大致相当。因此，在几乎每一个市场上，初创公司都面临全球性的竞争。好消息是，成功公司的终端市场比以往任何时候都要大（我们从未见过一家公司能取得像Facebook这样的成就——在14年内，从零增长到市值超过4000亿美元）；但坏消息是，赢得这些市场需要大量的资本，才能同时抓住每一个市场机会。

随着这种变化，出现了两种重要的融资趋势。

第一，许多传统的风险投资公司扩大了基金规模，不仅能够在初创公司初期为其提供资金，而且在其整个生命周期中，都是其增长的资本来源。第二，随着公司保持私有时间越长，更多非传统的成长型基金进入融资市场，而共同基金、对冲基金、主权财富基金、家族办公室以及其他战略创业资金——这些在初创公司上市后才会加入的机构投资者，现在几乎都决定直接投资于处于后期阶段的初创公司，尽管这些公司仍处于私有阶段。对于这类机构投资者来说，升值现象基本上已经从上市后转向上市前，而这是从初创公司的增值中分一杯羹的最佳方式。

1986年，微软以3.5亿美元的市值上市。如今，微软的市值约为8000亿美元，也就是说，公司上市后，市值增长了2200多倍。毫无疑问，微软的风险投资者在他们的投资回报方面完胜，但如果一个公开市场投资者在微软上市后持有该公司股票，那么他的收益将超过阿塞尔公司（Accel）在Facebook上市前的投资收益——这就是公开市场资本回报的魔力！

相比较，Facebook上市时，其市值为1000亿美元，目前市值约为4000亿美元，同样不可小觑，尤其是在大约6年内增长了4倍。不过，如果公开市场的投资者要获得与所持微软股票相同的市盈率，那么

Facebook 的市值必须超过 220 万亿美元！这么考虑的话，现在全球国内生产总值，即全球经济价值的总和，约为 80 万亿美元。

这些数字有些不切实际，这个类比可能也没有实际意义，但它说明了整个资本市场中非常重要的一点：创业公司保持私有时间确实更长了，这导致更多的初创公司的增值流向了那些私有市场的投资者，而公共市场的投资者则成了牺牲品。这意味着依赖于公共股票价格上涨的普通散户投资者，可能正在失去经济增长的大部分果实。

不管你如何看待这一切，私人资本正在成为一种商品，这就是为什么对大多数风险投资公司来说，仅仅获得资本已不再具有显著的差异化优势。尽管 a16z 不断尝试新的想法，但合伙人马克仍然希望我们走在行业的最前沿。他经常问，我们是不是最先进的恐龙？该问题暗示着我们或许自命不凡，但在整个风投领域的进化链中，我们随时可能被取代。

风险的未来

■众筹是另一种选择——2017 年，美国通过众筹筹集了大约 10 亿美元，比前一年增长了 25%。显然，这比当年 800 多亿美元的风险资本融资要少得多，但也不容忽视。

■用于数字代币的首次代币发行是替代风险投资的另一种潜在融资方式。2017 年，大约 40 亿美元通过首次代币发行筹集，约占美国风险投资总额的 5%。一些人认为，首次代币发行是创始人筹集机构资本和散户资本的一种机制，无须依赖风投们为其成长提供资本。

这些资金来源最终代表了同一枚硬币的两面——每一种方式都是使资本大众化的方式，超越了目前资本更为集中的风投生态系统的限制。在这一点上，它们恰好是 a16z 创立业务时所遵循的观点。资本不再是一种稀缺资源，因此，那些仅提供资本来源的个人或公司将不会获得回报。

这就是众筹的本质所在。首次代币发行或其他新的融资机制将取代风险资本。如果资金仍然充裕，价值创造在初创公司（或数码币）中仍然对建立大规模、可持续发展公司发挥作用，那么，那些为创业者提供巨大价值的企业，除了作为资本来源之外，也仍然会继续发挥作用。当然，这些公司可能不是我们今天看到的传统的风险资本运作模式，也可能包括一系列全新的组织架构。为了帮助创业者实现他们的商业目标，可以将资本的可用性与增值功能结合起来。这呼应了本书的开头：风投们和创业者一起努力，创造出更加辉煌的成就。

我心中的优秀风险投资人

优秀的风险投资人通过提供指导意见、资本支持、人脉和创业辅导，帮助创业者实现他们的商业目标。优秀的风险投资人能够认识到，他们作为董事会成员和外部顾问也有力所不能及的时候，这是由于他们与创始人和其他每天与公司同呼吸、共命运的高管之间存在信息不对称的问题。

优秀的风险投资人能够扬长避短，在专业领域提供建议，同时又能明智地避免对不了解的话题指手画脚。

优秀的风险投资人能够适当地平衡他们对普通股股东和有限合伙人负有的责任。

优秀的风险投资人能够认识到，最终，是创业者和员工创建了令人瞩目的公司，尽管这一切是在风险投资人作为合作伙伴的帮助、激励下做到的。

如果风险投资人一直都这么优秀，那么他们就不会变成老古董。

世界是平的

我能够成为这个充满活力的行业中的一员，实在是莫大的荣幸，尽管这个行业的相对资本规模很小，却为全球的科技发展和经济增长做出了巨大贡献。如前所述，多年来，美国在风险投资领域占有特殊的地位。作为一个国家，美国从初创公司和风险投资界受益颇丰，而现在，需要在世界各地鼓励越来越多的人加入这个行业。清除创业者和风投们之间的信息不对称障碍，是帮助实现这一目标的重要一步。

不可否认，世界是平的，全球竞争环境从未像现在这样对创业机遇如此包容。我希望这本书能在某种程度上启发更多的人思考自己在这个日益重要的生态系统中发挥的作用，从而改善全世界人民的经济增长前景和财务状况。

附录

投资意向书范本

（以 XYZ 股份有限公司为例）

本投资意向书适用于 A 轮优先股融资

本投资意向书标注日期为 2018 年 1 月 17 日，概述了美国特拉华州 XYZ 股份有限公司（以下简称"公司"）与风险投资公司 1（以下简称"VCF1"）拟议的 A 轮优先股融资的主要条款。本投资意向书仅供双方谈判之用，除以下明确规定外，在各方签署最终股票购买协议并满足本条款规定的其他条件之前，任何谈判方均无义务履行本条款单。除其他事项外，本投资意向书所述交易须以尽职调查圆满完成为前提条件。本投资意向书不构成出售要约或购买股票要约。

出资条款	
证券类型	公司 A 轮优先股股份（"A 轮优先股"）
融资总额	新资本 1000 万美元，全部由 VCF1 出资（"投资人"，至少占公司交割后充分稀释资本的 20%）。 除上述新资本外，如公司有任何已发行的可转换债券和/或安全证券，此类票据应按照其条款规定转换为股本（"可转换票据"）。
每股价格	A 轮优先股每股购买价格（"原始购买价"）应以 5000 万美元的充分稀释后投资后估值（包括上述所有新资本、可转换票据、下文所述未分配的员工期权池，以及收购公司股本的所有其他权利）为基础计算。
资本结构表	融资前的资本结构应包括未授予的和未分配的员工期权池，这部分至少占充分稀释的交割后资本额的 15%（在发行 A 轮优先股、任何票据转换股份，以及获得公司股本股份的任何其他权利生效后），不包括本公司在 A 轮优先股融资交割前（"交割"）已发行、授予、承诺或以其他方式承诺（口头或书面）的任何普通股或购买普通股的期权。
资金用途	所得资金应用于运营资本及一般公司用途。

优先股条款

出资条款	
股息分配	任何原有优先股的持有者、A 轮优先股，以及所有未来可能的优先股（统称"优先股"）应按同等价格获得每年 6% 的每股股息，股息应在董事会（"董事会"）宣布时支付，优先于对公司普通股（"普通股"）的任何股息宣布或支付通知；股息不累积。对于任何其他股息或利益分配事宜，优先股以转换后的形式与普通股共同参与。
清算优先权	在公司进行清算或停业清理时，优先股股东有权优先于普通股股东获得相当于该轮优先股（调整后的股票分割、股票股息、资本重组等）每股原始购买价的金额，加上与这些股份（"清算优先权"）有关的任何已公告但未支付的股息。向优先股股东支付清算优先权后，剩余资产应当按比例分配给普通股股东。

续表

	出资条款	
		公司合并、被收购、出售控股股权、出售公司的绝大部分资产，或其他导致公司现有股东不再拥有存续公司发行在外股票过半数表决权的任何其他交易或一系列交易（不包括按照公司惯常的风险资本融资方式发行的股票），应被视为清算或停业清理（"清算事件"），并赋予优先股持有人在交割时（以及在交割后的每个日期，向该公司的股东支付额外数量的资金，例如获利能力付款、代管资金和其他或有款项）获得大部分：（1）作为上述优先股持有人有权获得的金额；（2）若该优先股持有人在交割前将这些股票转换成普通股时有权获得的金额。在符合本协议保护性条款的前提下，只有在获得多数优先股股东的视为已转换股份以单一类别投票同意的情况下，才可以放弃任何对此类交易的清算事件的处理。
赎回权		无赎回权。
转换条款		优先股股东可以在任何时候将其股份转换成普通股，初始转换比例为1∶1，此比例按照如下条款的规定做相应调整。
自动转换条款		优先股应自动转换为普通股，按当时适用的转换价格计算：如果持有多数已发行优先股的股东同意这种转换，或在公司普通股的公开发行结束时，根据1933年《证券法》的注册声明，发行总额应不少于5000万美元（"合格的首次公开发行"，应扣除承销商的佣金和费用）。
反稀释条款		针对股票分割、股票股息、资本重组等相应比例的反稀释保护。除下述另有明确说明外，如果公司增发的普通股或可转换为普通股，或可为普通股行使的股票的价格低于当时适用的转换价格，则优先股的转换价格将按照广义加权平均的方式进行调整以减少投资人的稀释。但是，以下情况不引发反稀释调整：（1）根据董事会批准的股票购买或股票期权计划、协议或其他激励股票安排，普通股和/或期权可出售、发行、授予或预留给公司的员工、高级职员或董事；（2）普通股或优先股（或其期权或认股权证）可发行给租赁公司、业主、公司顾问、贷款人，以及向公司提供商品和服务的其他供应商，每种情况均要由董事会批准［包括至少一名由优先股股东选举产生的董事（"优先股董事"）］；（3）普通股或优先股的股票（或其期权或认股权证）可向与合资企业、收购或其他战略交易有关的实体发行，每笔交易均须经董事会批准（包括一名优先股董事）；（4）证券可根据股票分割、股票股息或类似交易发行；（5）普通股可以通过合格首次公开募股发行；（6）可根据当前已发行的认股权证、票据或收购公司股票的其他权利［在上述（1）～（6）条中描述的发行的证券称为"豁免证券"］发行证券；（7）证券可以在任何其他交易中发行，在这类交易中，豁免反稀释条款是由当时已发行优先股的多数股东投票批准的。

续表

出资条款	
表决权	优先股将与普通股一起投票表决，而不能作为独立的表决团体，除非本协议对优先股另有规定或法律另有规定。每股优先股在转换后发行应与普通股享有相同的投票权。普通股每股一票。 公司章程应当规定，经优先股和普通股股东多数同意，并作为一个表决团体集体表决（不经普通股股东单独表决），公司可以增加或减少授权发行的股票数量。
董事会	董事会最初应有三名董事。A 轮优先股股东作为单一类别投票，有权指派一名董事会成员（由 VCF1 指定）。普通股作为单一类别投票，将有权选出一名董事会成员担任首席执行官。第三名董事将是经董事会其他成员批准的公司外部的业内专家。各方应当就董事的选举达成表决协议。
保护性条款	只要有任何优先股仍发行在外，除本协议或法律要求的任何其他投票或同意书之外，以下事件（无论是公司合并、修改、重组、整合或其他行为）的发生均需由已发行优先股（视为转换后作为单一的投票类别）的多数股东投票或书面同意：（1）修改、变更或撤销公司章程或细则中的任何条款（"细则"）；（2）增加优先股或普通股的授权股数；（3）以重新分类或其他方式授权、指定或发行任何新类别或系列股票或任何其他权益股或可转换为公司股票的债务证券，在赎回权、清算优先权、表决权或股息分配方面或任何此类新类别或系列已授权或指定数量的增发，均与现有优先股等值或优先于现有优先股；（4）任何与普通股有关的赎回或回购股票（不包括雇佣关系终止的员工或顾问根据限制性股票购买协议回购的股票）；（5）公司及其股东就资产转让、知识产权非正常许可、收购或者清算事件达成的协议；（6）任何导致普通股或优先股的股息支付或宣布的公司行为；（7）公司自愿解散或清算，或对公司已发行股本进行重新分类或资本重组；（8）增加或减少董事会成员人数；（9）超过 500,000 美元的借款、贷款或担保；（10）任何一方的交易，均须经董事会批准（包括无利害关系的大多数董事）；（11）任何增加公司股票期权的计划。 不得为任何系列的优先股进行独立的系列投票。
知情权	公司应向认购 200 万美元或以上优先股的买方（"主要投资者"）提供其根据美国通用会计准则准备的年度审计财务报表及未经审计的季度财务报表，并一以贯之。此外，公司将根据计划向各主要投资者提供月度财务报表，并且在下个财政年度开始前提供公司的年度运营计划。各主要投资者也有资格进行例行检查及行使探访权。本条款在发生合格首次公开募股或清算事件时终止。

出资条款	
登记权	按惯例登记。
按比例投资公司股票的权利	如本公司拟向任何人发行股本证券（豁免证券除外），主要投资者有权按比例购买该类股本证券。主要投资者应在收到本公司发出的通知后20个自然日内决定其按比例购买的股份。未经某位主要投资者认购的任何此类股本证券，将重新分配给其他主要投资者进行购买。此类优先购买权将在合格的首次公开发行之前或者清算事件发生后立即终止。
股份转让限制	当前或将来持有2%或以上融资后公司普通股的股东，将与投资者和公司签署优先购买权和共同出售权协议。根据此协议，对于普通股股东拟出售的任何股份，公司和投资者将享有优先购买权。公司买入的任何股份都将归入公司库藏股。优先购买权和共同出售权协议还将包含跟随权条款，该条款规定任何普通股股东在出售其任何股份前，他将首先使投资者有机会基于其持股比例和卖方的持股比例购买股份。该协议应包括对关联公司的转让和以财产规划为目的的转让的例外情况，但不应包括其他任何股票转让或质押的例外情况。此外，任何股东不得参与任何股票的买卖，除非允许所有优先股股东都能参与此类股票的买卖，根据这种股票出售所得的收益将分配给各方，这类股票出售将被视为清算事件。"股份出售"是指个人或实体或一组（或其他相关）关系人或关联实体获得本公司已发行有表决权股份50%以上的任何交易、一系列相关交易或一系列不相关的交易。优先购买权和共同出售权协议将在清算事件或合格的首次公开发行时终止。 条款细则将包含了在未经董事会公正批准的情况下，对普通股股票和创始人股票转让（包括股票的抵押和其他担保，以及未来此类股票转让的收益）的全面限制，但未对优先股的转让做出相应限制。
强卖权	每位持有公司2%或以上股份的现有和未来股东将被要求签订一份协议，规定如果董事会中的大多数股东，即持有大多数普通股的股东（作为单独的类别投票）和持有大部分优先股的股东（作为单独的类别投票）已批准对公司的收购，无论是通过合并、出售资产、出售股票或是其他方式，该股东将批准董事会以正当理由决定的任何必要的同意书或认可，以便在受惯常限制的情况下批准或参与对公司的收购。

续表

	出资条款
购股协议	投资应当按照公司和投资者之间签订的购股协议进行。该协议应当包括，除其他事项外，公司的适当陈述与保证，反映本协议规定的公司承诺，完成交割的适用条件，包括公司法律顾问的意见和向投资者发出的管理权证书格式文本。
D&O 保险	公司应承诺为董事和高级管理人员提供至少 200 万美元的保险及其他满足董事会要求的条款。
	员工事务条款
股份兑现条款	除董事会另有批准外，在完成交割后，授予本公司员工、董事、顾问和公司的其他工作人员的期权，在劳动合同终止后拥有不超过 90 日的行权窗口期，应依据如下股份兑现条款：新员工自加入公司之日起，或如果为进修期权，则是自授予该期权之日起，满一年后可兑现其 25% 的期权，剩下 75% 的期权将在随后的 36 个月内按月分期兑现。 创始人所持有的股本股份将按照 48 个月的兑现期行权，兑现期自创始人开始在公司全职工作之日起开始计算。如果已经发生清算事件，公司在没有"理由"或"充分理由"终止运营的情况下，股份兑现将会 100% 加速兑现。
员工与顾问协议	公司的每位员工和顾问都应签署（或已签署）专有信息协议。协议规定：（1）可以是公司的自由职员，也可以是公司的顾问，视情况而定；（2）对公司的所有专有信息保密；（3）作为公司的职员或顾问，将把受雇或服务期间所创造的所有发明转让给公司。
	其他条款
限制出售条款	经本公司同意，自公司与 VCF1 执行该投资意向书之日起 30 日内，以及 VCF1 书面通知本公司其不打算拟购买 A 轮优先股之日起，本公司或本公司任何董事、高级职员、员工及代理均不会直接或间接地征求、发起、接受、鼓励任何第三方就出售本公司股本（根据"期权计划"通常授予的期权除外）、公司的任何合并或整合、公司的解散，或公司主要资产的收购，或参与任何有关此类交易的讨论，或向任何人提供有关此类交易的任何信息而提出任何建议或要约。
保密条款	本投资意向书及与本协议有关的任何信息，投资者必须严格保密，除董事会、公司现有投资者、有正当理由了解此类信息的员工，以及无须经该投资者事先批准的法律顾问之外，投资者不得向任何人泄露上述信息。

续表

	出资条款
交割条款	除本条款和本协议中经投资者及本公司明确同意且对本投资意向书的签署具有约束力的"限制出售"和"保密"条款外，本投资意向书不作为投资者或本公司具有法律约束力的承诺，投资者或公司的任何义务须以 VCF1 圆满完成的法律尽职调查、业务和技术尽职调查，以及令其满意的法律文件为准。
律师及费用	交易完成后，公司应自行承担律师费和开支，并支付 VCF1 的合理费用及开支，费用总额不超过 3.5 万美元。

上述投资意向书恰当地反映了双方为了最终协议进行谈判的共同目的。

XYZ 股份有限公司	VCF1，L.P.
签字人：	签字人：
姓名：	姓名：
职务：	职务：
签署日期：	签署日期：

致谢

2008年，当马克·安德森和本·霍洛维茨找到我，并且问我是否愿意加入他们的a16z时，必须承认，我有些犹豫。当时我住在美国的北卡罗来纳州，在惠普公司工作，我的家人正享受着从在旧金山湾区快节奏的生活中解脱出来的放松时光。更不用说，那还是2008年夏天全球金融危机的开端，这场危机将摧毁金融服务业，并使全球经济陷入金融混乱的泥潭。

我永远不会忘记2008年9月，也就是雷曼兄弟即将破产的那个周末，我与本通了电话，讨论了a16z的业务计划，并询问我们能否筹集到一只新的风险基金。从很多方面来看，这似乎是不可能的，但话又说回来，我以前也经历过这种事。

那是2000年年初，正值互联网热潮的高潮，我加入了响云。过了还不到12个月，我们不得不调整融资计划，以适应互联网泡沫破灭后新的现实情况。2001年，我们在科技崩溃的风口浪尖上上市了，最终通过大规模重组和将响云业务出售给电子数据系统公司，从而渡过了难关。之后成立了上市公司奥普斯软件公司，而且公司仅有一个客户。

最终，在我决定加入a16z时，我回想起当初决定加入响云时对妻子说的话："虽然无法预测我们最终能否创建一家成功的公司，但我知道，这将是一段精彩绝伦的旅程。"能与马克和本这样功成名就、雄心勃勃、才智无双的人共事，真是三生有幸。我每天上班时，都会时刻提醒自己将要面临的挑战，需要以不同的方式思考，抓住新的机遇，绝不要盲目信任过往经验，而是迫使自己从基本原则出发，全盘考虑。

不得不说，在很多方面，2000年加入响云的决定和2008年加入a16z的决定都像是对自己进行的智商测试。幸运的是，我通过了这些测试。如果没有这些决定，就不可能有这本书，因为这些经历——以及马克和本给我提供的机会与平台——为本书中传达的相关知识奠定了基础。为此，我永远感激他俩。

我还要感谢我在a16z的所有队友。人很多，就不在此一一列举了。他们对公司的成功同样做了很多贡献，不胜枚举。正是他们让公司获得了成功，并帮助建立了a16z平台，使我们能够与创业者直接交流。

特别感谢那些审阅早期手稿并提供积极反馈的朋友：斯坦福大学法学院教授乔·格伦费斯特（Joe Grundfest），感谢他教会了我所有有关证券监管的知识；加州大学伯克利分校法学院教授鲍比·巴特利特（Bobby Bartlett）和亚当·斯特林（Adam Sterling），在向新投资者们（尤其是那些不在硅谷的投资者）普及风险投资生态系统的知识方面，他们是很好的合作伙伴；斯塔莫斯资本合伙公司（Stamos Capital Partners）的首席执行官彼得·斯塔莫斯（Peter Stamos），感谢他总是逼着我拓展关于财务管理的思维方式。如若这本书出现任何错误或瑕疵，都是出于我个人原因造成的。不过，我自然希望书中的错误少之又少才好。

感谢我的父母，谢谢你们培养我对知识的无限热情，为我今后的人生打下了坚实的基础。

最后，我还要感谢我深爱的妻子劳拉，以及三个充满灵气的女儿：阿什莉、亚历克莎和阿曼达。没有你们的爱和支持，我什么都不是。

| 注释 |

引言

1 Will Gornall and Ilya Strebulaev, "The Economic Impact of Venture Capital: Evidence from Public Companies," Stanford Graduate School of Business Research Paper No. 15-55, November 1, 2015; Tim Kane, "The Importance of Startups in Job Creation and Job Destruction," Firm Formation and Economic Growth, Kauffman Foundation Research Series (Ewing Marion Kauffman Foundation, July 2010).

第 1 章 在泡沫中诞生

1 Thea Singer, "Where the Money Is," Inc., September 1, 2000; *National Venture Capital Association Yearbook 2016* (NVCA and Thomson Reuters, 2016); *National Venture Capital Association 2018 Yearbook* (NVCA and PitchBook, 2018).

2 Heather Long, "Tech Stocks Aren't at Bubble Levels," CNN Business, March 10, 2015.

3 "Nasdaq PE Ratio 2006–2018," Macrotrends.net, accessed December 18, 2018.

4　Paul R. La Monica, "Cisco Is the Market's Comeback Kid," CNN Business, March 15, 2018.

5　"The Dot-Com Bubble Bursts," Editorial, *New York Times*, December 24, 2000.

第 2 章　什么是风险投资

1　Cambridge Associates, "US Private Equity Was Strong, US Venture Capital More Middling in Second Quarter of 2017," January 8, 2018.

2　US Securities and Exchange Commission, "Accredited Investors".

3　JP Mangalindan, "Timeline: Where Facebook Got Its Funding," *Fortune*, January 11, 2011.

4　*National Venture Capital Association 2018 Yearbook* (NVCA and Pitch Book, 2018).

5　*National Venture Capital Association 2018 Yearbook*.

6　Joshua Franklin, "Global Private Equity Funds Raise Record $453 Billion in 2017: Preqin," Reuters, January 4, 2018.

7　Gornall and Strebulaev, "The Economic Impact of Venture Capital."

第 3 章　早期风投公司如何决定投资标的

1　"Herb Kelleher: Father of Low-Cost Airline Travel Dies at 87," BBC News, January 4, 2019.

第 4 章　有限合伙人

1　Tom Nicholas and Jonas Peter Akins, "Whaling Ventures," Harvard

Business School Case Study 9-813086, October 2012 (revised December 9, 2013).

2 Kurt Jaros, "The Men Who Built America: J. P. Morgan," *Values & Capitalism*.

3 Josh Lerner, "Yale University Investments Office: February 2015," Harvard Business School Case Study 9-815-124, April 2015; Yale Investments Office, *2016 Yale Endowment*.

第 6 章 成立你的初创公司

1 Aarian Marshall, "Uber and Waymo Abruptly Settle for $245 Million," *Wired*, February 9, 2018.

2 Sarbanes-Oxley Act of 2002, July 30, 2002.

3 Nicole Bullock, "SEC Urged to Review Rules for Equity Market Trading," *Financial Times*, March 30, 2017.

第 8 章 推销的艺术

1 Megan Garber, "Instagram Was First Called 'Burbn,'" *Atlantic*, July 2, 2014.

第 13 章 塔多思案件的启示

1 Garber, "Instagram Was First Called 'Burbn.'"

2 *In re* Trados Incorporated Shareholder Litigation, 73 A.3d 17 (Del. Ch. 2013).

3 *In re* Trados Incorporated Shareholder Litigation, p. 111.

第 14 章 融资难题

1　Worker Adjustment and Retraining Notification of 1988.

第 15 章 完美落幕

1　Equity Capital Formation Task Force, *From the On-Ramp to the Freeway: Refueling Job Creation and Growth by Reconnecting Investors with Small-Cap Companies* (November 11, 2013).

2　Shayndi Raice, Ryan Dezember, and Jacob Bunge, "Facebook's IPO Sputters," *Wall Street Journal*, updated May 18, 2012.